# Nouvelle Internationale

**UNE REVUE DE POLITIQUE ET DE THÉORIE MARXISTES**

NUMÉRO 7                                                     2005

## COMITÉ DE RÉDACTION

**DIRECTRICE**
Mary-Alice Waters

**DIRECTEUR DE RÉDACTION**
Steve Clark

**COLLABORATEUR À LA RÉDACTION**
Jack Barnes

**CONSULTANTS INTERNATIONAUX**
Anita Östling
Ron Poulsen
Michel Prairie
Ólöf Andra Proppé
Samad Sharif
Jonathan Silberman
Mike Tucker

**ÉDITION EN FRANÇAIS**
Michel Prairie

**RÉDACTION**
Michel Dugré

## Table des matières

**Dans ce numéro**
*Jack Barnes*      3

**Leur transformation et la nôtre**
*Projet de résolution du Parti socialiste des travailleurs
Février 2005*      21

**Le long hiver chaud du capitalisme a commencé**
*Jack Barnes*      113

*Annexe*

**Crise, prospérité et révolution**
*Rapports de V. I. Lénine et Léon Trotsky, 1921*

    La crise économique mondiale et les tâches des communistes
    *Léon Trotsky*      245

    Un équilibre très instable
    *V. I. Lénine*      303

*Index*      339

© 2005 New International

Tous droits réservés. All rights reserved.
Cinquième tirage : 2023

ISSN 0827-0929
ISBN 978-0-87348-971-3
Fabriqué au Canada. Manufactured in Canada.

*Nouvelle Internationale* est distribuée dans le monde par les éditions Pathfinder : www.pathfinderpress.com

*Conception graphique de la couverture* : Eva Braiman

*Photo* : Al-Khobar, mai 2004. Des commandos saoudiens atterrissent sur le toit d'un complexe hébergeant les employés de compagnies pétrolières étrangères, où quatre islamistes du djihad avaient pris des centaines d'otages, en tuant 22. La photo provient de la chaîne de télévision Al-Arabiya.

# DANS CE NUMÉRO

*Jack Barnes*

C E NUMÉRO DE *Nouvelle Internationale* commence avec « Leur transformation et la nôtre, » une résolution préparée au cours des derniers mois par une commission du Comité national du Parti socialiste des travailleurs (SWP). Elle s'appuie sur des rapports politiques et des conclusions de discussion que j'ai présentés en novembre 2004. Ceux-ci ont été discutés et adoptés lors d'une réunion élargie du Comité national du SWP à laquelle ont participé des dirigeants des Ligues communistes dans un certain nombre de pays, dont l'Australie, le Canada, l'Islande, la Nouvelle-Zélande, le Royaume-Uni et la Suède.

La résolution a été soumise aux membres du parti pour qu'ils la discutent en vue du vote qui aura lieu à son sujet lors d'un congrès prévu en juin 2005. Centrée sur plusieurs points décisifs de la politique mondiale, elle a été écrite pour être lue et discutée avec — et comme partie intégrale de — « Le long hiver chaud du capitalisme a commencé, » le rapport politique adopté par le congrès du parti en 2002 qui constitue l'article central de ce numéro de *Nouvelle Internationale*.

« Leur transformation et la nôtre » analyse les conflits interimpérialistes croissants, alimentés à la fois par les phases initiales d'une dépression mondiale et par le changement le plus important dans la politique et l'organisation militaires de Washington depuis ses préparatifs à la fin des années 30 pour transformer en guerre mondiale la guerre qui durait alors depuis presque une décennie en Asie et la guerre européenne de 1939-1941. Les travailleurs et les agriculteurs qui ont un esprit de lutte de classe doivent reconnaître — pleinement — ce point tournant historique de l'impérialisme (et cette crise cataclysmique de « l'Ouest » et de la « chrétienté »). Et tirer plaisir et satisfaction à être « dans leur face » alors que nous projetons un cours révolutionnaire pour l'affronter.

La résolution évalue l'importance de la transformation politique initiale des travailleurs militants qui, poussés par ces changements capitaux, prennent l'initiative de se tourner vers *la force des syndicats*, de l'organiser et de l'utiliser. À mesure que s'approfondissent les conséquences sociales des crises capitalistes, que s'aiguisent les conflits politiques inévitables entre les classes et en leur sein, que se multiplient les tentatives de restreindre les droits politiques et démocratiques utilisés par les travailleurs, ces militants d'avant-garde se joindront à d'autres travailleurs pour résister aux assauts qui s'accélèrent de la part de la classe qui emploie, dans les usines et dans l'arène politique, ici et à l'étranger.

❖

En annexe à l'article « Le long hiver chaud du capitalisme a commencé, » nous publions deux rapports discutés et adoptés par le troisième congrès de l'Internationale communiste, à Moscou en 1921, auxquels je me suis référé à plusieurs reprises dans le rapport au congrès de 2002. Il s'agit du « Rapport sur la tactique du Parti communiste de Russie » de V. I. Lénine et de « La crise économique mondiale et les tâches des communistes » de Léon Trotsky. Ceux-ci méritent quelques mots d'introduction.

En préparant le congrès du parti de 2002, le Comité national du SWP s'est rendu compte que nous nous attelions à un défi spécial. Comment non seulement orienter le parti pour répondre au « long hiver chaud » dans lequel le capitalisme mondial est maintenant entré, mais aussi comment le diriger pour qu'il agisse de façon confiante et responsable. Quand suffisamment d'indices s'accumulent montrant que la direction du développement capitaliste et donc de la lutte de classe a changé, les travailleurs communistes doivent agir à partir de cette compréhension et agir maintenant. Nous le faisons même quand les manifestations concrètes de la logique politique en cours — crises financières et économiques accélérées, militarisation accrue, guerres de plus en plus nombreuses, conflits interimpérialistes qui s'intensifient, et pressions sociales et économiques de plus en plus fortes sur une majorité croissante de la classe ouvrière — ne sont encore visibles que de façon fragmentaire, dispersée et partiellement camouflée.

Une fois l'algèbre comprise, nous devons agir sans attendre de pouvoir en faire toute l'arithmétique. Si nous attendons avant d'agir de pouvoir substituer des constantes à la plupart des variables politiques, il sera trop tard. Au milieu de ces conditions changeantes, nous aurons laissé passer des opportunités d'agir en tant que composante d'une petite mais tangible résistance ouvrière naissante, de nous joindre à d'autres pour en influencer le résultat et en politiser les militants, d'apprendre de ces expériences et, ce faisant, de transformer le mouvement des travailleurs révolutionnaires.

De quels outils disposent les travailleurs-bolcheviks pour mieux comprendre et agir sur les tendances à long terme changeantes d'aujourd'hui et sur leurs conséquences pour la stratégie communiste et la construction du parti ? C'est avec cette question à l'esprit que nous avons attiré l'attention des délégués du congrès de 2002 sur les rapports présentés par Lénine et Trotsky au congrès de l'Internationale communiste de 1921. Ces rapports ont fini par susciter un intérêt considérable, aussi bien pendant qu'après le congrès du SWP, et les directeurs de la revue ont décidé qu'il serait utile de les inclure ici.

L<small>ES DIRIGEANTS BOLCHEVIQUES</small> ont élaboré leur analyse dans le feu de l'activité révolutionnaire, en mettant en application ce qu'ils avaient intériorisé à partir de leurs études d'efforts similaires faits avant eux par les dirigeants fondateurs du mouvement communiste moderne, Karl Marx et Friedrich Engels, pour appliquer la dialectique matérialiste aux points tournants de l'histoire. Pour nous orienter politiquement face à de tels changements, il est nécessaire de maîtriser cette méthode matérialiste historique.

Un parti prolétarien révolutionnaire non seulement organise ses propres membres et partisans à agir à partir des signes et de la logique de tels changements. Il prend la responsabilité d'encourager d'autres travailleurs et agriculteurs combatifs et ayant un esprit de lutte de classe à faire la même chose. Des militants acquis à cette perspective peuvent parfois tenter d'aller plus loin que ce que permet le rapport de force entre les classes. De telles erreurs seront commises. Mais nous demeurons convaincus par 150 années d'histoire ouvrière révolutionnaire que les conséquences de l'indécision et du retard politiques sont de loin plus dangereuses et plus difficiles à corriger.

Tirer les leçons de l'analyse présentée par Lénine et Trotsky dans les rapports reproduits ici est compliqué par le fait que le point tournant sur lequel les travailleurs d'avant-garde agissent aujourd'hui a peu de ressemblance avec la période historique concrète qui prévalait il y a plus de 80 ans quand les bolcheviks inspiraient, éduquaient et dirigeaient des millions de personnes dans le combat de classe. Créée en 1919, l'Internationale communiste était le produit de l'événement le plus électrisant du vingtième siècle : la conquête victorieuse du pouvoir en octobre 1917 par les travailleurs et les paysans de Russie sous la direction des bolcheviks et l'extension de ce pouvoir à de grandes parties de l'empire tsariste en Europe et en Asie pour devenir la première union de républiques socialistes soviétiques.

Des travailleurs du monde entier étaient attirés par la possibilité d'apprendre de — et de suivre — l'exemple d'une révolution prolétarienne vivante et de sa direction, qui avait montré pour la toute première fois comment éduquer et organiser les travailleurs, les paysans, les soldats et les marins pour conquérir — et défendre — le pouvoir ouvrier.

En mars 1918, à peine quatre mois après la conquête du pouvoir, les bolcheviks ont pris avec fierté le nom de *communistes*. Ce faisant, ils signalaient leur rupture sans équivoque avec tous les éléments du mouvement socialiste mondial qui, avec les salves d'août, soit étaient passés politiquement du côté de l'impérialisme, soit avaient vacillé devant le cours capitulard de la Deuxième Internationale.

Ils redoublaient leur opposition intransigeante à ces « socialistes » qui avaient cessé de subordonner leur vie et leur travail au progrès de la lutte prolétarienne. Ils soulignaient le fait que les travailleurs et les paysans de l'union grandissante des républiques socialistes soviétiques renouaient la continuité avec le mouvement prolétarien révolutionnaire mondial que Marx, Engels et leurs camarades — non seulement d'Allemagne mais aussi de France, de Belgique, de Suisse et du Royaume-Uni — avaient commencé à construire au congrès de Londres qui a décidé en 1847 d'écrire et de publier le Manifeste du parti communiste.

Les bolcheviks adoptaient un nom qui était synonyme d'être aux premiers rangs du prolétariat — d'être dans sa section « la plus avancée et la plus résolue, » comme le dit le manifeste — dans sa marche vers le pouvoir, vers la dictature du prolétariat. Ils proclamaient un nouveau type de mouvement, un mouvement qui ne repose « nullement sur des idées, des principes inventés ou découverts par tel ou tel réformateur du monde, » mais sur une « intelligence claire des conditions, de la ligne de marche et des résultats généraux du mouvement prolétarien. » Le communisme n'est que « l'expression générale des conditions réelles d'une lutte de classe existante, d'un mouvement historique qui s'opère sous nos yeux. »

« Dans la mesure où c'est une théorie, » avait expliqué Engels un an plus tôt, le communisme « est l'expression théorique de la position du prolétariat dans la lutte [de classe] et le résumé théorique des conditions de la libération du prolétariat. »

Entre 1918 et 1920, des situations révolutionnaires ou pré-révolutionnaires ont éclaté en Allemagne, en Hongrie et en Italie. Et les travailleurs et les agriculteurs ont livré de puissantes batailles aux États-Unis, en France, en Grande-Bretagne, au Japon et ailleurs. Quand s'est ouvert le troisième congrès de l'Internationale communiste en juin 1921, les travailleurs et les paysans de la Russie soviétique et du monde entier célébraient encore l'écrasement récent par l'armée rouge des forces militaires contre-révolutionnaires des propriétaires terriens et des capitalistes qui avaient mené pendant trois ans une guerre civile brutale pour renverser la révolution. Des forces d'invasion provenant de 14 pays, dont les États-Unis, la France, le Royaume-Uni et d'autres puissances impérialistes, avaient également été repoussées.

A<small>U LENDEMAIN DE LA</small> première guerre mondiale, le capitalisme est entré dans une période de « dépression profonde et prolongée, » a déclaré Trotsky au congrès de l'Internationale communiste en 1921. Les racines de cette convulsion auraient pu être observées « dès 1913, » à la veille du carnage interimpérialiste qui a causé la mort de 8,5 millions de soldats et en a blessé 21,2 millions d'autres, et qui a détruit usines, bétail et chemins de fer à travers toute l'Europe.

Il s'est avéré que, malgré des hauts et des bas, ni cette crise économique et sociale ni la vague d'opportunités révolutionnaires générée par la victoire bolchevique n'allaient épuiser leur cours avant 20 autres années. Cette période a été marquée par le triomphe du fascisme en Italie ; la grande dépression des années 30 ; une contre-révolution politique meurtrière en Union soviétique ; la victoire et la consolidation sanglante du national-socialisme en Allemagne ; et, ce qui est le plus important, de nouvelles opportunités pour la révolution socialiste — c'est-à-dire des situations révolutionnaires et pré-révolutionnaires en Europe et en Asie — qui ne se sont épuisées qu'avec la défaite de la révolution espagnole en 1939, ce qui a rendu inévitable la guerre mondiale impérialiste qui couvait.

Le caractère concret du point tournant historique d'aujourd'hui, analysé dans « Le long hiver chaud du capitalisme a commencé, » est très différent de celui de 1921. Tout comme l'est le rapport de force mondial entre les classes. Une différence concerne le prestige politique international du communisme parmi les travailleurs, les agriculteurs, les jeunes et d'autres. Dans les années qui ont suivi la révolution d'octobre, le respect politique que s'était mérité la direction bolchevique et la confiance que lui accordaient des millions de travailleurs à travers le monde sont devenus un facteur objectif puissant dans la lutte de classe internationale.

Aujourd'hui, plus de trois quarts de siècle plus tard, le large attrait politique de masse pour le communisme est — pour le moment — épuisé parmi les travailleurs et les jeunes qui sont combatifs. Au mieux, le communisme est perçu comme un mouvement peut-être héroïque et historiquement intéressant, mais dépassé. À l'occasion, des « marxistes » universitaires en présentent une forme éviscérée, vidée de son essence prolétarienne révolutionnaire : la marche inévitable vers le pouvoir d'État. Au pire, on l'identifie à la contrefaçon stalinienne du marxisme, à tous les crimes politiques contre-révolutionnaires et à tous les actes de trahison commis en son nom contre la classe ouvrière et la paysannerie — et les communistes — à travers le monde.

Mais le cours politique et la continuité communiste élaborés par l'Internationale communiste du temps de Lénine sont révolutionnaires et prolétariens jusqu'à la moelle. Les rapports de Lénine et Trotsky publiés ici sont parmi les meilleurs exemples de l'utilisation de la dialectique matérialiste par des dirigeants ouvriers comme un guide pour l'action révolutionnaire. Notre tâche est d'apprendre de l'exemple vivant et pratique de Lénine et Trotsky et de le mettre en application. Ils nous ont montré comment les marxistes abordent le lien étroit qui existe entre les tendances économiques et financières fondamentales du capitalisme international, les mutations qui s'effectuent dans les tendances à long terme de la politique impérialiste et de la lutte de classe mondiale, et les changements de mer dans la résistance ouvrière. Nous avons la responsabilité — et l'opportunité — d'agir en conséquence, en réponse aux tendances actuelles, et de construire des partis prolétariens révolutionnaires faisant partie d'un mouvement communiste mondial.

L'utilisation de ces outils nous permet de faire de « Leur transformation et la nôtre » un complément au « Long hiver chaud du capitalisme a commencé, » d'affirmer leur conclusion politique centrale commune et d'agir à partir de ses implications pour l'organisation et l'activité des révolutionnaires prolétariens aujourd'hui :

> Nous sommes au tout début de ce qui sera des décennies de convulsions économiques, financières et sociales et de batailles de classe. [...] Comme la plupart des autres travailleurs, les communistes qui participent à ce congrès doivent intérioriser le fait que ce monde — qui ne ressemble à rien de ce qu'aucun d'entre nous a connu auparavant dans notre vie politique — est non seulement le monde auquel il faut faire face aujourd'hui, mais celui dans lequel nous vivrons et combattrons

pendant un certain temps. En agissant à partir de cette réalité aujourd'hui, nous ne serons politiquement pas pris au dépourvu quand des guerres éclateront, quand des crises sociales plus profondes exploseront, quand des pogromes seront organisés et initiés et quand des conflits syndicaux deviendront des batailles de vie ou de mort. Le parti prolétarien qui existera demain ne peut croître qu'à partir du parti prolétarien que nous rassemblons *aujourd'hui*.

Alors que l'on mettait la dernière main à la publication de ce numéro en anglais et en espagnol, la directrice de *Nouvelle Internationale* Mary-Alice Waters était à Cuba — à La Havane, Matanzas et Cienfuegos — pour y couvrir la foire internationale annuelle du livre, préparer de futures publications et participer à des présentations de livres dans chacune de ces villes.

À La Havane, Mary-Alice Waters a pris la parole à un événement visant à célébrer la publication récente de *Somos herederos de las revoluciones del mundo,* la traduction en espagnol par les éditions Pathfinder de *Nous sommes les héritiers des révolutions du monde* de Thomas Sankara, le dirigeant central de la révolution qui a eu lieu de 1983 à 1987 au Burkina Faso, en Afrique de l'Ouest. Le septième numéro de *Nueva Internacional,* la traduction en espagnol du huitième numéro de *Nouvelle Internationale* contenant le rapport « Notre politique commence avec le monde, » a aussi été présenté lors de cette réunion.

Les rencontres de Matanzas et de Cienfuegos ont été parrainées par l'Association des combattants de la révolution cubaine, les *Combatientes*, une organisation qui embrasse plusieurs générations de Cubains qui ont combattu, peu importe où et comment il leur a fallu le faire, pour faire et défendre la première révolution socialiste des Amériques. Près d'une douzaine de titres des éditions Pathfinder ont été présentés lors de ces rencontres, qui ont tous été réalisés avec la collaboration de dirigeants des *Combatientes*. Ces titres comprennent *Episodes of the Cuban Revolutionary War* [Épisodes de la guerre révolutionnaire] d'Ernesto Che Guevara, *Pombo: a Man of Che's 'guerilla'* [Pombo : un homme de la guérilla du Che] de Harry Villegas et plusieurs autres titres, dont trois publiés en anglais et en espagnol : *Playa Girón/baie des Cochons : la première défaite militaire de Washington dans les Amériques* de Fidel Castro et José Ramón Fernández, *De l'Escambray au Congo* de Victor Dreke, et *Aldabonazo* de Armando Hart.

En plus de diriger le gros du travail final sur les revues, leur directeur de rédaction Steve Clark s'est rendu à Tampa, Atlanta, Newark et San Francisco. Il y a travaillé avec la direction de l'équipe de près de 200 volontaires révolutionnaires d'un peu partout dans le monde qui organisent le formatage, la correction des épreuves et les nombreuses autres tâches requises pour produire et publier non seulement *New International, Nueva Internacional* et *Nouvelle Internationale* mais aussi les livres et brochures publiés par Pathfinder ; l'expédition des livres et la gestion des commandes ; et les efforts pour placer ces titres dans les rayons des librairies et des bibliothèques autour du globe. À Newark et Tampa, Steve Clark a pris la parole lors de conférences socialistes régionales visant à préparer une réunion internationale qui aura lieu à New York à la fin mars dans le but de lancer politiquement la campagne pour mettre les deux nouveaux numéros de la revue, en anglais et en espagnol, dans les mains des travailleurs, des agriculteurs et des jeunes à travers le monde.

C'est ainsi que j'ai pris la responsabilité d'écrire la rubrique « Dans ce numéro, » qui est la touche finale de chaque numéro. À réviser et rédiger plusieurs articles formatés au cours des deux derniers mois, je suis devenu de plus en plus convaincu que la lecture en était d'une difficulté irritante. Les caractères étaient trop petits. Il y avait trop peu d'espace entre les lignes. Tout cela attirait peu et fatiguait trop le lecteur. On m'a assuré qu'une fois la revue imprimée, les pages paraîtraient mieux et que les caractères en seraient plus faciles à lire. Mais tel n'a pas été le cas. J'ai donc profité des pouvoirs de direction accidentels et temporaires qu'on m'avait conférés pour instituer une augmentation de la taille — et de la lisibilité — des caractères de chacun des deux nouveaux numéros de la revue en anglais et en espagnol. La directrice avait déjà insisté pour que les annonces soient retravaillées afin de mieux compléter le texte, les photos et le contenu politique des numéros, plutôt que de leur faire concurrence.

Il s'agit là, me semble-t-il, de questions politiques, de questions de classe, pas seulement de questions de style ou de présentation, encore moins de goût. Chaque numéro de *Nouvelle Internationale* contient des articles politiques et théoriques qui constituent un défi à lire et à assimiler, indépendamment de l'âge ou de la vue. La plupart d'entre nous ne sommes pas habitués à faire ce genre de lecture. Ce n'est pas facile. Celui-ci exige un travail difficile et concentré. Nous n'avons pas été formés à le faire. Pendant la plupart de nos heures de veille, on ne nous demande pas de le faire et on ne s'attend pas à ce que nous le fassions. La vérité, c'est que sous le capitalisme, nous ne sommes pas censés le faire.

Nous sommes censés aller au travail, faire notre boulot, produire un profit pour le patron et ne pas déranger la placidité de la patrie. Un point, c'est tout. L'éducation est une institution de classe qui vise à inculquer l'obéissance au travail et ailleurs, pas à « éduquer » pour la vie, pas à nous enseigner à lire et à écrire — ni à réfléchir comme les faiseurs de l'histoire que nous pouvons être. Même si à un moment dans notre vie, nous avons appris à lire de cette façon, c'est une capacité que nous perdons avec le temps si nous ne continuons pas à l'utiliser. Le simple épuisement ou une maladie temporaire augmentent la difficulté. Mais le besoin pour chacun de nous de le faire ne s'estompe pas dans ces circonstances.

**F**ACILITER LA LECTURE est lié à la sélection et à la présentation politiques efficaces des photographies. Au cours des 10 à 15 dernières années, le mouvement communiste a réalisé des progrès importants dans la préparation de photos qui guident visuellement les lecteurs à travers les livres que nous produisons. « Nous avons amélioré notre utilisation de la « langue universelle, » comme nous l'avons dit dans « Le long hiver chaud du capitalisme a commencé. » La lisibilité va de pair avec le soin que nous prenons à préparer les annonces. C'est pourquoi nous n'acceptons jamais un mauvais tirage (le premier tirage digital limité de *New International* nº 13 était atroce). Si nous devions l'accepter, la rigueur de la rédaction, de la correction des épreuves et des autres tâches dont nous sommes fiers irait aussi à la dérive. Tout ce que chacun d'entre nous tente de *bien* faire, individuellement et collectivement, avec chaque livre que nous produisons, vise le même objectif : nous voulons éliminer des obstacles pouvant empêcher les travailleurs et les agriculteurs combatifs, ainsi que les jeunes attirés par leurs luttes, d'en lire et d'en considérer la *politique*, et d'utiliser ensemble ces livres pour aider à nous changer nous-mêmes tout en changeant le monde.

James P. Cannon, qui a été pendant longtemps un dirigeant central du mouvement communiste aux États-Unis depuis ses origines en 1919, m'a appris quelque chose sur le fait que la lisibilité est une question de classe il y a presque 40 ans, quand j'étais récemment promu des jeunes socialistes et un membre nouvellement élu de la direction du SWP. J'étais à Los Angeles dans le cadre d'une tournée organisationnelle et de conférences publiques et Jim m'a invité à lui rendre visite pour parler de politique. Peu de temps auparavant, le directeur d'une de nos publications en avait réduit la taille des caractères pour y caser plus de texte. Entre autres choses, Jim a exprimé l'opinion que les caractères étaient maintenant trop petits, beaucoup trop petits. Et que le périodique en était par conséquent peu attrayant.

Comme tous les travailleurs-bolcheviks qui ont fondé le mouvement communiste en Amérique du Nord, des pionniers autodidactes, Jim a été un lecteur avide toute sa vie. Il m'a demandé si j'avais la moindre idée du nombre de gens aux États-Unis seulement qui avaient des problèmes de vue leur imposant un effort supplémentaire pour lire. C'était sans compter la majorité de ceux qui ont besoin de lunettes quand ils atteignent la cinquantaine. Je ne le savais pas et j'ai été surpris quand Jim a énuméré les chiffres que son secrétariat avait rassemblés et vérifiés. Il y a 40 ans, ce nombre s'élevait déjà à des millions et des millions.

Ce seul fait trancherait la question pour tout travailleur ayant une conscience de classe. Mais qui plus est, de nombreux membres de notre classe aux États-Unis n'ont pas l'anglais comme première langue — non seulement depuis quelques décennies, mais dès l'époque où Jim Cannon a adhéré au mouvement socialiste au début du vingtième siècle. Lire et étudier du matériel théorique dans votre deuxième ou troisième langue s'avère toujours encore plus difficile.

Pour toutes ces raisons, en commençant avec les numéros 12 et 13 de *New International* et 6 et 7 de *Nueva Internacional* publiés au début de 2005, les caractères de la revue seront beaucoup plus gros. Quand il faudra réimprimer les numéros antérieurs, chacun sera reformaté avec ces caractères plus gros. Je suis confiant que les rédacteurs de Pathfinder vont aussi réexaminer les livres et brochures que cette maison d'édition publie et qu'ils adopteront les mêmes normes pour chaque livre et brochure, nouveau ou réimprimé, qui sortira des presses. Et il y a de fortes chances que si les lecteurs pensent que ces points sont justes et qu'ils les portent à l'attention des travailleurs-bolcheviks qui rédigent d'autres publications révolutionnaires, des progrès comparables pourront et seront également faits sur ces autres fronts.

*Le 25 février 2005*

# LEUR TRANSFORMATION ET LA NÔTRE

# LEUR TRANSFORMATION ET LA NÔTRE

*Projet de résolution du Parti socialiste des travailleurs*

*Février 2005*

> « Aucune des contradictions sous-jacentes au capitalisme mondial qui le poussent vers la dépression et la guerre n'a commencé le 11 septembre 2001. Ces événements en ont accéléré certaines mais toutes ont leurs racines dans la courbe descendante du développement capitaliste, amorcée il y a un quart de siècle et suivie par l'affaiblissement puis l'effondrement qui lui sont étroitement liés des appareils staliniens en Union soviétique et en Europe centrale et de l'Est au début des années 90. […] L'un des longs hivers peu fréquents du capitalisme a maintenant commencé. Avec la Réserve fédérale et le département du Trésor qui gonflent apparemment sans limites tous les ballons qu'ils peuvent trouver et avec maintenant l'accélération qui l'accompagne de la marche de l'impérialisme vers la guerre, ce sera un hiver long et chaud. »
>
> **Le long hiver chaud du capitalisme a commencé**
> Jack Barnes, juillet 2002

## RÉSUMÉ

ALORS QUE NOUS AMORÇONS l'année 2005, l'offensive des patrons commencée au début des années 80 se poursuit et s'intensifie. Faisant pression usine par usine, industrie par industrie, ceux-ci ont réduit les salaires des travailleurs, accru la différenciation parmi les salariés et miné l'ancienneté. Les patrons ont intensifié les cadences et augmenté les heures de travail. Ils ont augmenté le coût des plans de retraite et des soins médicaux, les ont rendus moins sûrs et en ont limité la couverture. En agissant ainsi, ils continuent d'affaiblir le mouvement syndical.

En même temps, ces « gains » n'ont pas été suffisants pour permettre à la classe qui emploie :

• de repousser le mouvement ouvrier du devant de la scène politique aux États-Unis ;

• de briser le moral des travailleurs d'avant-garde dans les abattoirs, les ateliers de confection et de vêtement, les mines et les autres lieux de travail où les capitalistes ont poussé leur offensive le plus loin et depuis le plus longtemps ;

• ou de renverser les changements de mer dans la politique ouvrière, marqués par une résistance accrue des rangs aux attaques antisyndicales.

Mais des progrès limités aux seuls entreprises et lieux de travail n'ont pas été et ne seront pas suffisants pour permettre aux employeurs d'instaurer un nouveau rapport de force économique, social et politique entre la classe capitaliste et la classe ouvrière. Les propriétaires du capital doivent effectuer un bien plus grand changement dans les relations de classe pour réussir à dominer les puissances impérialistes rivales, faire face et résister aux crises financières et aux conditions de dépression, payer des dépenses de guerre croissantes et stabiliser les finances de l'État. Les dirigeants U.S. n'ont pu repousser suffisamment loin ni le niveau de vie auquel les travailleurs et les agriculteurs s'attendent désormais, ni les prestations de la sécurité sociale qu'ils considèrent comme un *droit*. Ces attentes de classe demeurent un terrain de bataille social et politique qui n'a pas été mis à l'épreuve. Elles sont un obstacle que les employeurs ne peuvent pas contourner, un obstacle qui, s'il n'est pas surmonté, garantit qu'ils continueront à échouer dans leurs efforts pour inaugurer une nouvelle période d'expansion capitaliste mondiale prolongée.

Pour essayer d'atteindre ces objectifs, les capitalistes doivent réduire brutalement le salaire social qui leur a été arraché par les travailleurs au cours de batailles de classe depuis le milieu des années 30. Ces gains ont culminé dans les grandes avancées de la fin des années 60 et du début des années 70 : l'extension des allocations de la sécurité sociale, l'établissement de l'assistance médicale aux personnes âgées (Medicare) et aux personnes à faible revenu (Medicaid) et l'ajout de clauses d'indexation protégeant les allocations de retraite, d'aide médicale et d'invalidité contre l'inflation. Mais commencer un combat contre des programmes que des dizaines de millions de travailleurs, d'agriculteurs et de larges couches des classes moyennes considèrent non seulement comme leur droit, mais qu'ils se sentent moins capables de sacrifier qu'à n'importe quel autre moment dont ils peuvent se souvenir — voilà une nécessité devant laquelle les dirigeants reculent toujours. Ils sont conscients qu'un tel combat, par sa nature même, devra être mené non seulement dans les usines et les mines, mais simultanément sur le terrain d'une lutte politique nationale.

Venant à la suite d'une brutale offensive de plusieurs décennies menée par des centaines de milliers de patrons individuels, les changements de mer dans la politique ouvrière ont été ponctués par les efforts déployés par des poches éparpillées de travailleurs pour organiser des syndicats suffisamment efficaces pour se défendre. Ces militants du rang cherchent à utiliser *la force des syndicats*. La transformation de cette résistance atomisée mais continue en une avant-garde de lutte plus large du mouvement ouvrier ne commencera pas seulement quand des militants ouvriers apprendront de leurs luttes respectives, essaieront de les égaler et se tourneront les uns vers les autres en solidarité. Elle gagnera du terrain quand les travailleurs combatifs commenceront à prendre conscience que ce qu'ils accomplissent dans une grève ou une campagne de syndicalisation ne peut être défendu et consolidé que par *l'extension* active de la force des syndicats à d'autres lieux de travail dans leur branche et dans leur région. Bien plus, c'est dans la diffusion d'expériences de lutte de classe d'une telle envergure qu'un nombre croissant de travailleurs — et de jeunes attirés par les possibilités de ce que peuvent faire des syndicats renforcés — seront aussi attirés par l'activité disciplinée et le programme des communistes avec qui ils combattent côte à côte aux premières lignes de telles batailles.

Face à la vulnérabilité financière et économique croissante des dirigeants, aux défis politiques et militaires auxquels ils sont confrontés à travers le monde et à l'intensification inéluctable des conflits de classe que ces conditions entraînent, les familles possédantes de l'Amérique et leurs représentants politiques dans les deux partis démocrate et républicain sont devenus de plus en plus conscients du besoin d'*utiliser* à la fois la puissance économique *et* la puissance militaire de l'impérialisme U.S. Finie l'illusion que le résultat de la guerre froide était en soi une victoire qui apporterait une stabilité mondiale sous la domination d'une pax americana, ainsi qu'une bouffée d'oxygène dans les finances de l'État soutenue par un « dividende de paix » permanent. Même s'ils ne les voient pas ou ne les comprennent pas clairement, les dirigeants sentent les forces incontrôlables qui les entraînent vers un avenir de crises qui s'intensifient, avec ses facettes entrelacées de dépression, de guerre et de batailles de classe de plus en plus violentes et aux enjeux de plus en plus élevés. La frustration née de la prise de conscience diffuse mais croissante de cette vulnérabilité, combinée à l'incapacité de trouver un cours confiant pour la surmonter de façon décisive (il *n'y en a* aucune), est la plus grande source du factionnalisme, de la démagogie et de la dégradation du discours politique — ce qu'on peut appeler de manière précise sa « pornographication » — qui s'approfondissent et caractérisent toute la politique bourgeoise non seulement entre les partis politiques dominants et leurs périphéries, mais de plus en plus en leur propre sein.

Sous la direction de Bush, Cheney et Rumsfeld et avec un large soutien bipartite, les dirigeants U.S. se préparent à défendre leur ordre mondial de plus en plus secoué par des crises en effectuant la plus profonde transformation de sa politique, de son organisation et de ses initiatives militaires en plus d'un demi-siècle. Ne faisant plus face aux troupes et aux divisions blindées du pacte de Varsovie massées en Europe du Nord, l'impérialisme U.S. a commencé à exécuter un changement fondamental dans la stratégie, le déploiement global, la structure et la direction de ses forces armées.

Les dirigeants U.S. ne peuvent accélérer et consolider cette « transformation » militaire (comme ils l'appellent), à peine commencée par l'administration Clinton et le Congrès dans les dernières années du siècle dernier, que par la guerre. L'histoire du vingtième siècle démontre d'autre part que c'est seulement au milieu d'une crise économique profonde et d'une guerre qui s'étend, accompagnées d'appels patriotiques à « l'unité nationale, » à la « mobilisation » et à « l'égalité des sacrifices, » que les capitalistes peuvent convaincre, au moins pour un temps, des couches importantes de travailleurs et des classes moyennes angoissées du besoin de faire des concessions économiques « réciproques », « temporaires » mais considérables. Celles-ci comprennent des réductions radicales dans le salaire social, à mesure que la responsabilité de s'occuper des jeunes, des malades et des personnes âgées est largement rejetée sur la famille, assistée par l'Église et des institutions charitables.

Mais les luttes engendrées par les efforts pour imposer ces conditions sont exactement celles dans lesquelles une avant-garde croissante de la classe ouvrière sera mise à l'épreuve et commencera à se tremper et à devenir politiquement expérimentée dans le combat de classe. Ce long hiver chaud de crises économiques et sociales et de guerres, dont nous vivons déjà les phases initiales, lie de manière étroite et inséparable leur transformation et la nôtre.

## LEUR TRANSFORMATION

**1.** Un changement historique dans le déploiement global des forces armées de l'impérialisme U.S., dans sa stratégie militaire et dans son ordre de bataille est nettement en train de s'accélérer. Préconisée par la Maison-Blanche et mise en oeuvre par le département de la Défense, cette transformation vise à préparer le genre de guerres que les dirigeants impérialistes savent qu'ils doivent livrer — chez eux comme à l'étranger. Aucune aile significative des partis démocrate et républicain n'a d'alternative stratégique à ce cours. Et ce dernier est déjà trop avancé pour être renversé.

« Il s'agit de la transformation la plus importante de votre armée depuis 1939, » a affirmé le général Richard Cody, adjoint du général Peter Schoomaker, le chef d'état-major de l'armée, devant le Comité des services armés de la Chambre des représentants en février 2005. Entre le début de 1939 et décembre 1941, quand l'administration Roosevelt a déclaré la guerre à Tokyo en même temps que l'Allemagne déclarait la guerre aux États-Unis, l'armée U.S. est passée de 125 000 à 1 640 000 soldats (et finalement à 8 300 000 pendant la guerre elle-même) ; la marine U.S. (qui est passée de 300 000 à plus de 3 millions de marins et officiers avant la fin de la guerre) a entrepris une expansion importante de la construction navale et établi sa première patrouille dans l'Atlantique ; et le corps de l'air (devenu plus tard l'armée de l'air) a commencé son développement massif.

Soulignant les changements dans le caractère, la portée géographique et la fréquence accrue des opérations militaires de l'impérialisme U.S., Cody a souligné : « De 1950 à 1989, la taille d'ensemble de l'armée est passée de 64 divisions pendant la guerre de Corée, à 40 divisions pendant la guerre du Viêt-nam, puis à 28 divisions (18 de la composante active et 10 de la garde nationale) quand la guerre froide a pris fin. Pendant cette période de 39 ans, l'armée a participé à 10 opérations distinctes, ce qui comprend celles en République dominicaine, au Viêt-nam et à la Grenade. Dans les 14 ans qui se sont écoulés depuis la fin de la guerre froide (de 1989 à 2003), la taille d'ensemble de l'armée a diminué encore plus, passant de 28 à 18 divisions. Par contre, le rythme des opérations a augmenté de façon dramatique alors que l'armée a répondu à l'appel de la nation dans 57 opérations distinctes [...], dont celles du Panama, de la Tempête du désert, en Somalie, en Haïti, en Macédoine, en Bosnie et au Kosova, ainsi que dans des engagements en Irak, en Afghanistan, aux Philippines, dans la Corne de l'Afrique et bien d'autres endroits. »

« La paix sera l'exception et la guerre sera la norme pour cette armée, » a dit Cody de manière directe aux représentants des industries de production militaire quelques semaines plus tard.

**2.** Les dirigeants U.S. ne livreront plus jamais le genre de guerres qui ont caractérisé le vingtième siècle : des guerres terrestres massives et étendues en Europe et en Asie, population contre population. Ils ne livreront pas de telles guerres parce qu'ils ne peuvent pas les gagner. Washington prendra les devants et utilisera toutes les armes nécessaires, de manière offensive ou défensive, pour empêcher de telles guerres.

**3.** En cherchant à accélérer cette transformation, les dirigeants U.S. oeuvrent de manière agressive pour briser la tendance conservatrice de la caste impérialiste des officiers formée pendant la guerre froide et marquée en particulier par leur expérience politique pendant la guerre du Viêt-nam. Cet effort déterminé est en train de provoquer le factionnalisme le plus acharné au sein du corps des officiers des forces armées — et des services d'espionnage — depuis les premières années de la guerre civile U.S. au milieu du dix-neuvième siècle. Beaucoup au sein des bureaucraties de l'armée de terre, des forces aériennes, de la marine, des marines et de la CIA risquent d'y perdre (ou d'y gagner) non seulement des promotions mais aussi le contrôle de ressources substantielles. Jamais auparavant autant de généraux et de responsables de services de renseignements ont-ils impunément publié en si peu de temps — souvent quelques mois après leur démission ou leur retraite — autant de livres politiquement partisans et de style « franc-parler ». Ils se rangent d'un

# Répartition des dépenses militaires mondiales
TOTAL : 950 MILLIARDS DE DOLLARS US (2004)

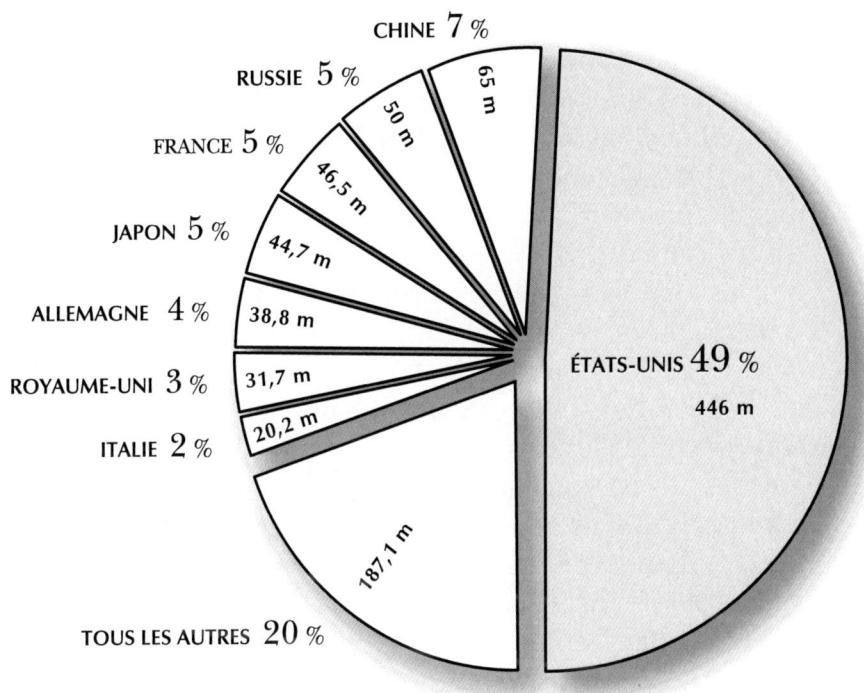

SOURCE : GLOBALSECURITY.ORG

côté ou de l'autre dans ces guerres de territoire et se joignent ouvertement à la lutte factionnelle et électorale pour le contrôle des branches exécutive et législative du gouvernement.

**4.** Il ne peut y avoir ni ne va y avoir de répétition d'une guerre conduite à la manière de l'assaut de 1990-1991 contre l'Irak, livré par une grande coalition organisée par les États-Unis sous le drapeau des Nations unies « gardiennes de la paix. » Il n'y aura non plus de reprise de la stratégie utilisée par Washington pour mener sans conviction les premières guerres européennes depuis la fin de la deuxième guerre mondiale — en Bosnie en 1994-1995 et au Kosova en 1999, où il a brutalement lancé de loin des missiles de croisière et effectué des bombardements aériens contre les classes laborieuses des Balkans. Ces guerres des Balkans ont des conséquences encore plus explosives du fait que les questions politiques qui sont à leur origine n'ont pas été résolues et sont en train de conduire à d'autres conflits.

Livrées dans les années 90, ces guerres ont manifesté le besoin décisif pour l'impérialisme U.S. d'effectuer une transition dans la structure de commandement et dans l'ordre de bataille établis une cinquantaine d'années auparavant pour défendre ses intérêts de « monde libre. »

**5.** La deuxième administration Bush a accéléré la transformation en mobilisant un soutien patriotique à son cours dans les guerres d'Afghanistan et d'Irak. Les défis concrets qu'ont confrontés les dirigeants au cours de ces guerres et l'expérience initiale qu'ils ont acquise en les livrant ont renforcé leur engagement à structurer et mener à bien cette transition fondamentale.

Ils ont revalorisé de manière qualitative la place des forces spéciales d'opérations U.S. Les soldats des Rangers et de la Force Delta de l'armée, les Seals de la marine, les Unités expéditionnaires des marines et les escadrons d'opérations spéciales des forces de l'air ont recueilli des renseignements au sol, effectué des manoeuvres de combat conjointes avec des forces alliées indigènes (l'Alliance du Nord en Afghanistan et les milices peshmerga kurdes en Irak), sélectionné des cibles de bombardement en temps réel et directement fait appel à des frappes aériennes et à la puissance de feu navale des États-Unis.

Le Pentagone a testé sur le terrain et dans des conditions de combat de nouveaux systèmes d'armes, y compris des avions de reconnaissance aérienne et des drones d'attaque sans équipage, ainsi que des véhicules blindés légers Stryker. À un degré inespéré lors des guerres précédentes, les dirigeants U.S. ont obtenu la mise en place par l'armée de terre, les marines, la marine, les forces aériennes et leurs forces spéciales de structures de commandement conjointes et la réalisation d'opérations conjointes — et ce, jusqu'au niveau des compagnies.

**6.** Les 33 brigades de l'armée de terre U.S. sont en train d'être restructurées en un total de 43 à 48 brigades blindées légères plus mobiles et plus meurtrières, appelées Équipes de brigade de combat (unités d'action). L'objectif annoncé est de pouvoir, d'ici 2010, déployer n'importe où dans le monde une brigade prête au combat en 96 heures, une division entière en 120 heures et cinq divisions (quelque 75 000 soldats) en 30 jours. Des pouvoirs de commandement considérables sont transférés des divisions aux brigades, ce qui comprend l'établissement, selon les besoins, d'un commandement conjoint entre les quatre forces armées (y compris, en toute probabilité, tous les agents clandestins de la CIA présents sur le terrain).

Dans un changement majeur de la configuration de l'après-deuxième guerre mondiale des forces armées U.S., les hauts responsables du Pentagone prévoient le besoin d'une nouvelle « triade stratégique » qui donne la priorité à l'armée de terre, aux marines et aux forces spéciales d'opérations plutôt qu'à la triade de l'armée de terre, de l'armée de l'air et de la marine. Les avions de chasse et les bombardiers de l'armée de l'air ainsi que les porte-avions et les autres navires de guerre de la marine continueront à jouer un rôle décisif, mais en tant qu'éléments subordonnés aux opérations conjointes impliquant tous les corps armés et placées sous un commandement centralisé. La nouvelle triade s'appuie sur — et consolide — deux changements dans la structure de commandement instaurés par le gouvernement U.S. en 1986 (loi Goldwater-Nichols), au cours des dernières années de la guerre froide : (1) les commandants en situation de combat sont sous les ordres directs du secrétaire de la Défense et non plus de l'officier le plus haut gradé de leur corps d'armée respectif au comité des chefs d'état-major ; et (2) aucun officier ne peut être promu au grade de général ou d'officier supérieur sans avoir eu l'expérience de commander des forces conjointes.

Le communiqué du Pentagone sur ses prévisions budgétaires de 2006 et la « restructuration des forces U.S. » souligne le rôle central qu'y jouent « l'augmentation du nombre d'unités de combat dans l'armée de terre et le corps des marines, » ainsi que les initiatives visant à renforcer les forces spéciales d'opérations qui « ont été cruciales dans la lutte contre le terrorisme. » En même temps, le budget prévoit des mesures permettant « à la marine de déployer plus rapidement un plus grand nombre de porte-avions et de navires de soutien, » ce qui comprend de nouvelles réductions de personnel dans la marine, et une restructuration des corps expéditionnaires de l'armée de l'air pour leur permettre « de fournir rapidement le dosage approprié de moyens [...] aux commandants de combat U.S. à travers le globe. »

**7.** Pour atteindre ces objectifs, le Pentagone redéfinit le « rayon d'action global » des forces armées U.S.

Avec la fin de la guerre froide, l'impérialisme U.S. n'est plus confronté aux chars d'assaut et aux soldats du pacte de Varsovie stationnés de l'autre côté de la trouée de Fulda en Allemagne centrale. Washington va rapatrier aux États-Unis 70 000 soldats supplémentaires et 100 000 membres de leurs familles déployés dans d'immenses et tentaculaires « petites Amériques » en Europe et en Asie, en particulier en Allemagne et dans le sud de la Corée. Ceci comprend le rappel des quatre brigades lourdes de campagne situées en Allemagne (près de deux divisions), qui seront remplacées par une brigade plus légère. Washington a déjà annoncé le retrait de 12 500 de ses 37 000 soldats basés dans le sud de la Corée, ayant compris que la défense des intérêts impérialistes U.S. dans la péninsule ne peut plus dépendre de la concentration le long de la frontière avec le nord de la Corée de troupes d'infanterie et d'artillerie utilisées comme un « détonateur ». La réduction considérable du déploiement outre-mer des troupes U.S., en particulier en Europe occidentale, effectuée durant la première administration Bush et celle de Clinton se poursuivra pendant la « revue du déploiement global des forces » de Washington.

Washington planifie la fermeture de 35 pour cent de ses bases et installations à l'étranger au cours de la prochaine décennie. Il a en particulier l'intention de se retirer de celles situées dans des pays ou à des endroits dans certains autres pays où les troupes U.S. sont l'objet d'une haine et d'un ressentiment populaires particulièrement forts — en commençant par la base aérienne Prince Sultan près de Riyad en Arabie saoudite (de laquelle Washington s'est déjà retiré), le centre-ville de Séoul et Vieques dans la colonie U.S. de Porto Rico.

Au lieu de stationner un nombre considérable de soldats U.S. et leurs familles dans des bases à l'étranger, le Pentagone négocie avec des gouvernements pour établir de plus petits « sites opérationnels avancés, » parfois appelés « feuilles de nénuphar, » et d'autres nommés « emplacements de sécurité coopérative. » De pair avec des rampes de lancement et des dépôts de matériel « basés en mer, » ces installations seront situées plus près des parties du monde où Washington anticipe avoir un plus grand besoin de se servir de sa puissance militaire — avant tout au Moyen-Orient, en Afrique, en Asie centrale, dans les anciennes républiques soviétiques et en Europe de l'Est et centrale. La proximité de ressources pétrolières est un des critères explicites du choix.

La plupart des « feuilles de nénuphar » hébergeront un nombre restreint de soldats qui effectueront des rotations fréquentes et viendront sans être encombrés de leurs familles. Elles maintiendront des dépôts d'équipement pour approvisionner des unités de combat déployées à bref délai à partir de l'Amérique du Nord ou d'ailleurs. De telles installations fonctionnent déjà à Oman, au Honduras, au Kirghizistan et ailleurs, et Washington négocie l'établissement de sites avec les gouvernements de la Bulgarie, de la Roumanie, de São Tomé et de Príncipe (dans le golfe de Guinée), parmi environ une douzaine d'autres. Des « emplacements de sécurité coopérative » comme ceux en cours de négociation avec le Sénégal et l'Ouganda seront maintenus, selon le Pentagone, par des « sous-traitants » ou du « personnel du pays d'accueil » et n'impliqueront aucune présence militaire U.S. substantielle permanente.

Par le biais de ces négociations, Washington vise à établir sa présence militaire dans l'Afrique occidentale riche en pétrole aux dépens de ses concurrents impérialistes à Paris et Londres (et de ses rivaux potentiels à Moscou et Beijing).

Sous la bannière d'opérations contre le trafic de drogue, les dirigeants U.S. se renforcent aussi militairement en Amérique latine. Ils accroissent en particulier leur coopération avec la Colombie, qui est déjà le troisième plus important récipiendaire de l'aide militaire U.S. dans le monde, devancée seulement par Israël et l'Égypte. Au milieu de 2004, le Congrès a doublé à 800 les effectifs autorisés de la mission militaire U.S. dans ce pays. Entre autres choses, Washington accélère ces initiatives en prévision de conflits « frontaliers » et d'oléoduc avec le Venezuela.

**8.** Les dirigeants U.S. se sont engagés à maintenir une force armée composée uniquement de volontaires. Leur opposition à la ré-introduction du service militaire aujourd'hui n'est pas un stratagème de relations publiques. Elle découle de leur évaluation du genre de forces armées dont ils ont besoin pour préparer les guerres qu'ils entendent mener dans les décennies à venir ; des leçons qu'ils ont tirées du déclin général de la discipline et du moral militaires au sein de l'armée de conscrits pendant les dernières années de la guerre du Viêt-nam ; de leurs efforts pour élever les résultats moyens des tests

Quelque 70 000 soldats U.S. stationnés dans d'immenses bases en Allemagne seront redéployés aux États-Unis. Entre temps, le Pentagone négocie avec plusieurs gouvernements pour établir de petits « sites opérationnels avancés, » parfois appelés « feuilles de nénuphar. » Ceux-ci seront situés plus près des régions où Washington anticipe avoir besoin d'utiliser sa puissance militaire : au Moyen-Orient, en Afrique, en Asie centrale, dans les anciennes républiques soviétiques et en Europe orientale et centrale.

**EN BAS.** La base U.S. de Weisbaden, en Allemagne. **EN HAUT, À GAUCHE.** Un officier des Forces spéciales de l'armée U.S. enseigne les techniques de contre-insurrection à une unité de l'armée colombienne. De plus en plus de soldats U.S. ont été envoyés dans ce pays depuis 2000. **EN HAUT, À DROITE.** Des soldats U.S. en Ouzbékistan en 2004, où Washington a installé une base dans le cadre des préparatifs de la guerre en Afghanistan de 2001.

GARRY LEECH

FORCE DE L'AIR U.S. / TIM VINING

LANDOV

# Emplacement des bases et installations militaires U.S. en 2004

| EUROPE | ASIE DE L'EST ET PACIFIQUE | AFRIQUE DU NORD, MOYEN-ORIENT ET ASIE DU SUD * | AFRIQUE SUBSAHARIENNE ET ATLANTIQUE SUD |
|---|---|---|---|
| Allemagne | Atoll de Johnson | Afghanistan | Djibouti |
| Belgique | Atoll de Kwajalein | Bahreïn | Kenya |
| Bosnie | Australie | Diego Garcia | Sainte-Hélène |
| Danemark | Guam | Égypte | |
| Espagne | Hawaii | Émirats arabes unis | **HÉMISPHÈRE OCCIDENTAL** |
| France | Hongkong | | |
| Grèce | Île de Wake | Géorgie | |
| Groenland | Indonésie | Irak | Alaska |
| Islande | Japon | Jordanie | Antigua |
| Italie | Nouvelle-Zélande | Koweït | Aruba et Curaçao |
| Kosova | Samoa | Kirghizistan | Bahamas |
| Luxembourg | Singapour | Oman | Canada |
| Norvège | Sud de la Corée | Ouzbékistan | Colombie |
| Pays-Bas | | Pakistan | Cuba (baie de Guantánamo) |
| Portugal | | Qatar | |
| Royaume-Uni | | Turquie | Équateur |
| | | | États-Unis (continentaux) |
| | | | Honduras |
| | | | Îles Vierges |
| | | | Pérou |
| | | | Porto Rico |
| | | | Salvador |

\* Un grand nombre des installations militaires U.S. dans ces régions, établies depuis 2001 pour mener les guerres U.S. en Afghanistan et en Irak, sont parmi les premières bases dites « feuilles de nénuphar » que Washington compte déployer. C'est le cas aussi des bases établies à Djibouti en Afrique, ainsi qu'en Colombie, au Salvador et ailleurs en Amérique latine.

# « Revue du déploiement global » U.S.
Autres pays à l'étude pour des sites opérationnels avancés (« feuilles de nénuphar ») ou des emplacements de sécurité coopérative

| EUROPE | ASIE DE L'EST ET PACIFIQUE | AFRIQUE DU NORD, MOYEN-ORIENT ET ASIE DU SUD | AFRIQUE SUBSAHARIENNE |
|---|---|---|---|
| Bulgarie | Malaisie | Algérie | Ghana |
| Hongrie | Philippines | Azerbaïdjan | Mali |
| Pologne | Thaïlande | Inde | Nigeria |
| Roumanie | | Maroc | Ouganda |
| | | Tunisie | São Tomé et Príncipe (golfe de Guinée) |
| | | | Sénégal |
| | | | Sierra Leone |

SOURCES : RAPPORT DU DÉPARTEMENT DE LA DÉFENSE SUR LA STRUCTURE DES BASES, FY2004 ; DÉPARTEMENT D'ÉTAT U.S. ; PBS ; AP ; GLOBALSECURITY.ORG

SOURCES : CENTRE D'INFORMATION SUR LA DÉFENSE, ASSOCIATION DE LA FORCE AÉRIENNE, LOS ANGELES TIMES, UPI, PR AVDA.

**VOIR LA CARTE À LA PAGE SUIVANTE ▶**

# Bases militaires U.S. dans le monde

◀ VOIR LA LISTE À LA PAGE PRÉCÉDENTE

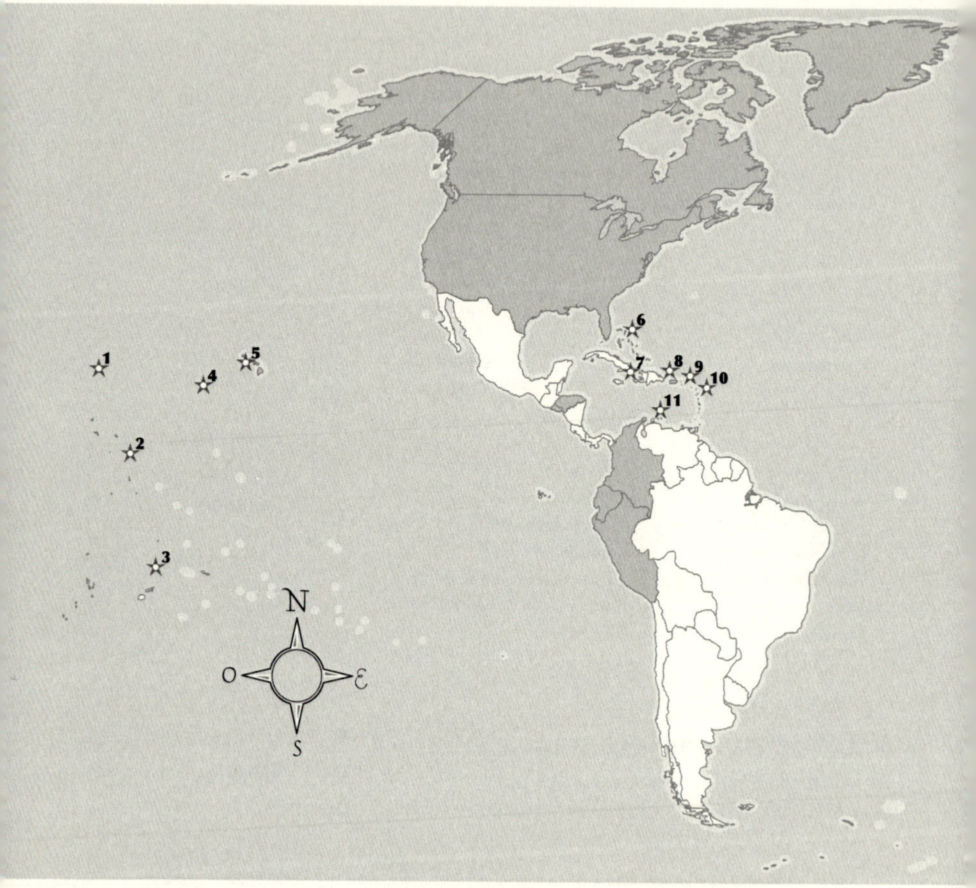

 **PAYS AYANT UNE BASE U.S. (2004)**

☆ *Autres bases U.S.* **1.** *Île de Wake* **2.** *Atoll de Kwajalein* **3.** *Samoa*
**4.** *Atoll de Johnson* **5.** *Hawaii* **6.** *Bahamas* **7.** *Cuba (baie de Guantánamo)*
**8.** *Porto Rico* **9.** *Îles Vierges* **10.** *Antigua* **11.** *Aruba et Curaçao*
**12.** *Sainte-Hélène* **13.** *Diego Garcia* **14.** *Singapour* **15.** *Hongkong* **16.** *Guam*

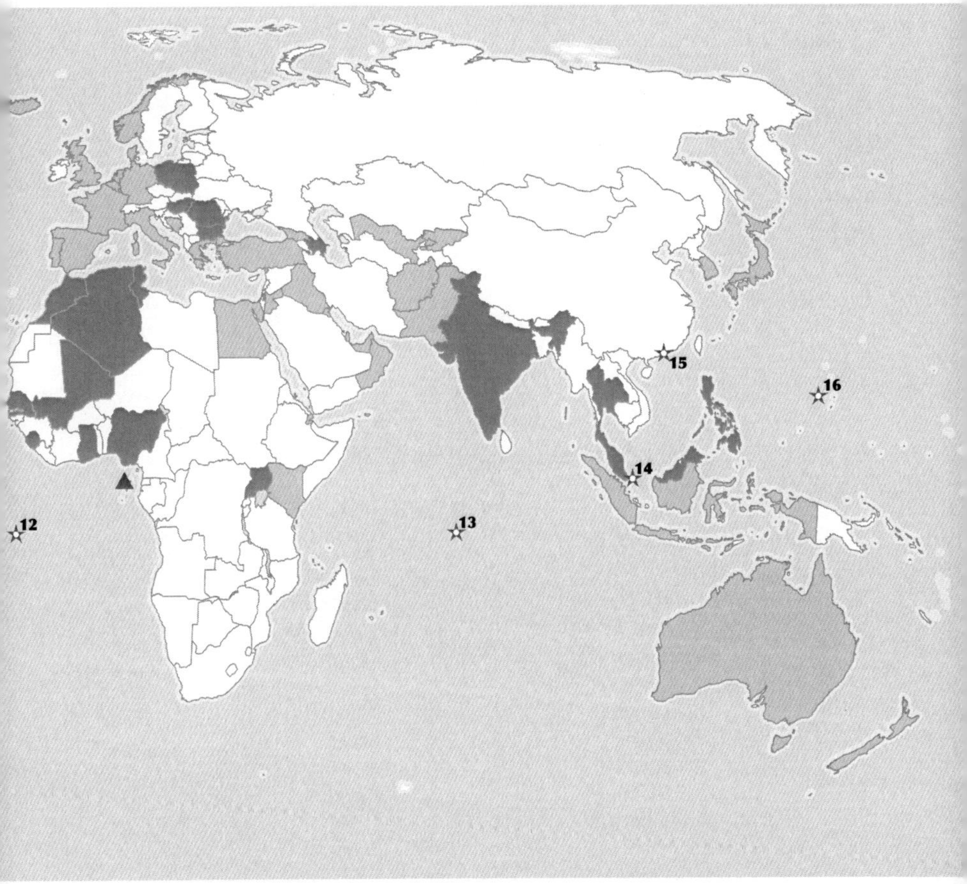

**AUTRES PAYS À L'ÉTUDE POUR DES « FEUILLES DE NÉNUPHAR » OU DES « EMPLACEMENTS DE SÉCURITÉ COOPÉRATIVE »**

 São Tomé et Príncipe

# « Revue du déploiement global » militaire de l'impérialisme U.S.

**SOLDATS U.S. EN SERVICE ACTIF**
*Par région et dans certains pays*

| | 1989 | 2004 | PROJECTIONS DE LA REVUE DU DÉPLOIEMENT DU DÉPARTEMENT DE LA DÉFENSE [1] |
|---|---|---|---|
| **EN SERVICE ACTIF** (y compris en Irak et autour [2]) | 2 130 229 | 1 425 887 | |
| **EN SERVICE ACTIF À L'ÉTRANGER** (sans l'Irak) | 509 873 | 257 692 | ~190 000 |
| *Sur terre* | 452 916 | 233 544 | |
| *En mer* | 56 957 | 24 148 | |
| **EUROPE** | 336 416 | ~114 200 | ~45 000 |
| *Allemagne* | 248 621 | 75 603 | |
| *Bosnie* | – | 250 | |
| *Italie* | 15 706 | 13 354 | |
| *Kosova* | – | ~2 000 | |
| *Royaume-Uni* | 27 639 | 11 801 | |
| **ASIE DE L'EST ET PACIFIQUE** | 134 912 | 97 724 | ~85 000 |
| *Australie* | 717 | 205 | |
| *Japon* [3] | 49 861 | 40 045 | |
| *Philippines* | 14 745 | 144 | |
| *Sud de la Corée* | 44 461 | 40 258 | ~28 000 |
| **AFRIQUE DU NORD, MOYEN-ORIENT ET ASIE CENTRALE ET DU SUD** | 8 070 | ~31 100 | |
| *Afghanistan* | – | ~20 000 | |
| *Arabie Saoudite* | 416 | 291 | |
| *Bahreïn* | 168 | 1 496 | |
| *Diego Garcia* | 1 048 | 491 | |
| *Égypte* | 1 182 | 350 | |
| *Kirghizistan* | – | 1 000 | |
| *Ouzbékistan* | – | ~1 300 | |
| *Qatar* | – | 3 432 | |
| *Turquie* | 4 862 | 1 863 | |
| **AFRIQUE SUBSAHARIENNE** | 333 | ~1 800 | |
| *Djibouti* | 7 | ~1 600 | |
| **AMÉRIQUES** | 21 448 | ~2 495 | |
| *Colombie* | 42 | ~800 [4] | |
| *Cuba (baie de Guantánamo)* | 2 467 | 700 | |
| *Honduras* | 1 158 | 413 | |
| *Panama* | 12 719 | 16 | |

1. Les projections globales de la revue du déploiement du département de la Défense couvrent une décennie. Les réductions prévues dans le sud de la Corée le sont pour la fin de 2008.

2. Selon le département de la Défense, il y avait environ 150 000 soldats U.S. en Irak au début de 2005. Il y avait aussi 40 000 soldats au Koweït et ailleurs autour de l'Irak.

3. Environ 30 000 des soldats U.S. au Japon se trouvent dans l'île d'Okinawa.

4. En octobre 2004, le Congrès U.S. a autorisé de doubler de 400 à 800 les forces U.S. en Colombie.

SOURCES : DÉPARTEMENT DE LA DÉFENSE, GLOBALSECURITY.ORG, CENTRE D'INFORMATION SUR LA DÉFENSE ET DIVERSES AGENCES DE PRESSE

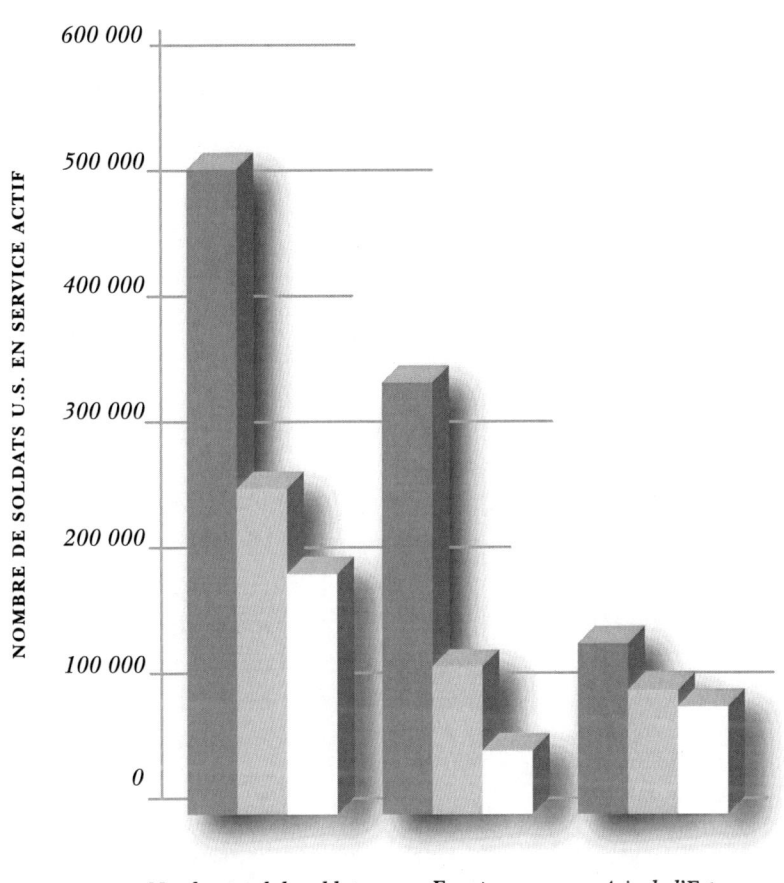

d'intelligence et d'aptitude des recrues, qui se sont améliorés avec une armée de volontaires ; et de leur évaluation de la meilleure façon de mobiliser un soutien patriotique en faveur de la conscription quand inévitablement ils en auront besoin face à des guerres à plus grande échelle dans le futur.

Les dirigeants U.S. reconnaissent qu'il est plus difficile d'atteindre des quotas de recrutement en temps de guerre, quand le nombre de morts et de blessés augmente. En conséquence, le gouvernement U.S. est en train de hausser les salaires du personnel des forces armées ; d'augmenter les primes au recrutement, au rengagement, au déploiement en zone de combat et à l'amélioration des compétences ; d'élever les prestations aux familles ; de continuer à étendre les programmes de formation des officiers de réserve (ROTC) dans les universités ; d'augmenter les allocations à l'éducation et au logement ; et d'accroître les avantages financiers pour la garde nationale et l'armée de réserve. S'enrôler dans la garde ou la réserve n'est plus synonyme d'une fin de semaine par mois et de deux semaines par année en échange du paiement des frais de scolarité pour des études supérieures. Au mois de décembre 2004, quand le Pentagone a triplé à 15 000 $ US les primes au rengagement dans la garde, un quart de ses membres avait servi en Irak, presque un tiers était déployé à l'étranger et 40 pour cent des soldats U.S. en Irak venaient de la garde ou de la réserve. Ces dépenses militaires et d'autres coûts en hausse vont exacerber les désaccords sur les finances de l'État au sein de la classe dirigeante U.S. et augmenter l'importance pour elle d'obtenir le soutien politique du peuple américain pour les « sacrifices » dans son niveau de vie qui devront rapidement accompagner ces dépenses.

**9.** Les leçons tirées des divisions raciales et des divisions de classe qui ont miné la discipline militaire et sapé le moral pendant la guerre du Viêt-nam sont encore profondément gravées dans la conscience du haut commandement militaire. Le Pentagone en tient compte et depuis la guerre du Golfe de 1991 il a réduit l'affectation de soldats qui sont noirs aux unités de combat. La composition des soldats tombés au combat en Irak enregistre l'impact de ces changements. Le département de la Défense a rapporté par exemple que, jusqu'au début de janvier 2005, 11 pour cent de ceux qui sont tombés au combat étaient afro-américains comparativement à 17 pour cent lors de la guerre du Golfe en 1991. (Les Noirs forment à peu près 13 pour cent de la population U.S. aujourd'hui.)

Les dirigeants U.S. ont également fait un effort concerté ces dernières décennies pour forger un corps d'officiers dont la composition raciale et nationale ressemble davantage à celle des rangs.

Plus de 8 pour cent des officiers en service actif dans les forces armées aujourd'hui sont noirs, contre seulement 2,4 pour cent en 1973. Dans l'armée, les Noirs constituent 12 pour cent du corps des officiers, contre 4 pour cent en 1973. Le soutien de poids émanant des plus hauts échelons du corps des officiers en faveur du programme d'action affirmative de la faculté de droit de l'université du Michigan a été un facteur déterminant dans la décision des avocats du département de la Justice de l'administration Bush de se contenter d'une contestation limitée du programme devant la Cour suprême, qui l'a largement maintenu en 2003.

**10.** En 2005, la Commission sur le réalignement et la fermeture des bases (BRAC) du département de la Défense rendra publique une liste des bases aux États-Unis qui seront fermées, soit environ 25 pour cent des installations militaires actuelles en territoire U.S. Certaines bases de l'armée, des forces aériennes, de la marine et du corps des marines seront consolidées pour faciliter l'instruction et les opérations conjointes.

L'administration Bush a l'intention d'utiliser une grande partie des économies prévues de 3 à 5 milliards de dollars pour augmenter les salaires et les primes militaires et accroître la recherche, le développement et le déploiement de ce que le Pentagone appelle ses futurs systèmes de combat « réseaucentriques » : des dispositifs avancés de communications et des systèmes de positionnement global, conçus pour le commandement et le contrôle en temps réel sur le champ de bataille par de petites unités ; des avions de reconnaissance sans équipage ; de l'artillerie et des bombes à guidage laser ; des véhicules blindés légers ; et des hélicoptères d'attaque. Du même coup, Washington laisse tomber ou réduit des programmes d'armement hérités des priorités de combat de la guerre froide. Il a annulé l'hélicoptère Comanche et le système d'artillerie Crusader et planifié d'importantes réductions dans le programme de l'avion de chasse F/A-22 « Raptor » ainsi que dans la flotte de porte-avions de la marine. À une époque de domination de l'air par les États-Unis, les chasseurs-bombardiers sont l'avenir ; les combats entre avions de chasse sont de l'histoire ancienne.

Les fermetures de bases et les réductions dans les systèmes d'armes produits par des fabricants de guerre U.S. sont des questions particulièrement délicates au plan électoral. Elles soulèveront plus d'opposition vocale de la part de politiciens des deux partis, démocrate et républicain, que la fermeture des installations U.S. à l'étranger.

**11.** Avant de tenter d'augmenter la taille des forces armées des États-Unis, le département de la Défense accroît le nombre des soldats prêts au combat — qu'il appelle « combattants de guerre » — en retirant des soldats de tâches non liées au combat et en les remplaçant par des employés civils sous la supervision du Pentagone. L'administration Bush impose déjà aux travailleurs du département de la Sécurité du *homeland* les protections syndicales et de la fonction publique réduites des employés du Pentagone et elle le présente comme un modèle pour « réformer » les grilles salariales et les règles d'embauche, de licenciement et de promotion d'un nombre croissant d'employés du gouvernement fédéral.

Le département de la Défense est aussi en train de « rééquilibrer » les qualifications et les compétences requises dans les forces armées, entre autres en transférant d'unités de la réserve et de la garde vers des unités de service actif de nombreux policiers militaires, chauffeurs et soldats des « affaires civiles. »

**12.** L'un des objectifs centraux de la transformation de l'armée U.S. est la création — sous l'étendard de mesures antiterroristes — des structures de commandement et des capacités opérationnelles nécessaires pour répondre à la résistance qui, comme le savent les capitalistes, se développera inévitablement aux États-Unis au fur et à mesure que les conséquences de leur cours économique pèsera plus lourdement sur les travailleurs, les agriculteurs et d'autres couches travailleuses. Les préparatifs de la classe qui emploie reflètent leur conscience des conséquences sociales et politiques cumulatives de plus de trois décennies de stagnation de l'accumulation capitaliste, d'intensification de la concurrence sur le marché mondial et d'attaques croissantes contre le niveau de vie et les conditions de travail.

Par contre, au milieu des années 60 et au début des années 70, quand l'impérialisme U.S. menait la guerre contre le Viêt-nam, les dirigeants étaient encore capables de répondre au mouvement prolétarien de masse dans les rues en faisant des concessions sociales et économiques importantes, comme les programmes Medicare et Medicaid et l'indexation des pensions de retraite de la sécurité sociale. Les salaires horaires moyens continuaient d'augmenter. Les employeurs, leur gouvernement et leurs partis jumeaux ne ressentaient aucun besoin pressant de se préparer à des conflits croissants avec les travailleurs, les agriculteurs et le mouvement syndical.

Il n'en est pas ainsi à l'ouverture du vingt et unième siècle et dans les années à venir. Tout en menant la guerre à l'étranger, le capital financier U.S. avance simultanément de plus en plus ouvertement sur son front intérieur. Préparer le terrain pour une militarisation accrue de la vie civile, selon les besoins, est au coeur de leur transformation.

C'est dans ce but qu'a été créé en octobre 2002 le Commandement Nord, un des neufs commandements de « combat de guerre » de la structure globale appelée Commandement de combat unifié de l'armée. Pour la première fois dans l'histoire des États-Unis, un commandement militaire détient la responsabilité de la partie continentale des États-Unis et du reste de l'Amérique du Nord. Le Northcom, comme on l'appelle, partage les mêmes installations et a le même commandant que le Commandement de la défense aérospatiale de l'Amérique du Nord (Norad), une structure conjointe du Canada et des États-Unis qui depuis la fin des années 50 a eu le pouvoir, en vertu d'un accord conclu entre les deux pays, de placer au besoin la force aérienne du Canada sous commandement U.S. Le Norad est le coeur de la « défense antimissile » de l'Amérique du Nord.

Le Commandement Nord englobe aussi le Mexique. C'est la première fois que le voisin méridional de Washington est ainsi inclu dans un des commandements de combat globaux de l'impérialisme U.S. (y compris le Commandement Sud depuis longtemps responsable des Caraïbes, de l'Amérique centrale et de l'Amérique du Sud).

En présentant le désordre civil comme une question de sécurité nationale puisque les « terroristes », leurs partisans et leurs sympathisants exploitent ce type de situations, le gouvernement a légalement fait de la résolution des désordres civils à l'intérieur et le long des frontières U.S. — pour la première fois depuis les années qui ont suivi la guerre civile — une question *militaire* pour le gouvernement fédéral, et pas seulement une question *policière* pour les municipalités, les États ou le gouvernement fédéral.

**13.** La création d'un commandement des forces armées pour la zone continentale des États-Unis est assortie d'autres préparatifs, plus médiatisés ceux-là, destinés à faire face à la résistance des travailleurs et des agriculteurs ici. Les capitalistes habillent délibérément ces préparatifs d'ornements civils plutôt que militaires. Comme pour le Northcom, plusieurs éléments de ces mesures — baptisées depuis le 11 septembre « Défense du *homeland* » et centralisées au niveau du cabinet par un nouveau département civil du même nom — ont été mis en place par l'administration Clinton. Les gouvernants, évitant l'américanisme xénophobe dont ils alimenteront inévitablement des couches de la population quand les conditions de crise sociale et de guerre plus large l'exigeront, présentent les mesures préparatoires qu'ils ont besoin d'appliquer aujourd'hui comme des questions de « devoir civique » et comme des ingérences mineures dans la vie privée, qui sont exigées de « nous tous » face aux « terroristes » qui menacent la paix du foyer et de la maison.

Ces mesures vont d'une centralisation fédérale accrue de la « surveillance » de ceux qui sont « soupçonnés de terrorisme » aussi bien ici qu'à l'étranger ; à l'instauration dans les faits d'un système national de cartes d'identité sous le couvert des numéros de sécurité sociale ; aux contrôles de « sécurité » omniprésents entre autres dans les aéroports et les immeubles de bureaux ; aux appels à signaler les colis « suspects » dans des lieux publics ou à rapporter des comportements « inhabituels » dans votre immeuble de résidence, dans votre quartier ou dans la rue ; aux restrictions de l'*habeas corpus* et même des protections garanties aux accusés par le cinquième amendement de la constitution ; à l'espionnage d'individus concernant leur utilisation des bibliothèques, leurs achats de livres ou leur compte en banque ; et à la surveillance accrue des résidents nés à l'étranger, qu'ils soient « légaux » ou « illégaux ».

Ils sont en train de lever les obstacles imposés aux opérations militaires de renseignement à l'intérieur des États-Unis suite aux rapports de la commission sénatoriale Church en 1975-1976, qui ont décrit en détail d'importantes violations des droits constitutionnels par les services de renseignements fédéraux, militaires ou non, qui effectuaient des opérations souvent brutales contre les adversaires de la guerre du Viêt-nam, les partisans du mouvement des Noirs et des Chicanos, le mouvement de libération des femmes, le mouvement syndical, les communistes et d'autres encore. Une fois de plus, le travail « contre-terroriste » du FBI à l'intérieur du pays est en pleine expansion.

Ces opérations d'espionnage, qui tôt ou tard incluront des actions de déstabilisation politique, seront centralisées par un « directeur des renseignements nationaux » directement responsable devant le président. *Exemptées* dans les faits du cadre de cette centralisation mais tout aussi importantes sont les opérations de renseignement à grande échelle des forces armées, organisées par le Pentagone et relevant de lui. La loi sur la « réforme » des services de renseignement approuvée par le Congrès en décembre 2004 à la suite d'une offensive parlementaire des démocrates a été peaufinée avant son adoption finale afin de répondre aux exigences de Bush et de Rumsfeld.

La grande majorité des travailleurs et des agriculteurs aux États-Unis ne ressent pas encore directement ou ne comprend pas politiquement que ce qui arrive aujourd'hui et ce qui est arrivé au cours des dernières années à Guantánamo, que ce qui arrive avec la « détention préventive » de citoyens U.S., que ce qui arrive avec la limitation du droit de faire appel contre des expulsions — que tout ceci est dirigé avant tout contre *nous* et non pas en premier lieu contre des poches d'« étrangers » suspects. À l'exception d'une minorité d'entre eux, toute menace paraît encore fort éloignée même pour les travailleurs nés à l'étranger et pour d'autres immigrés. Mais comme dans toute l'histoire de la lutte des classes aux États-Unis — des rafles de Palmer aux coups montés de la loi Smith contre le mouvement ouvrier et au Cointelpro — les attaques nouvelles et de plus en plus militarisées des dirigeants seront reconnues — et combattues — pour ce qu'elles sont à mesure que les travailleurs et le mouvement ouvrier seront poussés à la lutte afin de nous défendre, nous-mêmes et nos alliés qui travaillent, contre l'offensive de plus en plus intense des employeurs et de l'État qui représente et défend leurs intérêts de classe.

### « *La mission définit la coalition* »

**14.** Après la désintégration non seulement des régimes staliniens d'Europe de l'Est et de l'Union soviétique, mais aussi du Conseil d'assistance économique mutuelle (Comecon) et du pacte de Varsovie — à travers lesquels avaient été structurés des liens commerciaux et militaires entre l'Union soviétique et les États ouvriers européens — le discours triomphaliste sur une nouvelle ère de « paix », de « démocratie », de « stabilité » et même de « fin de l'histoire » s'est accompagné de réductions massives de la taille des forces armées U.S. et de compressions des dépenses militaires. Le « dividende de paix » utilisé par le Trésor en faveur des négociateurs d'obligations U.S. a jeté les bases pour la montée exagérée du dollar et attisé le feu sous ce qui est devenu le ballon financier de la fin des années 90 et de la première décennie du vingt et unième siècle.

La fin du « dividende de paix » et le début de la transformation se sont produits quand les dirigeants ont progressivement reconnu, à partir des dernières années de l'administration Clinton, qu'ils allaient devoir eux-mêmes compenser le fait qu'il n'était plus possible pour les héritiers de Staline de servir de police contre les masses laborieuses. Ou que Moscou n'avait plus l'autorité politique requise au sein du mouvement ouvrier pour obtenir une réponse à ses rationalisations visant à refroidir la lutte des classes dans de vastes régions du monde.

**15.** La « libération » et non la « stabilisation », la « liberté » et non l'« équilibre des pouvoirs » : tout cela marque non seulement un changement des mots d'ordre mais un changement historique de la stratégie politique mondiale par la seconde administration Bush, comparativement à celles de Clinton et de son prédécesseur.

Ce qui est décisif dans cette refonte de la politique extérieure impérialiste U.S., qu'on appelle souvent la « doctrine Bush, » c'est le fait que depuis le 11 septembre l'administration a concrétisé et mis en oeuvre de manière accélérée, en situation de combat, la transformation des forces armées U.S. En soi, ces changements marquent le rejet de ce qu'un large secteur de la classe dirigeante U.S. dans les deux partis impérialistes voit maintenant comme un quart de siècle de réponses inadéquates, aux niveaux politique et militaire, face aux attaques « terroristes » contre des cibles U.S. et d'initiatives tardives contre des États jugés capables de développer des armes et des systèmes de lancement mettant en péril les intérêts impériaux de Washington.

Le renversement par les dirigeants U.S. des régimes des talibans en Afghanistan et de Saddam Hussein en Irak et les menaces et pressions actuelles contre l'Iran et le nord de la Corée, les deux pays qui avec l'Irak constituent « l'axe du mal » de Bush, visent entre autres à servir de leçon. Ces démonstrations de la puissance militaire visent à « persuader » les forces bourgeoises en Syrie, en Libye, en Palestine et ailleurs, de l'Afrique du Nord jusqu'à l'Asie centrale et l'Amérique du Sud, que de maintenir des objectifs opposés à ceux de Washington non seulement n'est pas dans leurs intérêts de classe mais est opposé à la longue à leur propre survie. La guerre en Irak et ses répercussions continues ont supplanté le conflit israélo-palestinien comme centre de la politique au Moyen-Orient, ses effets irradiant vers l'est, le nord et même jusqu'à l'Afrique de l'Ouest.

**16.** Ni l'Otan, une alliance née de la guerre froide, ni les coalitions que Washington a bricolées dans les années 90 sous le couvert de l'ONU ou de l'Otan pour faire la guerre dans le Golfe et en Yougoslavie, ne peuvent servir les objectifs changeants de l'impérialisme U.S. Cela s'applique aussi à la coalition mise en place — ou plutôt déclarée — pour appuyer la guerre anglo-américaine contre l'appareil baathiste de Saddam Hussein.

À mesure que le gouvernement U.S. se prépare à engager autour du monde les batailles qu'il ne pourra éviter (et que dans sa majorité il ne veut plus éviter), dans chacun de ces cas, c'est le commandement des forces armées de Washington qui sera la clé de voûte. Comme l'a dit Rumsfeld, « la mission définira la coalition, » pas l'inverse.

**17.** L'Initiative de sécurité contre la prolifération (ISP), décrite par le département d'État comme « une activité, pas une organisation, » est un bon exemple du principe de Rumsfeld. Une soixantaine de gouvernements ont déjà adhéré à cette opération mondiale de piraterie, organisée et dirigée par le Pentagone. Elle a pour but de « prohiber » l'expédition vers des « États voyous et marginaux » et des « régimes hostiles » de ce que les puissances impérialistes déclarent être des substances qui pourraient éventuellement être utilisées à la production ou au lancement d'armes de destruction massive (ou « substantielle »).

Depuis qu'on a annoncé l'ISP en mai 2003, des navires ont été arraisonnés en haute mer et des cargaisons saisies à quai. Les gouvernements des États-Unis, du Royaume-Uni, de la France, de l'Australie, du Canada, du Japon, du Mexique, de Singapour et de plusieurs autres pays ont participé à au moins un exercice sur la douzaine d'exercices conjoints organisés au début de 2005. Le plus récent a été l'Équipe samouraï 2004, en octobre dans le Pacifique non loin des eaux territoriales du nord de la Corée, et l'exercice Chokepoint 2004, le premier exercice du genre dans les Amériques, organisé en novembre dans les Caraïbes entre Key West et l'île d'Hispaniola, partagée par Haïti et la République dominicaine juste à l'est de Cuba.

**18.** En Irak, la colonne vertébrale de la coalition dominée par les impérialistes a été constituée des gouvernements des États-Unis et du Royaume-Uni, et de ceux de l'Australie, de l'Italie, du Danemark, de la Pologne, des Pays-Bas — plus de 30 en tout, d'Europe, d'Asie, du Pacifique et d'Amérique centrale.

Les dirigeants U.S. demandent à ces gouvernements (et offrent de l'aide à ceux qui coopèrent) de transformer leurs propres forces armées pour les intégrer aux tâches de logistique, d'instruction et d'opérations spéciales, et d'offrir un exemple de direction internationale qu'ils seront de plus en plus appelés à fournir en soutien aux opérations dirigées par les États-Unis.

Tokyo en particulier utilise l'envoi de quelque 600 soldats en Irak dans une mission de « non-combattants » pour accélérer le démantèlement des barrières érigées après la deuxième guerre mondiale contre l'utilisation par l'impérialisme japonais de sa puissance militaire dans le Pacifique et ailleurs. Au coeur de ce changement historique se trouve une brusque montée du nationalisme nippon à l'intérieur du pays, un plus important franc soutien à Taiwan et une alliance militaire de plus en plus étroite avec Washington pour faire face au renforcement militaire de la Chine, en particulier son expansion navale. Le Pentagone « suit avec beaucoup d'attention et est préoccupé » par la puissance navale croissante de Beijing, a dit Rumsfeld avec une modération classique, dans un témoignage devant le Comité des services armés du Sénat en février 2005. « Nous espérons et prions que [la Chine] entrera dans le monde civilisé d'une manière ordonnée, » a-t-il ajouté. Mais ce qui est à l'ordre du jour, ce ne sont pas des prières exaucées, mais des craintes matérialisées.

**19.** L'approche de Washington par rapport aux alliances et conflits étatiques changeants qu'on appelle l'Union européenne, c'est de pousser pour l'expansion plus rapide de cette relation politique, de la Turquie à l'Ukraine à la mer Noire.

En agissant ainsi, les dirigeants U.S. cherchent à constituer le bassin le plus grand et le plus hétérogène possible d'alliés potentiels ; à réduire encore plus le poids politique de la Russie ; et à accélérer le remplacement du centre historique franco-allemand de l'UE. Le capital financier U.S. vise à miner la capacité de l'euro d'agir comme concurrent du dollar en tant que monnaie de réserve dominante et instrument du commerce et des finances au niveau mondial. Il vise aussi à forcer les concurrents de Washington à assumer les coûts de l'intégration dans le marché capitaliste mondial et les alliances militaires impérialistes des pays du centre de l'Europe et de l'Europe de l'Est où les relations sociales capitalistes ont été renversées au lendemain de la deuxième guerre mondiale, et de plus en plus aussi celle d'anciennes républiques soviétiques.

**20.** Pour l'impérialisme U.S., le centre géopolitique du monde se déplace vers l'est, aussi bien en Europe continentale qu'au-delà. La Pologne, l'Ukraine et la Slovaquie sont chacune plus importantes pour les dirigeants U.S. que la Belgique ; le Pakistan et l'Inde, plus importants que la France ; et l'Indonésie, plus que l'Allemagne.

**21.** Quels que soient les menuets diplomatiques dans lesquels les dirigeants U.S. s'engagent aux Nations unies ou dans d'autres forums internationaux, ils n'accepteront aucune alliance, même temporaire, qui entravera la réalisation de *leurs* objectifs stratégiques. Ils ne croient plus dans la possibilité ni dans l'efficacité de coalitions parrainées par l'ONU, comme l'opération « Tempête du désert » pendant la guerre du Golfe en 1990-1991, qui englobait aussi bien Londres et Paris que Riyad, le Caire, Damas et Moscou, avec l'appui tacite de Beijing. La deuxième guerre du Golfe a rapidement accéléré les conflits parmi les anciennes composantes de l'alliance « Tempête du désert » et a confirmé une fois de plus que ce qu'on a entendu tonner lors du premier conflit du Golfe étaient véritablement les premières salves de la troisième guerre mondiale.

**22.** Les efforts d'un bloc de gouvernements impérialistes dirigés par Paris et Berlin pour arrêter l'invasion de l'Irak par Washington en 2003 représentaient une tentative de ces puissances impérialistes relativement plus faibles pour protéger leurs intérêts économiques, politiques et militaires au Moyen-Orient.

Ces initiatives de certaines puissances impérialistes sont devenues à leur tour un pôle d'attraction pour quelques gouvernements semi-coloniaux qui essaient de résister à la domination yankee. Les radicaux de la classe moyenne dans le monde — dont la « stratégie » nationaliste se réduit de plus en plus à un simple « Non à l'Amérique ! » — n'ont pas de difficulté à s'adapter à ce visage « bienveillant » de l'impérialisme.

**23.** Le déploiement initial et le développement en cours par Washington d'un système d'armement de missiles antibalistiques occupent une place centrale dans son offensive politique pour modifier le rapport de forces au détriment de ses rivaux impérialistes ainsi que de la Russie et de la Chine. Les systèmes ABM ne sont plus un argument dans les négociations, comme ils l'ont été pendant des décennies de « pourparlers sur le désarmement, » pour faire pression sur l'Union soviétique afin de limiter l'expansion de son arsenal nucléaire. Le développement accéléré du programme de la « guerre des étoiles » par l'administration Reagan dans les années 80 a marqué le début d'un changement fondamental. L'affirmation de ce cours comme politique bipartite a été achevée plus d'une décennie plus tard par le cours de l'administration Clinton vers l'abolition du traité ABM de 1972 avec Moscou et sa décision d'aller de l'avant avec la construction du système. Quels que soient les limites technologiques de ces systèmes de missiles antibalistiques aujourd'hui, Washington continuera d'améliorer leur efficacité et il le fera d'autant plus rapidement en condition de guerre.

Les « alliés » impérialistes de Washington reçoivent une offre qu'ils ne peuvent refuser et — dans les cas de Londres, de Tokyo et de quelques autres — qu'ils ne veulent pas refuser : « Mettez sur la table territoires, installations et soutien au déploiement des ABM, et vous aurez un mot à dire dans les décisions qui seront prises et vous serez protégés par le bouclier. Sinon, quand des missiles approcheront de votre territoire souverain, nous prendrons les décisions sans vous. »

L'offre de Bush au président Vladimir Poutine est simple : « Ne quittez pas la Chine des yeux ! Venez sous le bouclier. Acceptez la perte de vos anciennes républiques soviétiques. Et quand vous aurez de vrais ennuis avec vos propres travailleurs, paysans et nationalités opprimées, les forces armées U.S. seront là pour vous aider. » Le léger sous-entendu : « *jusqu'à ce que nous puissions vous remplacer* » rend les négociations avec Moscou ardues.

**24.** L'objectif de l'impérialisme U.S. pendant la guerre froide était de s'assurer qu'en renversant le régime en Union soviétique, il infligerait une défaite à la classe ouvrière et à ses alliés qui travaillent la terre. Les puissances impérialistes espéraient qu'elles pourraient ainsi avancer rapidement vers l'instauration des relations de classe, des structures légales et des autres conditions bourgeoises requises pour une Russie capitaliste stable.

Les dirigeants impérialistes ont cependant perdu. Les héritiers de Staline ont été renversés mais la guerre avec la classe ouvrière n'est pas encore engagée. La transformation militaire de Washington vise à préparer cette guerre. Les « emplacements de sécurité coopérative » d'un bout à l'autre de la route de la soie ; les bases qui finiront par être négociées au Bélarus, après celles de la Bulgarie et de la Roumanie ; les feuilles de nénuphar de l'Ukraine ; même les droits de ravitaillement en carburant en Russie — tout cela est ou sera sur la table. Tout comme le sera l'offre à Moscou : lorsque les conflits civils menaceront de propager le « terrorisme », les « guerres de drogue » ou la « prolifération nucléaire, » l'armée U.S. sera là pour venir au secours des forces armées minables et déclinantes de Moscou contre les travailleurs et les paysans — et, comme le souhaite désespérément Poutine, contre les oppositions démocratiques bourgeoises en Russie et le long de ses frontières réduites. Mais ni l'expérience dans l'ancienne république soviétique de Géorgie au début de 2004 ni celle en Ukraine une année plus tard ne sont de bon augure pour ces illusions.

### Ce que les dirigeants U.S. ont accompli, ce qu'ils ne peuvent réaliser

**25.** Il y a une différence entre des problèmes auxquels les dirigeants impérialistes font face à cause d'erreurs qu'ils peuvent et vont corriger (vous les sous-estimez à vos propres risques et périls !) et ceux qui proviennent de la dynamique de la lutte de classe internationale, qu'ils peuvent influencer jusqu'à un certain point mais qu'ils ne peuvent éviter. La débandade du régime taliban en Afghanistan en 2001 et l'étranglement dévastateur de l'Irak par l'impérialisme pendant une décennie, qui a culminé dans l'invasion de 2003, ont été de mauvais présages pour les gouvernements et les autres forces bourgeoises qui étaient brouillés avec l'impérialisme U.S., de l'Afrique du Nord jusqu'à l'Asie du Sud-Est.

a) Le régime de Pervez Musharraf au Pakistan — ancien protecteur des talibans et organisateur d'un marché noir international de technologie nucléaire — est en train de se transformer en allié stratégique instable mais loyal des États-Unis. L'armée pakistanaise mène des opérations conjointes contre les talibans avec les forces d'opération spéciales U.S. des deux côtés de la frontière entre l'Afghanistan et le Pakistan. Elle a aussi réduit le réseau international d'armes nucléaires organisé à travers des sections de l'appareil militaire de renseignement d'Islamabad et par A. K. Khan, le « père de la bombe atomique pakistanaise. »

b) Mais ce qui est plus important encore, c'est que pour la première fois les dirigeants U.S. ont entraîné dans leur orbite le gouvernement de l'Inde, y compris ses deux principaux partis bourgeois rivaux. Les changements parallèles dans les relations de Washington avec Islamabad et New Delhi ont précipité des démarches pour calmer le conflit vieux de décennies sur la question du Cachemire entre ces deux régimes dotés d'armes nucléaires.

c) Dans une opération conjointe de Londres et Washington, la direction de Muammar Al-Kadhafi en Libye a été « persuadée » de reconnaître ses erreurs de conduite. Elle est en train d'abandonner ses programmes de développement d'armes, nucléaires ou autres, de s'acquitter de milliards de dollars en dédommagement aux victimes d'anciennes attaques terroristes attribuées aux agents du gouvernement libyen et d'ouvrir ses vastes ressources naturelles à l'exploitation impérialiste d'une manière plus favorable au capital financier international.

d) Dans l'intérêt de sa propre survie, la maison royale saoudienne, qui trône sur les plus grandes réserves connues de pétrole au monde, se joint à l'impérialisme pour aider à détruire des réseaux comme Al-Qaeda, pour qui les dirigeants wahhabites de l'Arabie saoudite sont des infidèles qui contrôlent et profanent les lieux sacrés de l'Islam. Chacune de ces initiatives approfondit les contradictions et ébranle la stabilité de ce régime corrompu de rentiers, mais le résultat pour les princes sera encore pire si ces mesures ne sont pas prises.

e) Les preuves s'accumulent également montrant que les pressions croissantes des dirigeants U.S. sur la Syrie portent leurs fruits et ont des répercussions qui s'étendent au Liban. Avec l'impact des élections en Irak, la pression commence à se faire sentir même au Caire.

Le gouvernement U.S. exige que Damas agisse contre les forces émigrées baathistes en Syrie, qui organisent et financent le passage d'armes et de combattants en Irak, et que le régime d'Assad prolonge son acceptation de facto des opérations militaires U.S. à l'intérieur du territoire syrien le long de la frontière irakienne. Les dirigeants U.S. exigent aussi que Damas mette fin à ses tentatives d'obtenir des « armes de destruction massive. »

**26.** Washington prend avantage de ses gains militaires au Moyen-Orient pour renforcer ses liens avec le gouvernement, les forces armées et les agences de renseignements israéliens. Les dirigeants U.S. accroissent leur pression sur les dirigeants des organisations palestiniennes dans le but d'approfondir les divisions qui existent entre elles et en leur sein. Ce processus s'est accéléré avec l'élection de Mahmoud Abbas comme premier président de l'Autorité palestinienne après la mort de Yasser Arafat. Pour l'impérialisme toutefois, l'épuisement et la défaite de la deuxième intifada ont été le facteur décisif dans ses efforts pour imposer avec l'accord d'Israël une coalition bourgeoise aux Palestiniens.

Sous le couvert des attaques contre l'Irak et de la « guerre globale contre le terrorisme, » le régime israélien a dévasté des villes et des camps qui avaient servi de centres d'organisation à des attaques au mortier, à des attentats « martyres » et à d'autres actions armées ; il a poursuivi la construction du mur de 650 km qui s'enfonce profondément à l'intérieur de la Cisjordanie ; il a systématiquement assassiné une couche de la direction du Hamas après l'autre ; et il a entamé la bataille politique à l'intérieur d'Israël pour le retrait des colonies de Gaza, qui vise à consolider les territoires occupés en Cisjordanie et à établir une frontière plus sûre.

**27.** Les puissances impérialistes ont en fait annulé le traité sur la non-prolifération des armes nucléaires de 1968 en déclarant, contrairement aux dispositions du traité, qu'il sera interdit aux « États sans armes nucléaires » de développer la technologie et les installations nécessaires pour produire de l'uranium suffisamment enrichi pour alimenter les réacteurs servant à la production d'énergie. Le gouvernement U.S. fait pression avec plus ou moins de succès sur l'Agence internationale de l'énergie atomique (AIÉA) pour qu'elle se transforme en force de police internationale et cible les pays semi-coloniaux jugés insuffisamment conciliants face aux exigences impérialistes qu'ils abrogent leur souveraineté et les droits que leur accorde le traité. La campagne de Washington pour remplacer Mohamed El Baradei à la tête de l'AIÉA fait partie de ses efforts pour accélérer le travail policier de cette organisation en faveur des dirigeants U.S.

a) Le régime iranien a subi des pressions croissantes surtout de la part de Washington pour accepter l'inspection inconditionnelle de toutes ses installations nucléaires et pour abandonner le développement sur grande échelle de l'énergie nucléaire — un programme initié avec l'aide et la bénédiction de Washington sous la dictature pro-impérialiste de Mohammed Reza Shah Pahlavi, renversé par le soulèvement révolutionnaire de 1979. Londres, Paris et Berlin ont prêté main-forte à ces pressions sur Téhéran, en dépit des différends qui les opposent entre eux et à Washington sur la question de savoir avec quelle rapidité et jusqu'à quel point serrer la vis.

Éliminer le potentiel nucléaire de l'Iran demeure un objectif stratégique de première importance pour Israël, ce qui pousse Tel-Aviv à faire de fréquentes références à l'attaque aérienne de 1981 qui a détruit le réacteur nucléaire de l'Irak à Osirak. Les installations nucléaires de Téhéran sont plus dispersées géographiquement que l'étaient celles de Bagdad (une leçon apprise de l'attaque contre Osirak) et ce n'est que lorsque Washington croira que ses chances de succès sont élevées ou décidera qu'il n'a pas d'autre choix qu'il entreprendra une action militaire contre l'Iran ou donnera son accord pour qu'Israël le fasse. Mais comme l'a démontré la destruction pratiquement simultanée des positions anti-aériennes irakiennes dans les premières heures de la guerre de 2003, les forces d'opérations spéciales U.S. peuvent localiser et détruire des installations très dispersées avec une vitesse et une efficacité dévastatrices. Elles ont depuis longtemps commencé le travail de reconnaissance, de localisation, de surveillance électronique et autre à l'intérieur de l'Iran pour se préparer à une telle éventualité.

b) La République populaire démocratique de Corée, le troisième pays de « l'axe du mal » de Washington, avec l'Iran et l'ancien régime d'Irak, s'est retirée du traité sur la non-prolifération des armes nucléaires en 2003. Elle a défendu ses droits et proclamé son intention de continuer à développer des armes nucléaires pour sa défense. Pyongyang est la cible d'un effort sur plusieurs fronts, qui comprend Beijing, pour forcer la RPDC à mettre fin au développement de son programme nucléaire. En même temps, Washington a aidé les efforts du sud de la Corée pour mettre un voile sur le fait qu'aussi récemment qu'en l'an 2000 elle a produit dans des expériences cachées à l'AIÉA du plutonium et de l'uranium d'une qualité pouvant servir à la production d'armes.

c) Après avoir insisté pendant des mois sur le fait que les exigences de l'AIÉA d'effectuer des inspections sur le terrain violaient le droit du Brésil de protéger sa technologie brevetée, le gouvernement de Luiz Inácio Lula da Silva a cédé en accordant à la fin de 2004 l'accès à des secteurs de son installation nucléaire de Resende suffisamment importants pour satisfaire l'agence.

**28.** Le gouvernement qui émergera des élections irakiennes du 30 janvier 2005 devra maintenir l'équilibre entre la région toujours plus autonome du Kurdistan dans le Nord et les forces politiques rivales dans la majorité chiite et la minorité sunnite. Le régime baathiste était basé dans des secteurs de la population sunnite qui avaient un intérêt de classe tout particulier à préserver leurs privilèges de minorité, dont la consolidation leur avait été conférée par l'impérialisme britannique. Figurant parmi les dictatures les plus sanguinaires de l'histoire du Moyen-Orient, ce régime a systématiquement organisé au cours de ses plus de 35 ans de pouvoir le massacre de forces baathistes dissidentes, de membres du Parti communiste ou de ceux qui étaient accusés de l'être, ainsi que de dirigeants kurdes et chiites.

Au lendemain de la guerre du Golfe de 1991, sous la protection de la zone d'exclusion aérienne imposée par les impérialismes U.S. et britannique, la région kurde a de plus en plus fonctionné comme un pays séparé. Les dirigeants de la zone kurde, qui dispose de son propre gouvernement et de la force armée indigène d'Irak la mieux entraînée et la plus disciplinée, sont déterminés à réclamer une part substantielle du contrôle et des revenus des gisements de pétrole situés dans le périmètre de leur région. Et ils réclament que soit renversée « l'arabisation » de Kirkuk et d'autres villes et villages des zones kurdes entreprise par les baathistes.

N'ayant plus à se soucier de la course à la présidence des États-Unis, l'administration Bush a relancé la guerre en Irak en novembre 2004 dans le but de consolider son pouvoir sur le bastion baathiste du centre du pays, un objectif qu'elle avait abruptement cessé de poursuivre jusqu'au bout après la prise de Bagdad en avril 2003. Des forces bien financées issues de la garde d'élite républicaine et de la police secrète de Saddam Hussein ont utilisé ce laps de temps pour se reconstituer en bandes baathistes irrégulières et pour tisser des liens avec des groupes comme celui dirigé par Abou Moussab Al-Zarkaoui.

Les forces U.S. ont mené cette étape de la guerre sans beaucoup d'opposition au sein de la population chiite, qui avait elle-même été la cible des bombardements, des assassinats et de la terreur baathistes pendant des décennies. Les opérations U.S. ont bénéficié également d'un soutien écrasant dans les régions kurdes. Bien qu'il existe parmi les travailleurs irakiens des réserves profondes de haine envers les occupants impérialistes, les forces baathistes détestées et leurs alliés qui livrent aujourd'hui la guerre qu'ils n'ont pas faite en 2003 sont hostiles à une lutte révolutionnaire de libération nationale en Irak et sont incapables d'en mobiliser et d'en diriger une. Aucune de ces forces n'a le moindre intérêt de classe à unifier les travailleurs et les paysans d'Irak pour faire avancer leur souveraineté nationale. Aucune ne possède un programme pour le faire.

Ce fait a été confirmé de manière révélatrice par l'absence remarquable de toute vague d'opposition large à l'invasion et à l'occupation impérialistes de l'Irak dans un quelconque pays du Moyen-Orient ou à prédominance musulmane. Au contraire, du Maroc à l'Indonésie, les gouvernements de ces pays ont subi peu de pression intérieure pour abandonner le cours qu'ils ont suivi de s'aligner derrière Washington et Bagdad pour légitimer, même si c'est de manière « critique », le régime installé par Washington et celui issu des élections du 30 janvier 2005. L'ampleur surprenante de la participation à l'élection et son impact dans les régions chiites et kurdes ont porté le plus grand coup à ce jour aux perspectives des forces organisées par les baathistes. Le cours suivi par les impérialistes a cependant pour conséquence involontaire d'ouvrir un espace qui permet aux travailleurs et aux paysans en Irak et dans toute la région de s'organiser et lutter pour promouvoir leurs intérêts ; un espace pour les nations opprimées comme les Kurdes ; un espace pour la lutte pour les droits des femmes ; un espace pour promouvoir la séparation des institutions religieuses de la politique et de l'État ; un espace pour la circulation de la propagande qui explique et popularise la politique prolétarienne. Dans tout le Moyen-Orient, l'Asie du Sud, l'Afrique du Nord et au-delà, ces conséquences involontaires continueront de suivre leur cours. Cet avenir-là, les impérialistes ne peuvent rien faire pour l'éviter.

### Capital, salaires et lutte de classe

**29.** La stagnation depuis plus d'un quart de siècle du taux d'accumulation du capital de la classe dominante U.S. accélère vivement la rivalité interimpérialiste et accroît fortement la pression pour déplacer encore plus en leur faveur le rapport de force entre capital et travail. Comme l'explique « Le long hiver chaud du capitalisme a commencé » : « Pour accroître leurs marges de profit, de plus en plus d'employeurs n'ont pu rien faire d'autre que de chercher à réduire les salaires et les avantages, prolonger les heures de travail et intensifier le travail. Cette extension et cette intensification constituent le « secret » de la croissance de la productivité que Greenspan exagère et dont il se vante pour rassurer la classe capitaliste qu'autre chose se produit qu'une nouvelle expansion de

## Revenus hebdomadaires moyens réels des travailleurs ayant un emploi aux États-Unis (1964-2003)

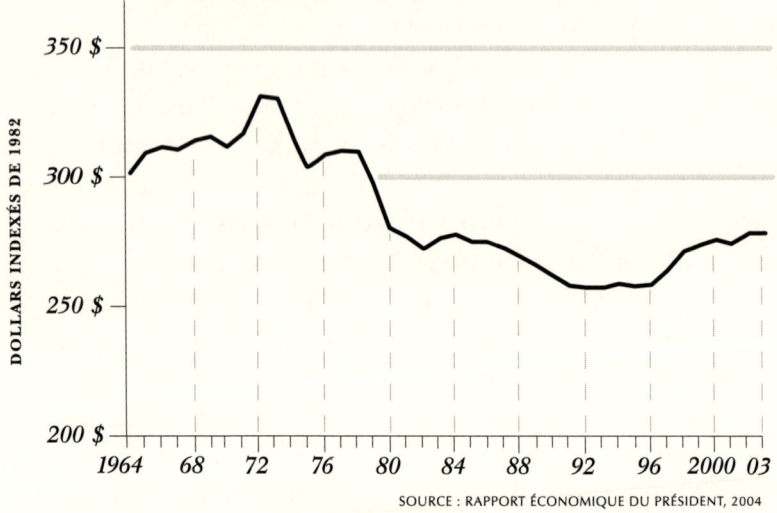

SOURCE : RAPPORT ÉCONOMIQUE DU PRÉSIDENT, 2004

## Revenus horaires moyens des travailleurs ayant un emploi aux États-Unis (1965-2004)
VARIATION POURCENTUELLE D'UNE ANNÉE À L'AUTRE

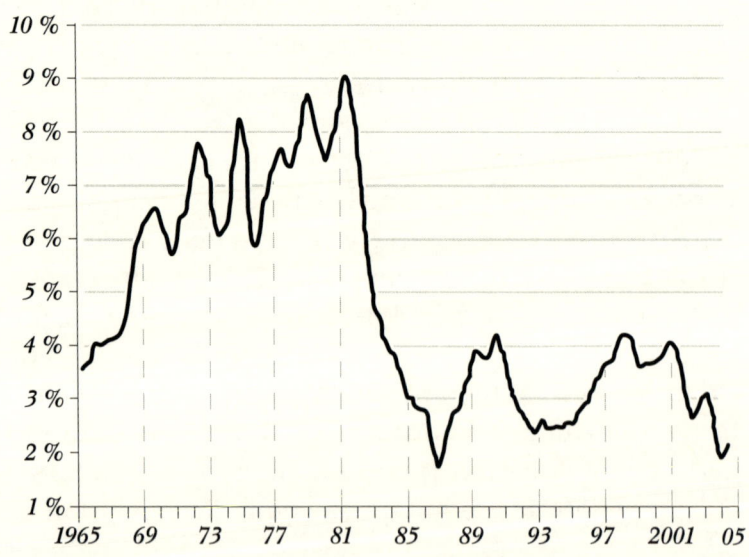

SOURCE : BUREAU DES STATISTIQUES DU TRAVAIL

l'immense dette gouvernementale et de sa contrepartie privée de dettes des entreprises, de dettes hypothécaires et de dettes de cartes de crédit. »

**30.** Ce n'est que face à une crise sociale provoquée par la dépression et la guerre que le capital financier aux États-Unis a été capable de mobiliser le genre d'appels patriotiques à « l'unité nationale » et à « l'égalité des sacrifices » capables de convaincre de larges secteurs de la population, au moins pour un temps, d'accepter des réductions radicales de leur niveau de vie. Il faudra encore de telles circonstances pour que la classe dirigeante puisse lancer à un niveau politique national une campagne visant à rabaisser davantage les salaires et les conditions de vie et de travail et à réduire considérablement le salaire social. Des dizaines de millions de personnes dans la classe ouvrière et les classes moyennes en sont venues au fil des décennies à considérer comme des *droits* les pensions de retraite de la sécurité sociale, les prestations de santé de Medicare et Medicaid, les indemnités d'accident de travail et d'autres prestations. La plupart d'entre elles dépendent de ces allocations pour survivre pendant leur retraite ou après un accident ou une maladie qui les a rendues inaptes à travailler.

Les succès obtenus jusqu'ici par des employeurs individuels pour augmenter le taux d'exploitation par des attaques contre les salaires, les horaires et les conditions de travail restent très loin de ce que les capitalistes doivent accomplir. La classe dominante a besoin de réduire radicalement les paiements aux pensions de retraite de la sécurité sociale et les autres éléments du salaire social. Elle doit transférer les coûts d'éducation, de transport public, de santé pour les jeunes et les vieux, et des autres services financés par le gouvernement davantage sur les individus et leurs familles, les rendant ainsi plus dépendants de l'Église et des organismes charitables.

La classe dirigeante doit surtout réduire radicalement les attentes nourries ces trois dernières décennies par les acquis arrachés de ses mains dans les années 60 et au début des années 70, qui ont transformé la sécurité sociale en une pension de retraite modeste mais réelle, protégée de l'inflation et permettant d'en vivre, et en une couverture médicale à laquelle on pouvait recourir.

Quand les travailleurs ont pour la première fois conquis les pensions de retraite de la sécurité sociale au cours des luttes ouvrières du milieu des années 30, les versements mensuels constituaient au mieux un petit supplément à l'aide familiale individuelle et à la charité de l'Église et du comté. L'espérance de vie aux États-Unis était alors en moyenne *inférieure* de 6 ans à l'âge de départ à la retraite fixé à 65 ans. Du milieu des années 60 jusqu'au début des années 70, comme produit indirect de la lutte prolétarienne de masse pour les droits des Noirs, la sécurité sociale a été étendue et renforcée de manière significative. Les allocations ont été indexées à l'inflation pour la première fois ; le programme Medicare a été accordé à tous ceux qui touchaient une pension de la sécurité sociale ; et le Medicaid est devenu accessible à tous ceux dont le revenu n'atteignait pas un certain niveau ainsi qu'à de nombreux handicapés physiques sans condition d'âge.

Aujourd'hui, l'espérance de vie — qui continue d'augmenter — est *supérieure* de 12 ans à l'âge auquel la plupart des gens peuvent bénéficier d'une retraite à taux plein. Les patrons font des pieds et des mains pour imaginer des moyens de se réapproprier toujours davantage de cette part pourtant si petite de la richesse que nous, les travailleurs, créons par notre travail et à laquelle les capitalistes n'ont jamais eu l'intention de renoncer pour toujours, contrairement à ce qu'assurent les réformistes. Cependant, au cours de plusieurs décennies, à mesure que les emplois et les augmentations du salaire réel payé en argent sont devenus de plus en plus incertains, des millions de personnes en sont venues à penser qu'elles ont besoin d'un revenu pour leur retraite et d'une protection médicale d'urgence qui soient moins — et non pas davantage — vulnérables aux risques. Par conséquent, malgré son besoin de réduire radicalement ces acquis, la classe capitaliste recule devant le genre de combat politique et social qu'elle sait devoir récolter si elle essaie de reprendre ce qu'elle a concédé en allant plus loin que des « réformes » superficielles.

En 1996, l'administration Clinton a amputé la première tranche du salaire social, de ces « droits » de la classe ouvrière, quand elle a demandé au Congrès de supprimer le programme financé par le fédéral d'Aide aux familles avec enfants à charge, qui avait été intégré à la sécurité sociale en 1935. C'était, selon l'expression froide et méprisante de Clinton, la fin de « l'aide sociale telle que nous la connaissons. »

Les politiciens tant du Parti républicain que du Parti démocrate multiplient depuis plus d'un quart de siècle leurs cris démagogiques sur la « faillite prochaine » de la sécurité sociale, laissant entendre que la faute en incombe au nombre croissant de ces « schnocks cupides » qui épargnent trop peu, partent à la retraite trop tôt et vivent trop longtemps. Déjà en 1983, les politiciens démocrates et républicains se sont unis pour retarder l'âge de départ à la retraite — qui atteindra bientôt 67 ans — et pour augmenter l'impôt et les prélèvements sur les salaires : à l'exception des loteries, le plus régressif et antiouvrier de tous les impôts fédéraux, d'États ou locaux. De plus, malgré le mythe que l'argent provenant de ces cotisations sociales est « mis de côté, » isolé du flux de la recette générale des impôts, il est en fait utilisé année après année par Washington pour livrer ses guerres et soutenir le dollar. Une des conséquences non dites de cette pratique est de subventionner la consommation bourgeoise massivement gonflée.

**31.** Dans le but de déblayer le terrain pour continuer à reprendre ce qu'ils peuvent du salaire social, les dirigeants U.S. cherchent à miner la solidarité de classe. Ils visent à approfondir les divisions, à dresser les travailleurs plus jeunes contre ceux qui sont plus âgés et à gagner un soutien politique parmi certaines couches de travailleurs à l'idée de placer sur les individus et les familles une plus grande partie du fardeau des soins de santé, de la retraite et d'autres besoins. Les partis capitalistes jouent sur l'insécurité nourrie par le fait que, sous couvert de procédures de faillite, un nombre croissant d'entreprises — mines de charbon, sidérurgies, usines de vêtement et de textile, abattoirs, lignes aériennes et autres — déclarent tout simplement nuls et non avenus la couverture des assurances médicales et les plans de pension à « prestations définies » prétendument garantis par contrat aux retraités.

Les capitalistes espèrent convaincre non seulement de larges sections de la classe moyenne mais aussi des travailleurs « ambitieux » et leurs familles qu'ils s'en sortiraient mieux avec des comptes personnels « d'investissements » qui « ne se retrouveront pas à sec » (comme la classe dirigeante prétend faussement que c'est le cas avec la sécurité sociale, alors qu'il n'y a pas de fonds de pension « dédiés » qui puissent s'épuiser), avec des comptes qu'aucun employeur ou gouvernement ne peut leur « prendre » et que les travailleurs peuvent « emporter avec eux » d'un emploi à un autre. Les patrons ne mentionnent pour ainsi dire jamais qu'une chute brusque des marchés boursier ou obligataire pourrait dévaster de tels comptes d'« investissements », comme ça a été le cas à partir du début de 2001.

Qu'une telle duplicité et qu'une telle démagogie intéressées de la part de la classe patronale trouvent un écho chez des couches importantes de travailleurs est le résultat du cours de collaboration de classe suivi par la bureaucratie syndicale après la deuxième guerre mondiale. Depuis plus d'un demi-siècle, la bureaucratie syndicale a bloqué toute lutte sociale et politique de la classe ouvrière et de nos organisations pour obtenir des soins de santé, des pensions de vieillesse et d'autres programmes sociaux universels et garantis par le gouvernement qui restituent à tous les travailleurs une plus grande partie de la richesse créée par notre travail. Elle continue plutôt à poursuivre son cours de collaboration de classe, qui consiste à négocier ou à tenter de conserver dans des contrats syndicaux des « avantages sociaux » qui dépendent de la compétitivité et de la rentabilité (espérée) d'entreprises particulières et de quelques industries. Ces « avantages » servent avant tout à différencier nettement les « syndiqués » couverts par de tels contrats de la grande majorité de notre classe et de ses alliés parmi les masses laborieuses et ajoutent foi à la propagande antisyndicale des employeurs qui vise à convaincre les travailleurs que les syndicats sont des trusts d'emplois qui ne sont préoccupés que par la seule préservation égoïste des conditions relativement avantageuses du petit nombre de leurs propres membres.

**32.** Pendant presque une décennie après la fin de la guerre froide, le « dividende de paix » combiné à la manne des recettes fiscales fédérales générées par la bulle spéculative boursière de la fin des années 90 a amorti la sévérité de la crise des finances d'État à laquelle était confrontée la classe dominante U.S. Au cours des dix ans entre 1989 et 1998, pendant les administrations de Bush père et de Clinton, les dépenses militaires fédérales ont baissé de presque un tiers — soit de 135 milliards de dollars, c'est-à-dire près de 10 pour cent de l'ensemble du budget fédéral de 1998. Contrairement à la mythologie libérale, le résultat n'en a pas été de « dégager » des fonds pour l'éducation, les bons d'alimentation, l'assurance chômage ou pour d'autres besoins sociaux, qui ont tous été réduits pendant les huit années de l'administration Clinton. Il a plutôt contribué à rabaisser les taux réels d'intérêt, à soutenir le dollar « fort » et à remplir les poches des riches porteurs d'obligations.

Entre 1998 et 2004 par contre, Washington a augmenté de 50 pour cent les dépenses militaires, l'écrasante partie de cette augmentation — 122 milliards de dollars ou 41 pour cent — se produisant dans les trois années qui ont suivi le 11 septembre. De plus, ces chiffres ne comprennent pas les dépenses « supplémentaires » annuelles de 80 à 100 milliards de dollars pour les guerres de Washington en cours en Irak et en Afghanistan, ni les sommes incalculables pour ce que le Pentagone appelle la « reconnaissance noire » effectuée par des forces d'opérations spéciales U.S. combinées en Syrie, en Iran, en Arabie saoudite, au Yémen, en Colombie, aux Philippines et ailleurs. Les dirigeants tirent déjà profit de la réapparition des déficits du budget fédéral et du commerce extérieur pour justifier d'autres mesures visant à « serrer la ceinture » — notre ceinture, pas la leur — sur les dépenses sociales.

**33.** Agissant pour le compte du capital financier, les administrations démocrates et républicaines utilisent avec succès depuis les années 70 les manoeuvres de la Réserve fédérale américaine et du département du Trésor U.S. pour repousser une crise financière et une spirale dépressive, et atténuer les conséquences d'une crise sociale. Au niveau fédéral, des États, des comtés et des municipalités, ainsi que par le biais des crédits aux entreprises, des crédits hypothécaires et des crédits à la consommation, ils ont gonflé un ballon de dette qui, s'il faut les croire, ne cesse de grossir sans jamais éclater. Cette création accélérée de dettes qui dure depuis un quart de siècle a prolongé les expansions et modéré les ralentissements. Mais cela s'est fait au prix de l'inflation du dollar par rapport à bien d'autres devises et aux métaux précieux.

Depuis 1971, lorsque le dernier vestige de la convertibilité fixe du dollar à l'or s'est effondré sous les coups de l'inflation alimentée par la guerre au Viêt-nam, toutes les devises du monde sont devenues des monnaies dites fiduciaires — c'est-à-dire qu'aucune d'entre elles, y compris le dollar, ne possède une valeur de travail et aucune n'a un prix sauf par rapport aux autres. Elles ne sont rien de plus que des notations sur un disque dur.

En créant de plus en plus de dollars pour financer l'expansion de la dette, les dirigeants U.S. affaiblissent inévitablement et délibérément leur monnaie par rapport à celles de leurs rivaux les plus forts. Puisque ce qui « garantit » toute devise est « la pleine confiance et le crédit » du gouvernement qui l'émet, le dollar est et restera la première parmi les monnaies fiduciaires : il a la puissance économique et militaire de l'impérialisme U.S. de son côté. Aucune « marque » nationale alternative ne peut ni ne va le remplacer comme monnaie de réserve dominante dans la finance internationale et le commerce mondial.

La victoire à la Pyrrhus du dollar entraîne cependant des conséquences déstabilisatrices pour le système capitaliste. Elle augmente non seulement les chances d'une inflation galopante mais aussi la probabilité d'une crise bancaire et financière mondiale, alors que les capitaux financiers rivaux et les trésoreries nationales oeuvrent à briser la forteresse du dollar.

### *L'épuisement des alternatives à une direction révolutionnaire*

**34.** Ce qui sous-tend l'absence dans le monde arabe et musulman de réponse populaire à l'invasion et à l'occupation de l'Irak dirigées par les États-Unis, c'est l'épuisement des directions nationalistes bourgeoises qui, sur une période de quelque 80 ans, sont venues au pouvoir en grimpant sur les épaules de luttes anti-impérialistes qui ont impliqué des centaines de millions de travailleurs, de paysans et de jeunes à travers l'Asie, l'Afrique et les Amériques.

Pendant la majeure partie du siècle dernier, ces courants bourgeois ont rempli un vide politique laissé par le misleadership politique, si ce n'est par la trahison pure et simple, des batailles des travailleurs et des paysans et des luttes de libération nationale par Moscou et les partis staliniens qui lui étaient subordonnés dans les pays coloniaux eux-mêmes, ainsi que dans les métropoles respectives des suzerains impérialistes. De surcroît, si ces régimes bourgeois dans les pays opprimés se pliaient suffisamment à la bureaucratie soviétique sur des questions revêtant pour elle une importance diplomatique, la caste leur accordait en retour sa bénédiction tacite pour la répression impitoyable qu'ils exerçaient contre les travailleurs, les paysans et les minorités nationales, ce qui comprenait souvent les partis communistes locaux eux-mêmes. De cette façon, des gouvernements comme ceux de Nasser en Égypte, Nkrumah au Ghana ou Sukarno en Indonésie ont obtenu une certaine marge de manoeuvre dans des conflits avec les impérialistes et redoré pour un certain temps leurs lettres de créances « radicales », aussi bien chez eux que dans des forums internationaux comme le Mouvement des pays non alignés.

Avec la fin de la guerre froide, même les régimes qui croyaient toujours dans les dernières décennies du vingtième siècle avoir intérêt à conserver un certain résidu de verbiage « anti-impérialiste » ont trouvé que le rapport coûts-bénéfices s'en était brusquement modifié à leur désavantage. Ceux qui, au sein de la bureaucratie d'État et du corps des officiers, espéraient « arriver » comme composante de couches bourgeoises en ascension ont été soudainement et involontairement sevrés des largesses et des privilèges rendus possibles par leurs anciennes relations avec Moscou. (Les énormes fonds rendus disponibles par les agences des Nations unies et les « organisations non gouvernementales » qui leur sont associées les ont aidés, mais sans pouvoir même approcher l'ampleur du paradis perdu.)

Trop craintives de l'énergie révolutionnaire des masses travailleuses, trop désireuses de conserver pour elles-mêmes les miettes tombées de la table des exploiteurs impérialistes, trop redevables à leurs anciens maîtres coloniaux et maintenant privées de parrains dans l'ancienne Union soviétique, ces couches nationalistes bourgeoises des deuxième, troisième et quatrième générations fonctionnent dans des conditions internationales différentes de celles qui existaient il y a même un quart de siècle. Pour les classes dirigeantes bourgeoises de ces pays, aussi bien les temps que les enjeux ont changé. Ces derniers diffèrent de ceux qui se posaient quand, sous la pression des aspirations et des mobilisations démocratiques et anti-impérialistes des travailleurs et des paysans, Nasser a repris le canal de Suez au capital financier britannique et français en 1956 et que d'autres gouvernements ont nationalisé aussi récemment qu'à la fin des années 60 et qu'au début des années 70 des champs pétrolifères, des raffineries et d'autres ressources naturelles appartenant aux familles dirigeantes possédantes des États-Unis et d'autres puissances impérialistes.

**35.** Aujourd'hui, l'évolution politique des directions petites-bourgeoises et de celles qui aspirent à devenir bourgeoises dans les mouvements de libération nationale est marquée par un épuisement parallèle et lié de leur contenu révolutionnaire — de l'Organisation de libération de la Palestine (OLP) et d'autres organisations palestiniennes comme le Hamas, à l'Armée républicaine irlandaise (IRA) et au Pays basque et liberté (ETA).

Ces organisations sont apparues (ou réapparues) dans les dernières décennies du vingtième siècle sur la base d'une opposition puissante à l'oppression nationale parmi les peuples palestinien, irlandais et basque. Mais au cours des quatre dernières décennies, les directions de ces organisations ont misé sur des actions armées spectaculaires, combinées (d'autant plus que ces opérations non seulement n'ont produit aucun gain, mais se sont au contraire heurtées à une répression accrue) à des manoeuvres diplomatiques et politiques visant à en arriver à un compromis négocié avec les oppresseurs. Elles ont de plus en plus utilisé les mobilisations qu'elles ont organisées uniquement comme moyens de pression pour mieux obtenir un tel *compromis*.

Aucune de ces directions ne s'est jamais avérée capable de mobiliser et de diriger les travailleurs et les paysans pour en faire la colonne vertébrale d'un mouvement démocratique révolutionnaire capable de lutter efficacement pour la libération nationale, la libération de la domination impérialiste, la terre pour ceux et celles qui la travaillent, le droit à l'autodéfense armée et l'organisation de la classe ouvrière pour que celle-ci agisse dans les intérêts des classes productrices. Aucune n'a développé de direction ayant le calibre révolutionnaire et la capacité politique de celles du Mouvement du 26 juillet et de l'armée rebelle à Cuba, du Front de libération nationale en Algérie, du Front sandiniste de libération nationale au Nicaragua, du New Jewel Movement à la Grenade ou du mouvement révolutionnaire au Burkina Faso.

Méséduqués pendant des décennies par le stalinisme, les dirigeants de ces organisations ont fait l'expérience des trahisons répétées de Moscou et du mouvement mondial qui lui était redevable. Ils ont été laissés en plan quand le régime de la caste soviétique et de ses consoeurs européennes s'est effondré au début des années 90. La structure militaire et les méthodes internes de fonctionnement qu'ils ont apprises, directement et indirectement, des organisations staliniennes les ont laissés vulnérables à l'infiltration des agents et des provocateurs de la police. Le fonctionnement du marché capitaliste ayant approfondi la différentiation de classe au sein de ces nations opprimées (aussi bien leur embourgeoisement que leur prolétarisation), le cours petit-bourgeois de ces directions a atteint un cul-de-sac politique. La frustration et la démoralisation se sont traduites par un factionnalisme accru, y compris des règlements de compte internes sanglants.

Ces luttes révolutionnaires nationales elles-mêmes, la subjugation impérialiste qui les alimente et le courage, l'esprit de sacrifice et la détermination à lutter des masses laborieuses sont loin d'être épuisés. Le peuple palestinien continuera à combattre Israël parce qu'il occupe ses terres. Les travailleurs et les agriculteurs au nord de l'Irlande et au Pays basque continueront de résister à l'oppression perpétuée par les familles dirigeantes du capital financier britannique et espagnol. Mais les conséquences politiques de la crise de direction et de sa corruption bourgeoise se posent de plus en plus nettement.

**36.** Ce qu'on appelle souvent l'« islamisme », le « wahhabisme », l'« islam du djihad, » le « salafisme » ou le « fondamentalisme islamiste » (comme distinct de la religion islamique) n'a aucun contenu révolutionnaire, encore moins prolétarien. Et il ne représente pas la vague de l'avenir pour le monde arabe ou musulman. Son apogée est derrière nous, pas devant.

Le 11 septembre a constitué une explosion de colère spectaculaire, pas un nouveau début. Ces mouvements sont apparus comme des substituts à une direction politique révolutionnaire des masses populaires devant la faillite des forces staliniennes et nationalistes bourgeoises.

La révolution iranienne de 1979 était un bouleversement politique et social profond, pas un djihad religieux. Elle est devenue une profonde révolution populaire moderne dans les villes et à la campagne, une révolution contre la monarchie pro-impérialiste du shah et le despotisme brutal des agents de sa police détestée, la Savak. Elle a créé une ouverture pour les travailleurs et les paysans sans terre, pour les femmes, pour les nationalités opprimées, pour les jeunes — et pour les communistes. Elle a permis l'expansion de l'espace politique, du débat et de la culture — gains encore loin aujourd'hui d'avoir été repris.

Les personnalités et les institutions religieuses ont vu leur poids s'accroître et devenir plus répressif en tant qu'éléments d'une *contre-révolution* politique, étouffant au nom de l'islam la rébellion des travailleurs les plus intransigeants dans les champs pétrolifères et les usines, des paysans sur les terres, des Kurdes et d'autres nationalités opprimées, des femmes luttant pour l'égalité, des soldats à l'esprit révolutionnaire, des étudiants et d'autres jeunes, et des communistes les plus hardis. La puissance et la profondeur de cette révolution se reflètent dans le fait que le régime bourgeois à domination cléricale n'a jamais pu imposer des conditions politiques et culturelles suffocantes du genre de celles des talibans en Afghanistan ou des monarchistes wahhabites en Arabie saoudite.

Le point culminant de l'action « islamiste » a été la prise de la grande mosquée de la Mecque à la fin de 1979, la même année où la révolution iranienne a renversé le shah, mais son contenu politique en était l'opposé. Les unités armées qui se sont emparées de la mosquée l'ont fait en disant chasser les infidèles de la monarchie saoudienne qui profanaient le site le plus saint de l'islam. Cette action a été entre autres suivie au cours des deux décennies subséquentes par les attentats à la bombe de 1983 contre les casernes U.S. et française de Beyrouth au Liban, qui ont tué 241 marines U.S. et 58 parachutistes français ; par la bombe placée en 1993 dans le sous-sol du World Trade Center, qui a tué six personnes et en a blessé des milliers d'autres ; par l'attentat au camion piégé de 1996 contre le complexe militaire d'Al-Khobar en Arabie saoudite, qui a tué 19 soldats américains et en a blessé des centaines d'autres ; par les attentats à la bombe quasi simultanés de 1998 près des ambassades U.S. au Kenya et en Tanzanie, qui ont fait 224 morts et près de 4 500 blessés (dont peu d'Américains) ; et en 2000 par l'attaque depuis une vedette contre l'*USS Cole* dans le port d'Aden au Yémen, qui a tué 17 marins U.S.

En terme du nombre de morts et de l'étendue des destructions infligés le 11 septembre 2001, les attaques terroristes contre le World Trade Center et le Pentagone ont été les plus spectaculaires de ces actions. Et il y en aura d'autres (tels les attentats ferroviaires de 2004 à Madrid et les attaques de Bali et d'ailleurs en Indonésie en 2002 et en 2004), de la même façon que les enlèvements, les assassinats, les cambriolages et les attentats à la bombe commis par des groupes anti-ouvriers comme les Brigades rouges, le groupe Baader-Meinhof, l'Armée de libération des Noirs et le Weather Underground se sont poursuivies pendant des années après que le gauchisme de la « lutte armée » des années 60 ait atteint son plus haut niveau et commencé à sombrer dans une éclipse politique.

Mais les attaques de septembre 2001 étaient un signe de faiblesse, pas de force sociale ou politique croissante. Al-Qaeda et les autres organisations de ce genre sont devenues plus isolées politiquement au niveau international, y compris parmi les travailleurs et les classes moyennes des pays arabes et islamiques. Et les dirigeants impérialistes ont appris de chacune de ces attaques, ce qui les rend plus difficiles à renouveler.

**37.** La désintégration des appareils staliniens de l'Europe de l'Est et surtout de l'Union soviétique a eu des répercussions profondes à travers le monde sur les forces petites-bourgeoises dans le mouvement ouvrier qui se définissent comme la « gauche » — le terrain de front populaire au sein de la politique bourgeoise formé depuis les années 30 par les partis communistes du mouvement stalinien international, les partis sociaux-démocrates sous leur forme la plus à « gauche » et les organisations centristes qui ont fait scission de ces partis, se sont adaptés à eux ou ont vacillé entre les deux.

Cela fait maintenant 15 ans que se sont effondrées les castes bureaucratiques aux besoins diplomatiques desquelles les partis staliniens dans le monde avaient subordonné leur programme et leurs activités et sur lesquelles s'appuyaient leur recrutement, leur structure organisationnelle et leurs ressources. Pendant cette période, certains de ces partis se sont littéralement dissous et leurs anciens cadres se sont peu à peu éloignés de la politique ou se sont engagés de plus en plus profondément dans l'activisme libéral impérialiste. D'autres anciens partis communistes, qualitativement réduits en taille et en ressources, ont changé leurs noms pour prendre leur distance par rapport à ce qu'ils voient maintenant comme un boulet ne leur offrant désormais ni privilèges ni avantages compensatoires.

Mais la plupart, y compris le Parti communiste des USA (CPUSA), ont gardé leur nom pour le moment. Le travail quotidien de leurs membres a toutefois moins de liens avec les rangs de la classe ouvrière et du mouvement syndical qu'avec la bureaucratie syndicale et ses permanents qu'à aucun autre moment depuis la consolidation de la contre-révolution politique en Union soviétique et l'étranglement bureaucratique des partis de l'Internationale communiste à la fin des années 20.

Ces partis communistes contrefaits — qui pendant plus de 60 ans ont cherché à légitimer leur existence parmi les travailleurs ayant une conscience de classe en se faisant faussement passer pour les continuateurs du bolchevisme — prétendent de moins en moins aujourd'hui avoir une continuité avec Marx, Engels ou Lénine. De plus en plus ils abandonnent même plusieurs des propres légendes et dogmes du stalinisme afin de s'intégrer plus confortablement dans l'aile gauche de la politique libérale bourgeoise.

Le Parti communiste des USA reconnaît de moins en moins avoir un héritage politique distinct de l'aile « progressiste » du Parti démocrate et de diverses initiatives syndicales et noires et de campagnes de défense depuis le New Deal. Il se targue d'avoir fait le « meilleur porte-à-porte pour Kerry » en Ohio en 2004. De plus en plus, le socialisme est devenu de manière explicite l'extension de la démocratie.

**38.** Depuis qu'ils ont capitulé devant leurs « propres » bourgeoisies au début de la première guerre mondiale en août 1914, les partis de l'Internationale socialiste ont été des partis travaillistes ou socialistes impérialistes. Contrairement aux partis staliniens qui étaient politiquement subordonnés à Moscou et aux besoins de la caste bureaucratique stalinienne, les partis sociaux-démocrates sont et ont été loyaux à leurs bourgeoisies et à leurs États impérialistes (ou nationaux) respectifs.

Le rapport des sociaux-démocrates aux partis staliniens depuis les années 30 n'a pas seulement été celui de rivaux au sein du mouvement ouvrier mais aussi celui de partenaires périodiques dans la politique du front populaire, particulièrement lors de crises financières, sociales ou internationales où les PC étaient aux ordres de Moscou pour constituer de tels blocs afin de lui procurer un plus grand poids diplomatique. Avec le déclin irréversible du stalinisme international, les partis sociaux-démocrates aujourd'hui à la recherche d'opportunités électorales pour administrer la « restructuration » et la « réforme » de l'État bourgeois et de ses finances pourront beaucoup moins que dans le passé s'appuyer sur la mise sur pied de coalitions gouvernementales avec des partis façonnés par la politique de collaboration de classe de l'appareil stalinien international.

Une autre béquille a aussi disparu. Les sociaux-démocrates peuvent de moins en moins s'opposer aux partis communistes stalinisés — ce qui a servi de base au renouveau du « socialisme de gauche » dans les années 30 — comme une façon de garder l'allégeance des travailleurs en se présentant comme un moindre mal à gauche.

Le caractère impérialiste de ces partis « sociaux-démocrates », « socialistes » et « travaillistes » n'a subi aucun changement fondamental depuis neuf décennies. Ils ont cependant convergé dans leur caractère et leur fonctionnement politiques avec des partis bourgeois impérialistes comme le Parti démocrate aux États-Unis. Tout en maintenant une base électorale dans la classe ouvrière, ils ont cherché avant tout à se consolider un soutien accru dans les classes moyennes et se sont organisés pour affaiblir les contrôles institutionnels — dans les faits ou dans la forme — qu'exerce le mouvement syndical sur leur politique et sur leur cours. Aujourd'hui le gouvernement Blair n'est pas plus redevable au programme adopté par un congrès du Parti travailliste (encore moins du Congrès des syndicats [TUC]) que ne le sont les candidats démocrates ou républicains aux platcformes adoptées par les conventions de leurs partis respectifs. Comme leurs équivalents aux États-Unis, les congrès des partis sociaux-démocrates sont aujourd'hui des événements de plus en plus scriptés pour mettre en valeur leurs appareils, leurs hauts fonctionnaires d'État et leurs directions parlementaires.

**39.** Pendant des décennies, le stalinisme et ses cadres ont constitué le ciment de front populaire qui a structuré la gauche large de la politique bourgeoise. Les partis communistes et sociaux-démocrates se croisaient non seulement au sein des bureaucraties syndicales, mais aussi au sein d'une batterie d'organisations politiques, sociales et culturelles — de celles impliquées dans des luttes contre le racisme, la guerre et parfois l'oppression des femmes, à celles opposées à la dégradation de l'environnement par les entreprises, qui soutenaient des artistes « progressistes », etc. La plupart du temps, la ligne politique et les ressources des castes bureaucratiques existantes ont fourni le mobile et les gratifications matérielles qui ont aussi attiré des sectes centristes — « l'extrême gauche » — dans la politique bourgeoise.

Aujourd'hui, le ciment ne tient plus. Dans le mouvement ouvrier international et les milieux radicaux plus larges, même la prétention à une quelconque « culture du marxisme, » à une quelconque implication dans les *rangs* des travailleurs et dans leurs luttes ou à une quelconque colonisation des syndicats a disparu. Certains courants se subordonnent à des figures ou à des regroupements « progressistes » de la bureaucratie syndicale. Mais *aucun* n'organise ses cadres à devenir des travailleurs industriels ou à construire des fractions syndicales industrielles afin de se joindre à d'autres militants ouvriers dans le but d'utiliser, de renforcer et d'étendre la force des syndicats. Le Parti communiste des USA avait beaucoup plus parlé de sa politique de « concentration industrielle » qu'il ne l'avait mise en oeuvre pendant au moins un quart de siècle. Mais il l'a finalement laissé tomber même en paroles au cours des cinq dernières années, avec la mort ou l'incapacité de poursuivre une activité politique des derniers de ceux de ses dirigeants centraux dont l'histoire remontait aux luttes ouvrières des années 30 (qui « gardaient la foi » tout en faisant le maximum pour s'assurer que *leurs* enfants et petits-enfants ne feraient jamais partie des rangs dans une usine ou une mine). De moins en moins d'individus ou d'organisations de la « gauche » se décrivent comme communistes. Certains professeurs d'université continuent à dire que leurs écrits sont « influencés » par ce qu'ils disent être le marxisme. Mais il s'agit là d'une prétention idéologique et académique privée de tout contenu prolétarien révolutionnaire, sans aucun lien avec la lutte du prolétariat pour le pouvoir, encore moins avec l'inévitabilité de cette lutte. L'ultime scandale parmi ces couches radicales petites-bourgeoises, si jamais elles s'y intéressent, c'est que le Parti socialiste des travailleurs et d'autres dans notre mouvement mondial continuent à juger tout ce que nous disons et tout ce que nous *faisons* à partir d'un seul critère : comment, en tant que composante de la classe ouvrière en lutte, le mieux avancer en suivant sa ligne de marche vers la dictature du prolétariat.

Ce dos tourné à la classe ouvrière et même à toute apparence de marxisme constitue la trajectoire politique des courants qui composent la gauche aux États-Unis : le Parti communiste des USA même ; les Verts et les partisans « radicaux » de Ralph Nader ; les sectes comme le Parti du monde des travailleurs (WWP), le Parti socialiste de la liberté (FSP), l'Organisation socialiste internationale (ISO) et divers groupes trotskystes ; et un assortiment d'autres organisations radicales. Beaucoup s'empêtrent de plus en plus dans la tentative de « politiser » la vie personnelle, intime, sexuelle et psychologique de la gauche libérale petite-bourgeoise semi-professionnelle qui agit comme si elle était semi-bohémienne, avec des racines dans les souvenirs du mouvement radical de la fin des années 60 et du début des années 70 — la génération des « soixante-huitards », comme on les appelle en France.

Ce qui caractérise avant tout ces organisations, ce n'est pas ce *pour quoi* elles sont (peu continuent même à saluer de la tête la ligne de marche du prolétariat) mais ce *contre quoi* elles sont. Ce qui les caractérise, c'est leur antagonisme partagé à l'impérialisme américain ou, plus précisément dans la plupart des cas, leur antagonisme à l'aile de l'impérialisme américain associée au Parti républicain et aujourd'hui à l'administration Bush (ou à « l'aile droite » du Parti démocrate lorsque celui-ci domine la Maison-Blanche ou le Congrès). Gravitant autour de Paris en particulier et de Berlin, elles sont « l'aile gauche » de l'« alliance » bourgeoise internationale qui « déteste Washington » et craint les masses des « États rouges » qui ont voté pour le président en exercice. Explicite ou implicite, la justification en est que le monde a maintenant « changé » ; que le socialisme est un rêve utopique ; qu'il doit y avoir et qu'il y a une « troisième voie » alternative entre le socialisme et l'impérialisme, lui-même de plus en plus nié par des euphémismes comme la « mondialisation » ou le « néolibéralisme » ; et qu'on ne peut remettre en question la permanence du capitalisme — un capitalisme, espère-t-on, « réformé » et de plus en plus démocratique.

En rejetant le cours prolétarien des partis de l'Internationale communiste sur lequel Lénine et Trotsky avaient insisté, en refusant de coloniser l'industrie de base et de suivre les lignes de résistance de la classe ouvrière, tous ces courants politiques aux États-Unis qui s'identifient toujours à un degré ou un autre comme socialistes sont aujourd'hui allés plus loin que leur refus de longue date de la lutte pour un parti prolétarien. Agissant conformément à la position et à l'activité de classe de leurs membres et dirigeants, ils effacent de la mémoire historique de leurs organisations jusqu'aux formes passées d'un tel cours. Ils sont en train de codifier ce qu'ils ont mis en pratique il y a de nombreuses décennies : leur rejet de la ligne de marche historique de la classe ouvrière vers le pouvoir d'État, et de l'orientation et de la discipline prolétariennes requises pour en assurer le succès.

## NOTRE TRANSFORMATION

**40.** Depuis la fin des années 90, un regain de résistance dans les lieux de travail face à l'efficacité brutale de l'offensive anti-ouvrière des employeurs a conduit à un début de changements importants dans la combativité et la confiance en soi de poches de militants de la classe ouvrière. Les membres du Parti socialiste des travailleurs et des Jeunes socialistes — qui aujourd'hui travaillent et construisent des syndicats dans des industries comme l'abattage et la transformation de la viande, les mines de charbon, et la confection et le textile, où l'offensive des patrons a été parmi les plus féroces pour la plus longue période de temps — font partie des travailleurs qui prennent l'initiative d'apprendre comment organiser et utiliser la force des syndicats. Au cours des cinq dernières années, nous avons été impliqués dans des combats d'avant-garde comme ceux des abattoirs du Midwest, de l'usine Point Blank Body Armor en Floride et de la mine Co-Op en Utah.

**41.** Les semences de la transformation du mouvement ouvrier qui sont plantées dans ce contexte de changements de mer dans la politique ouvrière sont en train de germer en même temps que les syndicats continuent de s'affaiblir aux États-Unis, comme dans l'ensemble des pays impérialistes. En même temps que des groupes de travailleurs encore atomisés acquièrent une plus grande expérience, une plus grande solidarité et une plus grande confiance à travers leurs efforts de construire des syndicats et à travers leurs grèves, à cause de la trahison de la bureaucratie syndicale collaboratrice de classe, les institutions de défense élémentaires de la classe ouvrière sont moins capables aujourd'hui qu'à aucun moment depuis les premières années de la grande dépression des années 30 de s'organiser et de lutter avec succès contre les patrons et leurs institutions gouvernementales.

Le mouvement ouvrier continue à être entravé par la politique de collaboration de classe pratiquée depuis des décennies par une bureaucratie avant tout préoccupée par son propre train-train, son propre confort matériel quotidien et ses propres indemnités de retraite, et par les fusions syndicales destinées à maintenir ces deux derniers éléments au moins pour les pontes syndicaux. Le nombre des syndiqués continue à diminuer comme pourcentage de la classe ouvrière. Les syndicats sont pieds et poings liés par la politique de ces misleaders, qui identifient les intérêts du travail avec ceux du capital — usine par usine, entreprise par entreprise, industrie par industrie — et par la subordination des syndicats à l'élection et la réélection de politiciens capitalistes, le plus souvent du Parti démocrate. Les travailleurs qui cherchent des outils efficaces pour lutter se retrouvent eux-mêmes empêtrés dans des idées bourgeoises promues par les officiers syndicaux — renforcées par l'école, les Églises et les médias — et souvent combinées à des restes épars d'un gauchisme sans issue emprunté bon gré mal gré au fil des ans aux radicaux petits-bourgeois par les « dirigeants syndicaux. »

**42.** Au même moment, *le mouvement ouvrier reste sur le devant de la scène politique aux États-Unis.* Face aux attaques continuelles des patrons et indépendamment du degré d'affaiblissement du mouvement syndical, les travailleurs cherchent une façon de mettre sur pied des syndicats et de les utiliser pour défendre leurs salaires et leurs conditions de travail contre ces attaques.

Même avec son offensive incessante au niveau des usines et des branches d'industrie, la classe patronale ne parvient pas à altérer radicalement les relations entre le capital et le travail, ce qu'elle doit faire pour renverser les pressions qui pèsent sur les taux de profit. Néanmoins elle continue d'avoir peur de déclencher un combat politique et social qui risque d'étendre la résistance et de conduire à des luttes ouvrières d'une intensité, d'une unité et d'une solidarité nouvelles.

À mesure que ces contradictions profondes se fraieront un chemin vers la surface, les batailles de classe jusqu'ici reportées vont éclater.

**43.** Les militants à l'esprit de lutte de classe comme ceux qui se sont engagés dans la campagne des Mineurs unis d'Amérique pour construire un syndicat à Huntington en Utah donnent un exemple de détermination et de solidarité. Le pas décisif pour transformer une telle résistance en la construction d'une avant-garde plus large du mouvement ouvrier, c'est la prise de conscience par ces militants, en même temps qu'ils acquièrent une expérience de lutte de classe dans le feu de ces combats, que leurs victoires initiales, petites et grandes, ne seront pas maintenues ou consolidées à moins qu'ils *n'étendent la force des syndicats à d'autres usines et d'autres mines dans l'industrie et la région.*

Grâce à la lutte des mineurs de Co-Op, la syndicalisation des mines de charbon de l'Ouest a commencé.

Elle ne progressera cependant que dans la mesure où les combattants aguerris de cette lutte, et ceux qu'ils influencent, se tournent activement vers les autres mines et les autres mineurs, syndiqués ou non, pour renforcer les UMWA en Utah, mais aussi au Colorado, au Wyoming, au Nouveau-Mexique et ailleurs dans l'Ouest. La même chose est vraie des travailleurs qui dirigent les luttes dans les abattoirs du Midwest, dans les ateliers de confection, de textile et partout où les lignes de résistance de la classe ouvrière se sont étendues ou s'étendront.

**44.** Apprendre comment les générations précédentes de travailleurs ont acquis de l'expérience dans le combat syndical — en forgeant une direction de lutte de classe au cours de ce processus et en gagnant avec le temps un plus grand nombre de travailleurs à des conclusions révolutionnaires — est nécessaire pour que non seulement les cadres du parti mais aussi d'autres militants puissent participer plus efficacement aux luttes actuelles et à venir. Les membres du Parti socialiste des travailleurs et des Jeunes socialistes qui sont partie intégrante de la résistance ouvrière ont favorisé cette compréhension en faisant connaître *Rébellion Teamster* (New York, Pathfinder, 2010) de Farrell Dobbs à leurs camarades de lutte et en organisant des cours systématiques sur ce livre dans les unités du parti. La tâche des travailleurs d'avant-garde aujourd'hui — bien saisie dans le titre du chapitre « La lutte s'élargit » de *Teamster Power* [Force Teamster], (New York, Pathfinder, 1973, 2008) le second de la série de quatre volumes — souligne l'importance de lire et discuter systématiquement non seulement le premier livre, mais aussi *Teamster Power, Teamster Politics* [La politique Teamster] (New York, Pathfinder, 1975) et *Teamster Bureaucracy* [Bureaucratie Teamster]. (New York, Pathfinder, 1977)

Lus et assimilés ensemble, les quatre volumes de la série Teamster décrivent comment une avant-garde croissante de travailleurs qui s'est elle-même mise à l'épreuve en élargissant une lutte syndicale, a fait l'expérience de différenciations inévitables et a avancé vers une conscience politique prolétarienne : la capacité de penser socialement et d'agir politiquement dans l'intérêt de la classe ouvrière, de manière indépendante des patrons, de leurs partis politiques et de l'État capitaliste.

**45.** Une meilleure connaissance des réalités politiques de la lutte de classe — découvertes et clarifiées dans l'action, elle-même étroitement liée à l'étude et à l'assimilation des leçons des luttes du passé pour développer la force des syndicats — est essentielle pour une politisation croissante des militants d'avant-garde. Les progrès réalisés pour étendre et renforcer les syndicats permettent de commencer à faire peser le poids du mouvement syndical en faveur des droits des Noirs, de l'égalité des femmes, des droits des immigrés, de la défense du salaire social et des autres luttes sociales et politiques. Ils permettent d'organiser l'éducation sur la campagne de militarisation des dirigeants impérialistes, l'accroissement du budget de la guerre et l'utilisation croissante de la puissance militaire à l'étranger et aux États-Unis. Et d'organiser une opposition à cette campagne, y compris la lutte pour rapatrier les troupes d'Irak et d'ailleurs au Moyen-Orient — maintenant !

**46.** Un par un, des travailleurs engagés dans des luttes syndicales commencent à s'intéresser aux idées, au programme et à l'activité politique disciplinée de leurs camarades de travail qui sont communistes et aux côtés desquels ils luttent ou dont ils lisent le journal. Certains sont attirés par un parti dont la politique ne commence pas avec les élections ou avec les besoins de bénéfices « raisonnables » des dirigeants impérialistes américains, mais commence avec le monde. Ils commencent à s'intéresser à un parti qui met de l'avant un programme et une stratégie visant à combler le fossé qui existe au niveau des ressources économiques, des conditions sociales et de l'expérience politique entre les travailleurs et les agriculteurs du monde entier — depuis les quartiers ouvriers, les usines, les mines et les campagnes de l'ensemble des États-Unis et des autres pays impérialistes jusqu'à ceux de toute l'Asie, de l'Afrique et de l'Amérique latine.

Cette continuité politique révolutionnaire — cette intégration de l'histoire, de la théorie et de la pratique — ne peut être préservée et appliquée que par les cadres d'un parti qui est prolétarien non seulement dans son programme, mais aussi dans sa composition, dans son activité et dans son milieu. Un parti et un mouvement international de ce type peuvent garantir que notre classe « ne perdra pas la mémoire, » que nous ne perdrons pas l'*histoire* politique des luttes du mouvement ouvrier révolutionnaire. La généralisation des leçons de ces luttes est l'assise de la *théorie* communiste et du renouvellement continuel de cette théorie dans le feu d'une activité de lutte de classe révolutionnaire suivie.

Un siècle et demi d'expérience a confirmé, comme l'explique le Manifeste du parti communiste, que les syndicats sont générés par le fonctionnement du capitalisme lui-même. De plus, « le résultat véritable de leurs luttes est moins le succès immédiat que l'union grandissante des travailleurs. » C'est le cas également de la révolte des pendus — les luttes irrépressibles des nations et nationalités opprimées à travers le monde.

Mais l'organisation *politique* et dotée d'une conscience de classe du prolétariat ; la construction de partis communistes ayant un programme et une stratégie pour la conquête du pouvoir, pour la dictature du prolétariat, tout cela ne naît pas spontanément du fonctionnement de la loi de la valeur. Comme Lénine nous le rappelle succinctement, « sans théorie révolutionnaire, pas de mouvement révolutionnaire. »

La lutte pour un parti prolétarien est impossible sans la généralisation des leçons des batailles de la classe ouvrière — pas au sein d'une seule usine ou d'une seule industrie, ni au sein d'un seul pays, ni à un moment donné ou même pendant un siècle donné. C'est seulement à travers les expériences de générations se chevauchant de travailleurs et d'autres producteurs — des jeunes, nouveaux à la lutte de classe, aux côtés de travailleurs qui ont été mis à l'épreuve et formés pendant de longues années — dans de nombreux lieux de travail dispersés géographiquement à travers le monde qu'il est possible de tirer ces leçons avec précision.

**47.** Les « six points » adoptés par le congrès de 1990 du Parti socialiste des travailleurs (« La stratégie communiste de construction du parti aujourd'hui : lettre à des camarades en Suède » de Mary-Alice Waters dans le sixième numéro de *Nouvelle Internationale*) sont d'une importance fondamentale pour guider aujourd'hui le travail politique intégré de tels partis :

i) Le tournant vers l'industrie. En menant « un travail communiste conséquent et professionnel dans les syndicats tout en *approfondissant* la prolétarisation de l'expérience et de la composition du parti et de sa direction. » Il se construit sur la base d'une participation active de la vaste majorité des membres et de la direction du parti à la construction de fractions syndicales industrielles selon le cours présenté dans *Le visage changeant de la politique aux États-Unis : la politique ouvrière et les syndicats* de Jack Barnes. Ceci comprend la consolidation des gains de la troisième campagne pour le tournant commencée à la fin des années 90 et décrite dans « Le long hiver chaud du capitalisme a commencé. »

ii) La centralisation politique. « Le tournant ne peut être réel que s'il est l'axe de travail d'une *organisation* dont la direction cherche à atteindre l'homogénéisation et la centralisation politiques en appliquant (dans un pays donné) une orientation politique internationale. [...] Ceci ne peut se faire sans disposer à la fois de branches *et* de fractions fortes, politiquement bien développées et confiantes en elles-mêmes. Les deux ont des tâches quelque peu différentes, mais elles se renforcent mutuellement par le contenu politique commun de leur travail. »

iii) Un rythme hebdomadaire de vie politique ouvrière. Imposé par l'organisation capitaliste du travail salarié, ce rythme hebdomadaire offre « une base irremplaçable de la vie disciplinée d'un parti de combat centralisé » : les Forums ouvriers du Militant hebdomadaires ; la participation au travail de masse, aux batailles syndicales et aux actions sociales de protestation et la solidarité avec les luttes anti-impérialistes d'avant-garde au niveau international ; les cours de formation ; les ventes du *Militant*, de *Perspectiva Mundial* et de livres et brochures dans les rues des quartiers ouvriers, à l'entrée des usines et des mines, dans les universités et lors d'événements politiques ; et les réunions régulières des branches, des comités d'organisation et des fractions syndicales où se prennent les décisions pour guider politiquement et centraliser cette activité constante.

iv) L'expansion d'un large travail de propagande construit autour de la distribution des livres et des brochures publiés ou distribués par les éditions Pathfinder, y compris *New International*. Mettre ces centaines de titres — qui centralisent les leçons conquises dans le sang par le mouvement ouvrier communiste mondial pendant plus d'un siècle et demi de lutte — entre les mains des travailleurs, des agriculteurs et des jeunes constitue un axe permanent du travail d'un parti prolétarien. Ces oeuvres clarifient « des questions qui sont vitales pour le futur des travailleurs dans tous les pays. »

v) Le recrutement de jeunes. « Dans tout que ce que nous faisons, notre attention se porte avant tout vers ces jeunes travailleurs combatifs qui sont les cadres communistes du futur […] ainsi que les étudiants qui sont attirés par les luttes ouvrières et qui sont ouverts à l'idée de rejoindre une organisation prolétarienne. » S'orienter politiquement vers les jeunes et les attirer aux Jeunes socialistes et à notre mouvement est particulièrement important « étant donné l'âge moyen croissant de toutes nos forces et les pressions accrues qui en découlent pour nous adapter aux rythmes et aux normes de la société dans laquelle nous vivons, y compris des syndicats dont nous sommes membres. »

vi) L'internationalisme prolétarien « sous la bannière de la nouvelle Internationale. » Dans chaque aspect du travail du Parti socialiste des travailleurs, des Jeunes socialistes et des Ligues communistes soeurs dans d'autres pays, nous nous organisons pour faire avancer la reconstruction d'une organisation communiste internationale dans la continuité de l'Internationale communiste forgée par Lénine et les bolcheviks suite à la victoire de la révolution russe d'octobre 1917, une Internationale qui a par la suite été corrompue et détruite par le mouvement stalinien mondial.

Tel est le résumé du but stratégique de l'orientation prolétarienne. De plus, de 1959 jusqu'à aujourd'hui, toute organisation qui dit avancer en suivant ce cours a dû réussir — et doit toujours réussir — « l'« épreuve de vérité » de la révolution cubaine […] le défi de reconnaître l'importance de la *direction* communiste qui existe à Cuba et d'agir à partir de cette compréhension. »

**48.** Se joindre à des jeunes et à d'autres organisations et courants pour construire le seizième festival mondial de la jeunesse et des étudiants à Caracas au Venezuela du 7 au 15 août 2005 fournit au Parti socialiste des travailleurs et aux Jeunes socialistes l'occasion de faire avancer leur travail politique communiste sur les axes de chacun des « six points. »

Comme lors des deux précédents festivals, à Alger en 2001 et à La Havane en 1997, le festival qui arrive permet à notre mouvement d'entrer en contact et de s'engager dans un travail politique avec de jeunes travailleurs et des étudiants qui peuvent être attirés par la résistance de la classe ouvrière ici et à l'étranger, être gagnés à comprendre la nécessité de faire une révolution aux États-Unis et de se joindre au mouvement communiste pour aider à atteindre cet objectif. Le fait que ce festival se tienne au Venezuela présente des opportunités et des responsabilités additionnelles pour organiser des événements sur les campus et ailleurs afin de présenter une description et une explication politiques de la lutte de classe qui continue à se dérouler aujourd'hui dans ce pays ; de fournir de l'information sur le travail internationaliste des travailleurs de la santé et des enseignants volontaires cubains ; et de mobiliser en défense du Venezuela et de Cuba contre le cours politique conflictuel de Washington et l'augmentation de sa présence militaire dans la Colombie voisine.

Tels sont les axes prolétariens et anti-impérialistes révolutionnaires autour desquels nous nous organisons pour gagner des jeunes à cet effort. Ce faisant, nous sommes en compétition politique avant tout avec le Parti communiste et la Ligue des jeunes communistes, en plus d'une poignée d'autres opposants politiques. À l'apogée du contrôle par le stalinisme mondial du mouvement du festival, de la fin des années 40 jusqu'à la fin des années 80, les Partis communistes et leurs organisations de jeunesse dominaient tous les aspects de l'organisation des délégations participant à ces événements. Aujourd'hui encore, ils luttent pour préserver la continuité politique de collaboration de classe « de paix et d'amitié, » ainsi que les normes et méthodes bureaucratiques conçues pour étrangler politiquement et réduire plutôt qu'élargir la participation de jeunes.

L'effondrement des appareils staliniens en Union soviétique et en Europe de l'Est au début des années 90 a ouvert pour la première fois un espace pour que des jeunes à l'esprit révolutionnaire, jusqu'alors exclus du mouvement du festival, puissent se joindre à d'autres pour travailler à construire ces rassemblements internationaux comme une façon de rencontrer des jeunes du monde entier qui se radicalisent, d'apprendre d'eux et d'aider à montrer comment utiliser de telles rencontres pour faire avancer la lutte mondiale contre l'impérialisme. C'est ce que font depuis ce temps le Parti socialiste des travailleurs et les Jeunes socialistes. Notre collaboration dans ce travail avec, entre autres, des dirigeants et cadres de l'Union des jeunes communistes (UJC) à Cuba a été liée à des tournées de jeunes dirigeants cubains aux États-Unis ; à une collaboration dans la publication de livres d'Ernesto Che Guevara, de Malcolm X et d'autres révolutionnaires destinés à être utilisés aux États-Unis, à Cuba et ailleurs ; à un travail avec des jeunes intéressés à apprendre par eux-mêmes directement de la réalité de la révolution cubaine ; et à autres activités politiques. Nous parlons de politique avec des cadres d'organisations venant des quatre coins des Amériques et du monde entier, nous apprenons d'eux, nous développons des rapports politiques avec eux et nous avons une influence politique sur eux.

Construire une participation U.S. au seizième festival mondial de la jeunesse et des étudiants comme une priorité centrale d'un parti du tournant signifie à la fois travailler avec des organisations d'étudiants, des opposants politiques et, individuellement, des jeunes dans le cadre du Comité préparatoire national (CPN) qui organise la délégation U.S. Ceci exige que nos fractions et nos branches profitent d'ouvertures pour impliquer de jeunes travailleurs et des syndicalistes dans une activité politique qui élargit leurs horizons. Ceci signifie concevoir des Forums ouvriers du Militant qui nous permettent d'aborder les nombreuses questions politiques controversées qui surgissent des discussions dans ce travail.

Dans la compétition avec nos opposants, la clarification et la différenciation politiques vont éduquer et aguerrir nos propres membres et amélioreront les possibilités de recrutement au mouvement communiste.

### *Tendances historiques et force prolétarienne*

**49.** Six tendances sociales et politiques de fond qui marqueront de plus en plus le vingt et unième siècle améliorent les perspectives pour forger une avant-garde politique révolutionnaire prolétarienne du mouvement ouvrier et pour construire une internationale communiste composée de partis de combat disciplinés :

i) En termes absolus et par rapport aux autres classes sociales, la taille de la classe ouvrière héréditaire continue d'augmenter à l'échelle mondiale. Ceci accroît les possibilités de participation et de direction prolétariennes dans les luttes révolutionnaires de libération nationale et pour le socialisme, au Moyen-Orient et partout dans le monde. Au fur et à mesure que de nouvelles couches des masses laborieuses se prolétariseront, la lutte de classe en Asie s'intensifiera d'une façon qualitativement nouvelle — de la Chine au Pakistan, à l'Inde, à l'Indonésie, à la Russie et au-delà. Des contradictions explosives s'intensifient, surtout en Chine où des dizaines de millions de paysans nés et éduqués dans un État ouvrier aussi déformé soit-il affluent vers une main-d'oeuvre urbaine et manufacturière concentrée dans des centres industriels côtiers en expansion rapide.

ii) Les femmes continuent de s'intégrer de plus en plus à la population active et de franchir progressivement les obstacles qui empêchent les femmes et les hommes de travailler côte à côte en égaux et d'accomplir le même travail aussi bien dans les pays impérialistes que dans les pays semi-coloniaux. Pierre angulaire pour réaliser la libération des femmes, cette prolétarisation non seulement affaiblit les fondements économiques de l'oppression des femmes et renforce la classe ouvrière, mais elle augmente le poids social et politique ainsi que le rôle central de la lutte pour l'égalité des femmes dans la lutte des classes. Ce processus accroît l'implication active des femmes dans les syndicats, dans les luttes populaires et dans le mouvement ouvrier révolutionnaire, ainsi que la possibilité et surtout la nécessité de leur intégration à tous les niveaux de direction.

iii) À travers l'immigration accélérée suscitée par les dures conditions économiques qui prévalent en Asie, en Afrique et en Amérique latine, la classe ouvrière s'internationalise de plus en plus dans le monde impérialiste et dans la plupart des pays semi-coloniaux industriellement avancés. Ces changements de composition non seulement font tomber les divisions nationales, le provincialisme et les préjugés qui minent la force du mouvement ouvrier, mais ils enrichissent aussi les expériences politiques et syndicales de la classe ouvrière et élargissent ses horizons historiques et culturels.

iv) En raison du poids social, de la composition relativement plus prolétarienne et de l'expérience politique d'avant-garde de la nationalité noire opprimée aux États-Unis, les travailleurs qui sont afro-américains formeront une composante plus grande de la direction combattante du mouvement ouvrier que pendant la radicalisation des années 30 dans les batailles de classe à venir, y compris dans la lutte contre la guerre impérialiste. Leurs luttes passées et présentes donnent aussi un puissant exemple au nombre grandissant de travailleurs immigrés qui font face à la discrimination chauvine ou raciste et qui perdent souvent leurs propres préjugés arriérés contre les Noirs au cours de luttes communes.

v) L'histoire des 50 dernières années a confirmé qu'une direction révolutionnaire et prolétarienne d'un très haut calibre peut et va se développer à partir des luttes des couches les plus opprimées des masses travailleuses et pas seulement dans les pays impérialistes, comme on en a eu un exemple avec Malcolm X aux États-Unis. Même dans les régions du monde les plus arriérées économiquement et les moins développées industriellement, des dirigeants comme Thomas Sankara au Burkina Faso et Maurice Bishop à la Grenade ont émergé des luttes révolutionnaires

« **Notre classe et le monde ont servi de point de départ à la campagne présidentielle du Parti socialiste des travailleurs en 2004. Nous avons inscrit sur notre bannière : « L'important, ce n'est pas *contre qui* vous êtes, mais ce *pour quoi* vous êtes ! Votez pour le SWP en 2004 ! »**

La campagne du SWP s'est distinguée des autres courants qui disent défendre les intérêts des travailleurs. **EN HAUT, À GAUCHE.** Une manifestation de l'alliance « Arrêtons Bush » pendant le congrès du Parti républicain à New York. Derrière, devant le syndicat UNITE HERE, une immense banderole patriotique dit : « Sauvez l'Amérique, faites échec à Bush. » **EN HAUT, À DROITE.** Lors d'une manifestation pour le droit des femmes de choisir pendant le congrès républicain, les partisans de la campagne du SWP portent une bannière pour le droit à l'avortement. **EN BAS.** Róger Calero (à gauche), le candidat présidentiel du SWP, fait campagne à l'usine de la compagnie Point Blank Body Armor près de Miami, où les travailleurs viennent de remporter une lutte pour faire reconnaître leur syndicat.

des travailleurs. Ils ont fourni un exemple de direction non seulement aux travailleurs d'avant-garde et aux jeunes des pays semi-coloniaux, mais aussi à ceux des pays impérialistes. Ceci marque un changement politique important par rapport à ce qui était objectivement possible à l'époque du bolchevisme et de l'Internationale communiste du temps de Lénine et dans les décennies qui ont immédiatement suivi, un changement qui modifie le rapport de force à l'échelle mondiale à l'avantage de la classe ouvrière.

vi) La séparation de la religion et des institutions religieuses de la politique et de l'État continue de progresser de pair avec la croissance du capitalisme à l'échelle mondiale et l'expansion du prolétariat qui en résulte. L'emprise des croyances religieuses sur le comportement politique des travailleurs s'affaiblit. Quelles que soient les affiliations religieuses de centaines de millions de travailleurs dans le monde, ce n'est pas la bigoterie religieuse que les travailleurs acquièrent dans le feu de luttes communes, mais plutôt des habitudes prolétariennes de confiance mutuelle, de tolérance et de solidarité de classe.

**50.** Plus qu'à tout autre moment depuis la première campagne présidentielle du Parti socialiste des travailleurs en 1948, notre campagne communiste de 2004 — Róger Calero à la présidence et Arrin Hawkins à la vice-présidence — s'est distinguée politiquement de tous les autres courants qui disent défendre les intérêts de la classe ouvrière.

Ce fait politique est peut-être apparu de la façon la plus frappante au cours des grandes manifestations de New York pendant la convention du Parti républicain — le point culminant de l'alliance fourre-tout « Arrêtons le programme Bush, » qui comprenait ceux qui étaient heureux de voter pour Kerry (dont le CPUSA), le mélange de ceux qui étaient déterminés à voter pour « n'importe qui sauf Bush » (du moment que leur vote « comptait », ce qui signifiait voter pour Kerry là où l'élection était serrée) et ceux qui ont présenté des candidats mais n'ont fait aucun effort pour les faire officiellement enregistrer ou pour mener une campagne à l'échelle nationale (tels que le Parti du monde des travailleurs (WWP), officiellement enregistré dans seulement 3 des États exigeant le moins de signatures). Seuls ceux qui ont fait campagne pour la liste du SWP — Calero, Hawkins et plus de 40 autres candidats dans 22 États et le district de Colombia — étaient dans les rues jour après jour pour rejoindre les travailleurs et les jeunes avec une plate-forme ouvrière indépendante.

Calero, Hawkins et leurs partisans commençaient avec leur classe et le monde. Ils ont parlé au nom de la classe internationale qui n'a pas de frontière, une classe qui n'a aucune autre ressource pour survivre toute une vie que de vendre notre capacité de travailler à un patron. La bannière de notre campagne a fait ressortir un thème — unique, vrai et à point nommé — qui est décisif du point de vue de la tâche stratégique plus générale de renforcer politiquement le noyau du mouvement prolétarien révolutionnaire dans ce pays et à travers le monde : « L'important, ce n'est pas *contre qui* vous êtes, mais ce *pour quoi* vous êtes ! Votez pour les travailleurs socialistes en 2004 ! »

Ce n'est que de l'intérieur des rangs de la classe ouvrière et des syndicats industriels, que de l'intérieur des rangs des militants ouvriers qui sont aux avant-postes et prennent des initiatives pour organiser et utiliser la force des syndicats pour résister à l'offensive des patrons, qu'on peut trouver une voie politique prolétarienne pour faire face aux conséquences du cours économique et militaire que suivent aujourd'hui les dirigeants U.S. Nous avons acquis plus de confiance pour l'expliquer au cours de la campagne de 2004. Les premiers pas décisifs vers l'action *politique* indépendante de la classe ouvrière, vers un parti ouvrier basé sur les syndicats, seront franchis en conséquence des initiatives que nous prendrons pour nous organiser avec d'autres pour utiliser et transformer nos institutions de classe les plus élémentaires — en organisant, renforçant et étendant la force des syndicats. Ce point de départ est un préalable à *notre transformation* — la formation d'une avant-garde politique large dont le mouvement communiste est une composante irremplaçable.

Des décennies de travail soutenu de la part du mouvement communiste pour construire des partis qui sont prolétariens dans leur composition, leur vie, leurs habitudes et leur milieu constituent la seule assise qui pourra faire une différence au moment où la classe ouvrière entrera dans la grande fournaise des batailles historiques qui viennent. Seuls des partis trempés et formés sur cette base seront prêts, au cours de luttes tumultueuses, à entraîner des millions de personnes dans une activité de lutte de classe disciplinée. Voilà le cours sur lequel notre mouvement a été fondé, celui que le Parti socialiste des travailleurs et le mouvement mondial auquel nous appartenons mettent en oeuvre.

Comme l'affirme « Le long hiver chaud du capitalisme a commencé, » les communistes se trouvent comme les autres travailleurs « au tout début de ce qui sera des décennies de convulsions économiques, financières et sociales et de batailles de classe. [Nous devons] intérioriser le fait que ce monde — qui ne ressemble à rien de ce qu'aucun d'entre nous a connu auparavant dans notre vie politique — est non seulement le monde auquel il faut faire face aujourd'hui, mais celui dans lequel nous vivrons et combattrons pendant un certain temps. En *agissant* à partir de cette réalité aujourd'hui, nous ne serons politiquement pas pris au dépourvu quand des guerres éclateront, quand des crises sociales plus profondes exploseront, quand seront organisés et initiés des pogromes et quand des conflits syndicaux deviendront des batailles de vie et de mort. Le parti prolétarien qui existera demain ne peut croître qu'à partir du parti prolétarien que nous rassemblons *aujourd'hui.* »

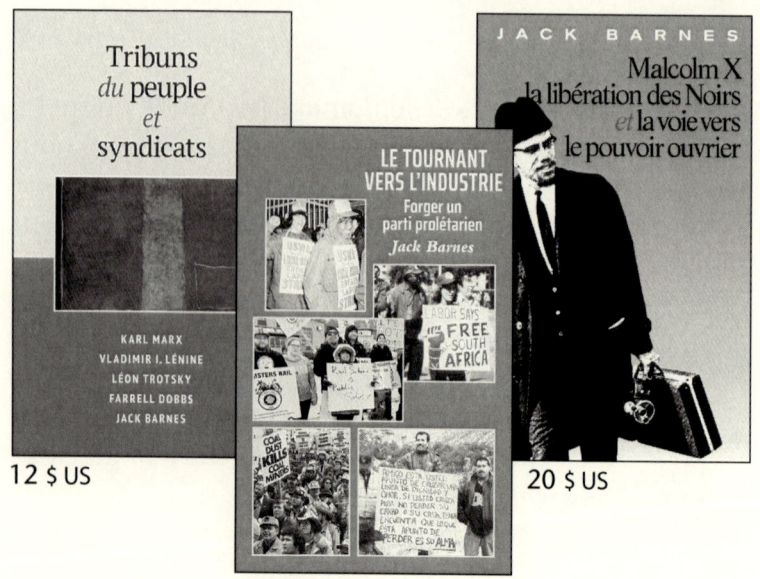

12 $ US

15 $ US

20 $ US

# Trois livres qui n'en font qu'un,

**sur comment construire un parti qui est ouvrier par son programme, sa composition et ses actions. Un parti qui, dans ce qu'il fait et dit, reconnaît le fait le plus révolutionnaire de notre époque :**

que nous, les travailleurs, pouvons créer un monde différent en agissant ensemble pour défendre nos intérêts de classe, pas ceux des classes privilégiées qui nous exploitent, pas ceux qui nous craignent parce qu'ils nous voient comme des « déplorables » ou de simples « déchets ». En suivant une voie révolutionnaire vers le pouvoir des travailleurs, nous nous transformerons et découvrirons notre propre valeur. Aussi en anglais et en espagnol.

**Offre spéciale**
**Les trois livres pour 30 $ US**

*Le tournant vers l'industrie* et *Tribuns du peuple et syndicats*    20 $ US

Un de ces livres et *Malcolm X, la libération des Noirs et la voie vers le pouvoir ouvrier*    25 $ US

# « L'HISTOIRE DE TOUTE SOCIÉTÉ JUSQU'À NOS JOURS EST L'HISTOIRE DES LUTTES DE CLASSES »

### Le travail, la nature et l'évolution de l'humanité
Une vision longue de l'histoire
FRIEDRICH ENGELS, KARL MARX, GEORGE NOVACK, MARY-ALICE WATERS

Sans comprendre qu'en transformant la nature, le travail social est le moteur de l'évolution de l'humanité depuis des millions d'années, les travailleurs ne peuvent pas voir au-delà de l'époque capitaliste d'exploitation de classe qui déforme toutes les relations, idées et valeurs humaines. Seule la conquête révolutionnaire du pouvoir d'État par la classe ouvrière peut ouvrir la porte à un monde libéré de l'exploitation capitaliste, de la dégradation de la nature, de l'assujettissement des femmes, du racisme et de la guerre. Un monde construit sur la solidarité humaine. Un monde socialiste. 12 $ US. Aussi en anglais et en espagnol.

### Le Manifeste communiste
KARL MARX ET FRIEDRICH ENGELS

Le communisme, disent les dirigeants qui ont fondé le mouvement ouvrier révolutionnaire, n'est pas un ensemble d'idées ou de principes préconçus. C'est plutôt la marche de la classe ouvrière vers le pouvoir, telle qu'elle surgit d'un « mouvement historique qui s'opère sous nos yeux ». 5 $ US. Aussi en anglais, espagnol, farsi et arabe.

### Les origines du matérialisme
GEORGE NOVACK

L'émergence d'une vision scientifique du monde dans la Grèce antique et le développement de l'agriculture, de l'industrie et du commerce qui lui ont ouvert la voie. 15 $ US. En anglais.

WWW.PATHFINDERPRESS.COM

# LA LUTTE OUVRIÈRE POUR DÉFENDRE LES LIBERTÉS CONSTITUTIONNELLES

### Le socialisme en procès
Déposition au procès pour sédition de Minneapolis

JAMES P. CANNON

Le programme révolutionnaire de la classe ouvrière, présenté en réponse aux accusations de « conspiration séditieuse » dans un coup monté en 1941, à la veille de l'entrée des États-Unis dans la deuxième guerre mondiale. Les accusés étaient des dirigeants du mouvement syndical de Minneapolis et du Parti socialiste des travailleurs. 15 $ US. Aussi en anglais, espagnol et farsi.

### 50 années d'opérations secrètes aux USA
La police politique de Washington et la classe ouvrière américaine

LARRY SEIGLE, FARRELL DOBBS, STEVE CLARK

Retrace la lutte menée pendant plusieurs décennies par les travailleurs ayant une conscience de classe contre les efforts d'accroître les pouvoirs présidentiels et de construire un État de « sécurité nationale » essentiel au maintien du régime capitaliste. 10 $ US. En anglais, espagnol et farsi.

### Bureaucratie Teamster
FARRELL DOBBS

Comment la direction du rang des Teamsters s'est organisée pour lutter contre la deuxième guerre mondiale, le racisme et les efforts du gouvernement pour bâillonner les travailleurs ayant un esprit de lutte de classe. 16 $ US. En anglais et en espagnol.

# LECTURES SUPPLÉMENTAIRES

## Le creux de la résistance ouvrière est derrière nous
Le Parti socialiste des travailleurs regarde vers l'avant

JACK BARNES, MARY-ALICE WATERS, STEVE CLARK

L'ordre mondial imposé par les vainqueurs du carnage inter-impérialiste de la deuxième guerre mondiale est en train de voler en éclats, avec des ramifications explosives pour les travailleurs et les agriculteurs du monde entier. Une longue période de retraite de la classe ouvrière et des syndicats a pris fin. De plus en plus de travailleurs de tous les âges, de toutes les couleurs de peau et des deux sexes disent : « Trop, c'est trop ». Ce livre attire l'attention sur les opportunités à venir pour les travailleurs ayant une conscience de classe de forger un parti de travailleurs basé sur les syndicats. Et une avant-garde prolétarienne de masse capable de mener la lutte pour mettre fin à la domination capitaliste, offrant un avenir à l'humanité. 10 $ US. En anglais et en espagnol.

## Le socialisme et l'homme à Cuba
ERNESTO CHE GUEVARA, FIDEL CASTRO

« L'homme atteint réellement sa pleine condition humaine lorsqu'il produit sans être contraint par la nécessité physique de se vendre comme marchandise », a écrit Che Guevara en 1965. 5 $ US. Aussi en anglais, espagnol, farsi et grec.

## Porto Rico : l'indépendance est une nécessité
RAFAEL CANCEL MIRANDA

Cinq nationalistes portoricains emprisonnés par Washington pendant plus de 25 ans ont été libérés à la suite d'une campagne internationale. L'un d'eux décrit la réalité de la domination coloniale américaine, l'exemple de la révolution socialiste à Cuba et la lutte pour l'indépendance. 5 $ US. En anglais, espagnol et farsi.

WWW.PATHFINDERPRESS.COM

# LE LONG HIVER CHAUD
# DU CAPITALISME A COMMENCÉ

# LE LONG HIVER CHAUD DU CAPITALISME A COMMENCÉ

## Jack Barnes

UN PARTI RÉVOLUTIONNAIRE de masse se forge dans le feu des grandes crises sociales, des soulèvements politiques et des guerres. De tels bouleversements se déroulent de manière inégale et s'étendent, avec des hauts et des bas, sur une période de temps considérable. Le noyau d'un parti prolétarien — aguerri dans le travail de masse, ferré et discipliné dans la politique prolétarienne, et doté de cadres issus de plusieurs générations — se construit *avant* que n'éclatent ces batailles de classe gigantesques et ces explosions révolutionnaires. On ne peut construire un tel parti à partir de zéro une fois qu'ont commencé les confrontations de classe décisives qui posent la question : quelle classe va diriger ? C'est la leçon que Lénine et les bolcheviks nous ont enseignée en pratique. De façon positive. Lénine a aussi expliqué cette leçon dans de nombreux discours et écrits

---

*Les délégués au quarante et unième congrès statutaire du Parti socialiste des travailleurs (SWP) aux États-Unis, qui a eu lieu du 25 au 27 juillet 2002 à Oberlin en Ohio, ont débattu et adopté ce rapport et sa conclusion.*

en généralisant l'histoire de l'activité révolutionnaire des travailleurs et des agriculteurs sous le capitalisme. Et au cours du dernier siècle, notre classe l'a aussi apprise de façon négative — de manière beaucoup plus coûteuse que personne n'aurait pu prévoir.

Nos organisations cherchent à agir aujourd'hui pour que, lorsque les luttes révolutionnaires de masse commenceront, nous puissions nous appuyer sur notre programme internationaliste, nos habitudes prolétariennes et nos normes organisationnelles déjà existants. Ce n'est qu'en agissant de cette manière que l'on peut construire des partis capables de diriger les masses travailleuses vers la conquête politique du pouvoir et l'établissement d'un gouvernement des travailleurs et des agriculteurs.

Pour assumer cette responsabilité historique, les délégués à ce congrès font face à un défi particulier. Nous devons préparer le SWP, les Jeunes socialistes et les partisans du mouvement communiste pour que nous puissions comprendre la dépression en cours et la marche qui s'intensifie vers des guerres impérialistes et réorienter nos activités face à ces réalités. Nous devons comprendre toute autre responsabilité et opportunité politiques à la lumière de ces faits et agir en conséquence. Ce faisant, nous collaborerons avec des communistes et des jeunes socialistes à travers le monde, ainsi qu'avec des révolutionnaires en Amérique latine, en Afrique, au Moyen-Orient et en Asie qui sont engagés dans des luttes nationales intransigeantes contre les bénéficiaires nationaux et internationaux du système impérialiste.

Les communistes ne font pas de pronostics. Personne ne peut faire de prédictions exactes à la fois sur *ce* qui va arriver dans la société et *quand*. Ceux qui ont une compréhension matérialiste des lois de la lutte de classe, y compris du rôle du hasard dans les affaires humaines, savent trop bien qu'il ne faut pas s'y essayer. Mais les communistes peuvent et ont la responsabilité de suivre le cours du développement capitaliste, d'en assimiler et d'en expliquer les implications pour la lutte de classe et pour la ligne de marche sinueuse du prolétariat vers le pouvoir. Lorsque suffisamment de preuves se sont accumulées sur la logique de ces développements, il n'y a pas d'autre cours responsable à suivre que d'*agir* à partir de celle-ci. Si nous ne le faisons pas, peu importe ce que nous aurons accompli auparavant, *il sera trop tard*. À ce moment-là, nous ne viendrons pas du Missouri, nous viendrons de Petrograd.

Beaucoup des membres du mouvement communiste aujourd'hui n'ont jamais vécu de guerre terrestre déclenchée par les dirigeants impérialistes, une guerre impliquant de nombreux soldats issus des rangs de la classe ouvrière américaine et entraînant des milliers de morts de tous les côtés. Nous allons voir des guerres de ce genre non seulement dans les décennies qui viennent, mais dans les années sinon dans les mois qui viennent.

Seuls deux participants à ce congrès, qui ont presque 80 ans, ont vécu une dépression mondiale en tant que personnes politiques. Quelques-uns d'entre nous avons fait l'expérience de deux ou trois profonds ralentissements économiques depuis le milieu des années 70. Pendant l'une ou l'autre de ces récessions, le prix des actions a chuté brutalement plusieurs années de suite, le chômage a bondi au-delà de 10 pour cent dans plusieurs pays impérialistes et il y a eu des flambées soudaines d'inflation. Mais tout ceci diffère d'une déflation d'une ampleur telle que la colonne vertébrale du capitalisme mondial — son

« Des conditions du genre de celles qui ont prévalu dans les régions les plus vulnérables du monde colonial au cours des dernières décennies vont se généraliser. Nous vivons les débuts d'une dépression mondiale. »

**EN HAUT.** Une file d'attente devant une soupe populaire à l'angle de la 42e rue et de la Sixième avenue à New York en février 1932, pendant la grande dépression.

**EN HAUT.** Township d'Alexandra, Afrique du Sud, en 2002. De nombreux habitants sont privés d'électricité, d'eau courante et d'installations sanitaires. **À GAUCHE.** Chômeurs à Berlin en 2003. Quinze ans après l'unification de l'Allemagne, le chômage dans la partie orientale du pays s'élève toujours à environ 20 pour cent. **À DROITE.** À la suite de la crise financière de 2001-2002, le peso argentin a perdu les trois quarts de sa valeur par rapport au dollar U.S., ce qui a dévasté la vie de millions de personnes et provoqué des ruées sur les banques comme celle-ci.

système de crédit et ses principales institutions financières — craque, la production s'effondre, un chômage à long terme se répand dans le monde et la vaste majorité de l'humanité est frappée par la contraction de l'économie ou par des flambées ruineuses des prix — et parfois par les deux en même temps. Des millions de gens perdent confiance dans le capitalisme mais au début, ils perdent simplement espoir. Des conditions de ce genre, qui ont prévalu dans les parties les plus vulnérables du monde colonial au cours des dernières décennies, vont se répandre et semer la dévastation. Nous ne prédisons pas l'arrivée d'une telle dépression mondiale ; nous vivons aujourd'hui ses toutes premières phases.

Afin de fonctionner de manière efficace en tant que communistes dans la situation mondiale qui se développe, nous devons intérioriser une compréhension de l'impérialisme — le stade du capitalisme mondial atteint au début du siècle dernier. Aussi longtemps que les contradictions de ce système social d'exploitation et d'oppression n'auront été résolues — et ceci ne peut se faire que si le prolétariat prend le pouvoir des mains des capitalistes et des propriétaires fonciers dans les pays impérialistes et se joint à la lutte internationale pour le socialisme — l'humanité n'a aucun avenir assuré.

Comme Lénine nous a aidé à le comprendre, « il n'y a pas de situation absolument sans issue » pour les dirigeants impérialistes, même lorsque le capitalisme est en crise profonde [1]. Il n'y a pas de situation sans issue

---

1. V. I. Lénine, « Rapport sur la situation internationale et les tâches fondamentales de l'Internationale communiste, » *Oeuvres complètes*, Moscou, éditions du Progrès, 1976, tome 31, p. 233. On trouve aussi ce rapport dans le compte rendu du deuxième congrès de l'Internationale communiste, *Workers of the World and Oppressed*

pour la bourgeoisie aussi longtemps que le prolétariat ne lui arrachera pas le pouvoir d'État sous la direction d'un mouvement révolutionnaire qui ne reculera pas, au moment décisif, devant l'énorme responsabilité d'assumer le pouvoir et ne craindra pas de le faire. Et de le garder.

Sans une telle révolution — sans l'insurrection qui ouvre la voie au pouvoir des travailleurs — l'État capitaliste et les employeurs imposeront par la terreur fasciste des défaites suffisamment dévastatrices à la classe ouvrière et détruiront suffisamment de capacités productives agricoles et industrielles par la guerre et des mesures économiques « naturelles » (pour le capitalisme) pour relancer une production et un commerce misérables mais réels. Ils continueront de dominer la terre en exploitant et en opprimant la grande majorité de l'humanité et en menaçant la survie même de la civilisation. Tant qu'ils ne perdent pas le pouvoir d'État, la loi de la valeur garantit que leur système recommencera à fonctionner. Ils n'ont qu'à tenir bon ; nous devons vaincre.

**Nous n'avons pas peur des dirigeants**

Bien que la plus riche et militairement la plus puissante de l'histoire, la classe dirigeante de ce pays est un géant hypertrophié dont l'apogée est chose du passé. Nous ne *craignons* pas les possédants au pouvoir ; nous les méprisons. Nous attendons avec impatience le jour où nous pourrons en découdre avec eux. Parce que nous savons qu'avant que les exploiteurs puissent imposer leurs

---

*Peoples, Unite! Proceedings and Documents of the Second Congress, 1920* [Travailleurs du monde entier et peuples opprimés, unissez-vous ! Compte rendu et documents du deuxième congrès, 1920], New York, Pathfinder, 1991, tome 1, p. 139 [tirage de 2010].

ultimes horreurs, la classe ouvrière et ses alliés parmi les agriculteurs et les autres travailleurs auront l'opportunité de résoudre la crise de l'impérialisme à l'avantage de l'humanité. Nous disons : le plus vite sera le mieux. Et nous agissons en conséquence.

Les travailleurs communistes aux États-Unis aiment le travail politique. Autrement dit, la *politique* et le *travail* collectif qui rend la politique possible nous *intéressent*. Notre confiance dans la classe ouvrière vient d'une longue expérience et s'appuie sur des faits qui se produisent devant nous. Ce n'est pas une question de foi. Ce n'est pas une « idée » dans la tête de quelqu'un. Ce n'est pas un « but » que nous « visons ». Et nous avons l'obligation politique particulière de faire preuve de cette confiance dans la façon dont nous nous comportons.

Autour du monde aujourd'hui, y compris parmi les révolutionnaires, on présente généralement l'impérialisme U.S. comme une puissance pratiquement absolue et « hégémonique » dans un monde « unipolaire ». Nous avons le devoir de rendre clair que, si nous ne cédons jamais un centimètre à l'aventurisme qui ne tient pas compte de la brutalité et du monopole du pouvoir d'État des dirigeants U.S., nous ne tremblons jamais non plus devant eux. Nous ne leur demandons jamais le droit d'être communistes. Nous présentons une appréciation réaliste de ce qu'ils sont et ce dont ils sont capables. Nous expliquons qu'ils fonctionnent de façon pragmatique, sans aucune idée des lois qui régissent le fonctionnement de la société moderne. Ils n'ont pas à gagner ; ils n'ont qu'à ne pas perdre. Il n'y a aucune limite à leur aveuglement. Et pour la même raison, il n'y a aucune limite à la rapidité et à l'ampleur de la violence et de la brutalité avec lesquelles ils frapperont quand il leur deviendra étonnamment clair qu'ils ont tort.

Avant tout, nous soulignons comment les dirigeants capitalistes ne cessent de créer et de concentrer à l'intérieur de leurs propres frontières un prolétariat international de plus en plus nombreux et comment les travailleurs — comment *nous* — nous pouvons faire une révolution pour les renverser.

Nous avons l'obligation particulière d'aider les travailleurs et les agriculteurs du monde qui ont un esprit révolutionnaire à comprendre que les États-Unis ne sont pas « une » entité homogène. Il n'y a pas une population socialement et politiquement homogène de ce nom en Amérique du Nord. « Nous, Américains » est une fabrication des dirigeants. Il y a des dizaines et des dizaines et des dizaines de millions de travailleurs et d'agriculteurs aux États-Unis. Nous faisons partie d'un « nous » avec nos frères et soeurs de classe à travers le monde. Il y a un « eux » : la toute petite poignée de familles possédantes dans les intérêts de qui le gouvernement impérialiste des États-Unis agit ici et à l'étranger. Ce sont « eux », leur État, que « nous » devons renverser pour pouvoir mettre fin à l'avance inexorable de l'impérialisme vers la crise, la violence, la brutalité et la dévastation qui s'accroissent — vers le fascisme et la guerre mondiale.

**La réponse prolétarienne au 11 septembre**

Notre mouvement s'est bien comporté en septembre dernier en réponse aux attaques contre le World Trade Center et le Pentagone et en réponse à la militarisation et aux préparatifs accélérés des dirigeants qui ont suivi pour faire reculer les droits des travailleurs. Nous nous sommes exprimés avec détermination le 11 septembre même, dans une déclaration publiée par la direction du parti au nom du candidat des Travailleurs socialistes à la mairie de New York, Martín Koppel. Nous avons simultanément commencé à faire campagne avec cette déclaration à travers les États-Unis. Nous avons proposé de l'afficher sur les pages web du *Militant* et de *Perspectiva Mundial* et de la publier dans le numéro suivant de ces périodiques. Nous avons expliqué les enjeux et clarifié les questions politiques posés par ces événements aux membres, aux partisans et aux contacts de notre mouvement, ainsi qu'à toute personne intéressée à entendre ce que les communistes avaient à dire.

La déclaration du parti avait exactement le contenu et le ton qu'il fallait — et le ton peut être décisif en politique ouvrière, particulièrement lors de moments comme le 11 septembre 2001. Les attaques de New York et de Washington, avons-nous dit, avaient été effectuées en réaction et sur le modèle de ce que le gouvernement des États-Unis avait approuvé pendant des décennies en défendant « son « droit » de lancer des attaques militaires contre d'autres pays. » Maintenant, les dirigeants U.S. appliqueraient ce cours avec encore « plus d'effronterie. »

Nous avons en particulier attiré l'attention sur le fait que pendant ses derniers mois à la Maison-Blanche, « l'administration Clinton avait établi, *pour la première fois dans l'histoire des États-Unis,* une structure de commandement militaire nord-américaine — autrement dit une structure de commandement visant à déployer les forces armées U.S. à l'intérieur du pays, d'abord et avant tout contre les travailleurs qui y vivent. » Nous avons noté que ces unités des forces armées dites du « *homeland* », ainsi que diverses agences de la police fédérale, étaient déployées par l'administration Bush « dans leurs premières opérations militaires intérieures. »

« Le gouvernement U.S. et ses alliés ont systématiquement pratiqué la terreur depuis plus d'un siècle pour défendre leurs privilèges et leurs intérêts de classe ici et à l'étranger » — en commençant par les massacres commis aux Philippines, dans les Antilles et en Amérique du Sud au tournant et durant les premières décennies du vingtième siècle, la destruction à coups de bombes incendiaires de villes allemandes et japonaises, et l'anéantissement nucléaire de plus de 100 000 personnes à Hiroshima et Nagasaki ; pour continuer par la destruction meurtrière de la Corée au début des années 50, le massacre mené pendant dix ans en Indochine, la dévastation de l'Amérique centrale et le soutien à des tyrannies meurtrières à travers l'Amérique latine dans les années 60 et 70 ; et finir avec la guerre contre le peuple irakien de 1990-1991, l'incinération de 80 personnes sur son propre sol, à Waco au Texas, et l'assassinat de beaucoup d'autres gens ici et à l'étranger.

LA DÉCLARATION DU PARTI a fait écho à un avertissement lancé par le dirigeant communiste Léon Trotsky en 1940. Au moment où le conflit interimpérialiste qui est devenu la deuxième guerre mondiale connaissait une expansion inexorable, Trotsky a répondu aux efforts croissants du mouvement sioniste et de ses partisans impérialistes pour déposséder le peuple palestinien et établir ce qui allait devenir huit années plus tard l'État colonial et colonisateur d'Israël. Ce que faisaient ces forces réactionnaires, a dit Trotsky, était en train de transformer la Palestine en « piège sanglant » pour les Juifs. « Jamais autant qu'aujourd'hui n'a-t-il été aussi clair que le salut du peuple juif est inséparablement lié au renversement du système capitaliste [2]. »

---

2. Leon Trotsky, *On the Jewish Question* [Sur la question juive], New York, Pathfinder, 1970, 1994, p. 16 [tirage de 2011].

Plus de 60 ans plus tard, le pronostic de Trotsky n'a pas seulement été confirmé. Les dangers sont encore plus grands, alors que les démagogues d'extrême droite font encore une fois ce qu'ils feront toujours en période de crise — qu'Israël existe ou pas — tant que persistera le système capitaliste. Ils vomissent le poison de l'antisémitisme et de la haine des Juifs comme un antidote aux maux du capitalisme. La réponse du parti au 11 septembre a souligné que « l'impérialisme U.S. est en train de transformer l'Amérique du Nord en piège mortel pour les travailleurs et pour tous ceux qui y vivent. » Il le fait « en surexploitant systématiquement les peuples d'Asie, d'Afrique et d'Amérique latine ; en insultant sans fin leur dignité nationale et culturelle » ; et en collaborant de manière incessante à la violence meurtrière sous toutes ses formes. Autrement dit, par le fonctionnement même du capitalisme à son stade impérialiste.

Les dirigeants U.S., avons-nous fait remarquer, renforcent l'armature de leur poigne de fer. Ils renforcent leur position au pays et à l'étranger en préparation des batailles qu'ils savent venir.

Nous avons donné suite à la campagne pour diffuser cette déclaration en mobilisant moins de trois semaines plus tard une grande réunion publique à New York. Là, nous avons avant tout attiré l'attention sur l'incapacité des dirigeants U.S. d'attiser en faisant appel aux « Américains » à « s'unir tous ensemble » le genre de réponse patriotique qui leur permettrait d'intimider pendant un certain temps les travailleurs et les faire hésiter à lutter. Le lendemain de cette réunion, des dizaines de milliers d'employés de l'État du Minnesota ont fait grève contre les tentatives de leur employeur de réduire leurs salaires et leur couverture médicale. Les appels au ralliement patriotique n'ont pas arrêté la résistance syndicale. Le contrecoup du 11 septembre n'est pas devenu l'occasion et le prétexte d'essayer d'imposer des engagements à ne pas faire grève.

La lutte pour faire reconnaître leur syndicat comme leur représentant légal que mènent les travailleurs de l'entreprise Point Blank dans le sud de la Floride nous en donne un autre exemple. Le fait de produire des vestes blindées pour la police et pour l'armée n'a pas empêché ces travailleurs de se syndiquer et de lutter pour de meilleurs salaires et de meilleures conditions de travail. Au moins un délégué qui aurait dû participer au congrès aujourd'hui se trouve à Miami où il assume des responsabilités dans la campagne de syndicalisation.

Une expérience sur laquelle nous avons attiré l'attention au début de la rencontre de New York a merveilleusement illustré les réalités de la lutte de classe aux États-Unis à la suite du 11 septembre. J'ai raconté comment quelques jours plus tôt, par hasard l'anniversaire de l'indépendance du Mexique, je me rendais avec un autre dirigeant du Parti socialiste des travailleurs à une réunion au centre de Manhattan. Peu après être sortis du métro, nous sommes passés devant une jeune Latina qui vendait des drapeaux américains dans la rue. Elle ne disait rien. Elle ne faisait que tenir les drapeaux dans l'espoir que quelqu'un en achète un pour un dollar. Le zèle patriotique n'était pas la principale motivation de la plupart de ceux qui vendaient des drapeaux et des rubans de couleur dans la rue ces jours-là (ou n'importe quel autre jour).

Juste à ce moment, un gros camion a tourné au coin de la rue. Le patron l'avait orné de deux énormes drapeaux américains, un sur le côté et l'autre sur la cabine du conducteur. Le jeune conducteur a aperçu la femme, brandi son poing par la fenêtre et crié : « Viva Zapata ! » tandis qu'un grand sourire fendait leurs deux visages.

Je suis heureux d'avoir été avec un autre camarade à ce moment qui peut confirmer que c'est vraiment arrivé ! Au-delà des classes moyennes et professionnelles, le vernis de l'hystérie et de la panique petites-bourgeoises à New York est resté superficiel.

Les événements du 11 septembre ont abruptement et violemment entraîné dans le monde les travailleurs et les agriculteurs des États-Unis. Avant, les dirigeants avaient largement convaincu les travailleurs que, depuis leur « victoire » dans la guerre froide, « nous » ne ferions jamais — *jamais* — face, au moins en territoire U.S., à aucune conséquence directe de la violence meurtrière et de la misère infligées aux masses travailleuses à travers le monde par la pulsion inhérente au capitalisme vers la domination, la surexploitation et les guerres de conquête impérialistes. Cette illusion a commencé à se fissurer le 11 septembre.

Les événements de New York et de Washington ont donné aux dirigeants U.S. un prétexte pour *accélérer* le cours qu'ils suivent depuis environ 15 ans — depuis la crise croissante de l'ordre capitaliste mondial signalée par le krach boursier de 1987 et par l'effondrement quelques années plus tard des régimes staliniens en Europe de l'Est, en Europe centrale et en Union soviétique.

Mais en se poursuivant, cette accélération entraîne ses propres changements. Des gestes contrôlés mettent en mouvement des forces incontrôlées et engendrent des conséquences inattendues. L'évolution *politique et militaire* des puissances impérialistes du monde est aujourd'hui plus étroitement liée à leur évolution *économique* — avec les contrecoups déstabilisateurs d'un capital financier mondial de plus en plus violemment compétitif.

Il est important que les délégués à ce congrès discutent ces conclusions et tranchent ces questions ; elles ne sont à ma connaissance partagées par aucun autre courant dans le mouvement ouvrier. Parce que tout ce que le Comité national — qui est responsable d'agir au nom du parti entre les congrès — a fait au cours de la dernière année s'est appuyé sur ces jugements et continuera de le faire si ce cours est réaffirmé.

**La marche de l'impérialisme U.S. vers la guerre**

La presse du grand capital a prêté beaucoup d'attention au cours des deux derniers mois à l'allocution prononcée par George W. Bush le 1er juin [2002] lors de la remise des diplômes à West Point. Ce discours a représenté un nouveau pas dans la marche de Washington vers la guerre et vers l'utilisation agressive de sa puissance militaire, mais pas pour les raisons débitées par les présentateurs de la télévision.

Les prétendus experts, dont beaucoup dans « la gauche » répètent les propos comme des perroquets, déclarent que Bush a dit quelque chose de dangereusement nouveau quand il s'est dit à l'académie militaire « prêt à des actions préventives quand c'est nécessaire pour défendre notre liberté et défendre nos vies. » Mais le fait est que toutes les attaques militaires de Washington et des autres puissances impérialistes ont été « préventives ».

La Corée n'était pas en train d'attaquer les forces armées U.S. en 1945 quand Washington a ordonné à ses soldats d'occuper la moitié sud de la péninsule, de diviser cette dernière en son milieu et, quand l'inévitable résultat s'est produit cinq ans plus tard, de lancer sans succès une guerre meurtrière dans le but de conquérir l'ensemble du pays. Cuba n'a ni menacé ni envahi les États-Unis en 1961, pas plus qu'en 1962. Ni l'attaque des mercenaires soutenus par les USA à la baie des Cochons en avril 1961 ni « la crise des missiles » provoquée par les USA en octobre 1962 n'étaient des actions d'« autodéfense ». Le Viêt-nam ne lançait pas de missiles contre des villes ou des territoires américains, provoquant une escalade massive des bombardements et du déploiement des troupes U.S. au milieu et à la fin des années 60. Ces actions qui ont défini le « siècle américain » étaient toutes des attaques « préventives » bipartites lancées par les dirigeants U.S.

C'est aussi le cas des deux guerres sanglantes du vingtième siècle entre les puissances impérialistes — la première et la deuxième guerres mondiales. Au cours des années qui ont conduit à chacune de ces deux boucheries, les puissances rivales ont été les instigatrices d'incidents et de provocations qui, elles le savaient, allaient inévitablement leur fournir un prétexte pour déclarer la guerre et faire avancer leurs intérêts nationaux.

Par exemple, dès le discours « Mettons l'agresseur en quarantaine » du président Franklin D. Roosevelt en octobre 1937, sinon même plus tôt, l'administration démocrate avait adopté un cours visant à accroître la puissance militaire U.S. dans le but de s'attaquer au Japon dans le Pacifique, de s'établir comme une puissance impériale dominante en Europe et, espérait-elle, de présider du même coup à la subordination, si ce n'est à la destruction de l'État ouvrier soviétique. Selon l'histoire qu'on nous enseigne à l'école et que nous voyons dans les quotidiens du grand capital et à la télévision, c'est le bombardement « préventif » de Pearl Harbor par Tokyo le 7 décembre 1941 qui a entraîné les États-Unis dans la deuxième guerre mondiale. Depuis cette « attaque ignoble et non provoquée du Japon, » a dit Roosevelt au Congrès le lendemain même, « un état de guerre existe entre les États-Unis et l'empire japonais. » Ce que, de façon commode, les apologistes des puissances alliées ne mentionnent généralement pas, c'est l'action « préventive » de l'administration Roosevelt contre le Japon six mois plus tôt : l'imposition d'un embargo total sur les importations japonaises de pétrole (ainsi qu'un embargo sur les importations de ferraille et le gel de tous les avoirs japonais aux États-Unis). Washington savait que cet acte de guerre économique, qui visait à affamer le Japon et à empêcher les rouages de son industrie de tourner, contraindrait Tokyo à répondre militairement. Les seules surprises ont été l'audace inattendue de l'attaque contre Pearl Harbor, la portée de la flotte japonaise et l'habileté et la bravoure des « petits pilotes jaunes » d'Asie.

En réalité, ce que les travailleurs qui ont une conscience de classe se devaient de noter dans le discours de Bush à West Point, ce n'était pas son commentaire sur les « actions préventives, » mais l'aisance avec laquelle il est passé des propositions de frappe contre les « ennemis » de l'intérieur à celles contre les « ennemis » à l'étranger et vice versa. « Notre sécurité exigera les meilleurs services de renseignement pour débusquer les menaces qui se cachent dans des grottes ou qui poussent dans des laboratoires. Notre sécurité exigera de moderniser les agences nationales comme le FBI pour qu'elles soient prêtes à agir, et à agir rapidement, contre le danger. »

L'allocution de Bush sur l'« axe du mal » devant le Congrès quatre mois plus tôt était plus importante que le discours de West Point — son discours sur l'état de l'Union de janvier 2002. Nous prenons au sérieux les menaces qu'elle contient. La Maison-Blanche n'a pas simplement tiré d'un chapeau l'Irak, l'Iran et la République populaire démocratique de Corée comme un échantillon représentatif des nombreux « États voyous et marginaux » de Clinton. Et l'« axe du mal » ne désigne pas seulement trois pays opprimés dont les dirigeants U.S. aimeraient renverser les gouvernements. Il s'agit de trois gouvernements qui ont le potentiel économique, industriel et technique de pouvoir bientôt placer des armes — y compris des têtes nucléaires — sur des missiles balistiques dont la portée pourrait au moins empêcher Washington d'attaquer ces pays avec impunité. En fait, le but le plus immédiat de l'effort des dirigeants U.S. pour mettre en place un système de missiles antibalistiques — relancé pendant l'administration Reagan, repris pendant les dernières années de Clinton et maintenant poursuivi par Bush — est de restaurer la capacité de Washington d'utiliser son énorme arsenal nucléaire pour exercer du chantage dans le monde colonial auprès de gouvernements comme ceux-ci et auprès de leur « amis », dont un ou deux pourraient manquer de constance dans un avenir en changement constant[3].

Nous devons prendre pour acquis que les plans du Pentagone qui ont faits l'objet de « fuites » au début du mois sur une invasion et une guerre menées sur plusieurs fronts contre l'Irak sont les premières mesures visant à préparer une énorme attaque militaire organisée par les États-Unis. Quelques jours plus tard, [le premier ministre

---

3. En juillet 2004, le gouvernement U.S. a installé dans un silo en Alaska le premier intercepteur sol-air du système antimissile, un projet entrepris sous l'administration Clinton. Le président Bush a salué ce déploiement comme « le début d'un système de défense antimissile conçu par Ronald Reagan. »

britannique Anthony] Blair a ajouté son poids dans la balance en promettant un soutien et une participation complets. Les documents ayant fait l'objet de « fuites » ont détaillé l'utilisation de dépôts de matériel de guerre en Ouzbékistan et de plans pour des opérations aériennes, navales et terrestres initiées à partir de bases situées au Koweït, au Qatar, au Bahreïn, en Turquie, à Diego Garcia et ailleurs. Il y a de grands espoirs parmi des sections de la bourgeoisie turque qu'en échange de leur coopération, l'impérialisme leur offrira une aide visant à alléger le fardeau croissant de la dette et la crise économique qui étouffent ce pays. Et les dirigeants U.S. vont s'assurer que leurs altesses royales en Arabie saoudite et en Jordanie changent d'avis avant que les combats commencent.

**W**ASHINGTON EST DÉTERMINÉ à accomplir ce qu'il ne pouvait essayer de faire pendant la guerre de 1990-1991 dans le cadre de l'alliance « Libérez le Koweït. » Les dirigeants U.S. visent à livrer une guerre majeure et sans pitié — et ils rassemblent une coalition en conséquence. Avec un pied campé à Tel-Aviv et un autre à Bagdad, et de nouvelles bases militaires au nord, à l'est et au sud de l'Iran, ils croient que l'impérialisme U.S. sera ainsi capable de récupérer une partie de ce qu'il a perdu avec le renversement révolutionnaire du shah d'Iran, que soutenaient les USA, en 1979. Avant tout, Washington est persuadé de pouvoir rediviser l'influence militaire et politique sur la région aux dépens de ses rivaux d'Europe et du Japon et de pouvoir établir sa domination sur le pétrole et d'autres ressources. Environ 65 pour cent des ressources mondiales de pétrole sont situées dans cette région : plus de 10 pour cent en Irak et un quart dans la seule Arabie saoudite.

Les États-Unis renforcent leur présence militaire ailleurs aussi. Ils ont utilisé la guerre en Afghanistan non seulement pour y établir des bases, mais pour le faire aussi dans l'ancienne Asie centrale soviétique, en Ouzbékistan, au Tadjikistan et au Kirghizstan. En décembre dernier, le Congrès a approuvé l'« Initiative andine, » qui s'appuie sur l'actuel « Plan Colombie, » pour augmenter la présence des forces armées U.S. en Amérique latine sous couvert de « lutter contre le trafic de la drogue. » Il pourrait s'avérer que les 1 200 « instructeurs » militaires U.S. aux Philippines qui sont censés terminer leur mission dans quelques jours n'ont fait que poser un premier pied dans la porte, ce qu'indiquent les discussions déjà en cours entre Washington et Manille sur le rétablissement d'entrepôts militaires U.S. permanents. Ils auront au moins brisé la glace pour une coopération philippino-américaine accrue dans la guerre contre le « terrorisme » et l'« extrémisme islamiste » dans la région du Pacifique.

D<small>EUX PROCESSUS SE DÉROULENT</small> de façon inégale mais simultanée : les préparatifs de guerre de l'impérialisme U.S. à l'étranger et la poursuite de sa militarisation sur le front intérieur, en anticipation d'une résistance accrue à venir de la part des travailleurs et des agriculteurs. L'administration Bush et le Congrès suivent la piste bipartite tracée par l'administration Clinton et le Congrès au cours des huit années précédentes. Le renforcement de la structure de commandement de la soi-disant défense du *homeland* ; la centralisation des opérations de renseignement ; le recours aux « preuves secrètes » et aux « détentions préventives, » ainsi que les restrictions apportées aux droits de révision et d'appel, avec pour cible principale les non-citoyens et les prisonniers ; le renforcement des unités spéciales de commandos et d'intervention tactique au niveau fédéral, au niveau des États et au niveau local — rien de tout ceci n'a commencé dans les derniers mois de 2001.

Le Commandement Nord (Northern Command) sera formellement opérationnel plus tard cette année. Le prototype de ce commandement intérieur a été établi en octobre 1999 sous l'étiquette de « Détachement spécial mixte de soutien civil, » un euphémisme du Pentagone de Clinton. Il est en train de subir une légère métamorphose avant d'émerger le 1er octobre comme le (plus rumsfeldien) Commandement Nord. Sous la bannière de la lutte contre le « terrorisme », ce nouveau commandement militaire aura la responsabilité de maintenir au besoin « la loi et l'ordre » à l'intérieur des frontières des États-Unis en cas de menace de désordre civil.

Actuellement, la structure du commandement militaire U.S. consiste en neuf commandements de combat unifiés : le Commandement européen, le Commandement du Pacifique, le Commandement Sud, le Commandement central, et ainsi de suite. La chaîne de commandement va directement du président des États-Unis à chacun d'entre eux par l'intermédiaire du secrétaire à la Défense. Le quartier général du nouveau Commandement Nord sera situé sur la base aérienne militaire de Peterson au Colorado, sous la direction du général des Forces aériennes Ralph Eberhart, l'actuel commandant du Commandement de l'espace U.S. Le Northcom, ainsi qu'on l'appellera en abrégé, englobera le Norad — le Commandement de la défense aérospatiale de l'Amérique du Nord — dont le commandant U.S. a le pouvoir suprême de placer sous ses ordres et sans consultation préalable les forces aériennes du Canada. Quand le Northcom sera inauguré dans quelques mois, le Mexique tombera pour la première fois aux yeux de Washington sous la responsabilité d'un commandement de combat U.S.

Si vous ne faites qu'additionner les chiffres sur la production économique, le budget militaire et l'arsenal militaire conventionnel et stratégique, l'impérialisme U.S. est la plus grande puissance de l'histoire du monde, qui domine ses proches rivaux sur tous les fronts. Mais il s'agit là d'une photo sortie du temps, qui ne dit rien sur le contexte politique et économique ni sur la direction de son développement. Le cours que nous avons décrit ici est celui d'une puissance impérialiste dont *s'affaiblit* la capacité de stabiliser un monde où la vie de centaines de millions de travailleurs et de paysans indociles dans les pays semi-coloniaux est marquée par les bouleversements, les privations et les maladies accrus qu'engendre lui-même le système capitaliste mondial. Une puissance impérialiste de moins en moins capable de gérer les défis politiques qu'elle ne peut s'empêcher de créer, parce que c'est une puissance qui ne peut stabiliser l'économie capitaliste globale dont les effets continuent de s'abattre sur les travailleurs et les agriculteurs à travers le monde. Une puissance qui doit porter un fardeau disproportionné à titre de gendarme de la planète pour l'impérialisme dans chaque crise de sa confection après l'autre — des Balkans aux quatre coins du monde semi-colonial. Une puissance qui n'a pas atteint ses objectifs dans une seule guerre d'importance majeure depuis 1945. Une puissance qui aujourd'hui, après avoir soi-disant gagné la guerre froide « sans tirer un seul coup, » n'est plus à l'abri d'attaques sur son propre territoire.

Une puissance impérialiste à son apogée est capable de faire plier des régimes à sa volonté. D'ordonner à ses « alliés » de s'exécuter. D'écraser la résistance des travailleurs et des paysans dans le monde colonial. Elle a les réserves économiques requises pour stabiliser sa devise internationale et ses finances d'État. Mais ce n'est pas la situation de l'impérialisme U.S. aujourd'hui et ça l'a de moins en moins été depuis le milieu des années 70. Au contraire, les initiatives dont nous sommes témoins font plutôt partie du déclin du dernier empire du monde, qui fait face aujourd'hui aux conséquences politiques et militaires de son cours impérialiste en même temps qu'il entre dans sa plus grande crise économique depuis les années 30.

**Le stade suprême du capitalisme**

Notre mouvement sera mieux armé pour répondre à ces développements politiques si nous organisons une école d'hiver pour lire et étudier *L'impérialisme, stade suprême du capitalisme* de Lénine. Nous pouvons le faire d'une manière aussi ordonnée et intensive que lorsque nous avons étudié *Leur Trotsky et le nôtre*, *L'histoire du trotskysme américain* et *Le visage changeant de la politique aux États-Unis* pendant les écoles socialistes d'été des derniers mois. Nous intégrons ces écoles au rythme hebdomadaire du travail politique des membres du parti, des jeunes socialistes et de ceux autour de nous qui réfléchissent sérieusement à adhérer au mouvement afin de pouvoir partager et nous approprier ensemble les mêmes textes.

La description et l'explication de l'impérialisme par Lénine ont servi de pierre angulaire à tout ce que le mouvement communiste a fait depuis près d'un siècle. Et ceci continue d'être le cas.

Lénine s'est concentré sur la clarification de deux questions.

• Premièrement, il a présenté une explication concrète et détaillée du caractère de plus en plus parasitaire des opérations du capital à l'époque impérialiste.

- Deuxièmement, il a tiré les implications pratiques de cette analyse en rejetant la possibilité de toute forme de « superimpérialisme » ou d'« ultra-impérialisme » qui pourrait réduire les contradictions de plus en plus aiguës du capitalisme, amortir les conflits entre les classes dirigeantes nationales rivales, atténuer la lutte des classes, sans parler d'encourager la paix mondiale. Au contraire, a insisté Lénine, l'impérialisme a ouvert une époque de crises récurrentes, de guerres impérialistes, de guerres civiles, de guerres de domination coloniale, de luttes de libération nationale et de révolutions prolétariennes.

LE STADE IMPÉRIALISTE DU CAPITALISME se caractérise par la domination croissante autour du monde de monopoles géants dans l'industrie, le commerce et les opérations bancaires. En s'appuyant sur ce que Marx avait déjà expliqué dans *Le Capital,* Lénine a démontré que loin de réduire la concurrence, la monopolisation croissante rend *plus violentes* les opérations aveugles des capitaux privés rivaux. Et lorsqu'elle est confrontée à des crises, cette violence implique de plus en plus des forces qui ne sont pas purement économiques — qui vont des milices privées et des flics et shérifs locaux jusqu'à, surtout, l'État capitaliste et ses flics, tribunaux et forces armées.

La fusion du capital bancaire et du capital industriel — « la création, comme l'a décrit Lénine, sur la base de ce « capital financier, » d'une oligarchie financière » — accroît le parasitisme de la bourgeoisie. Elle accroît par-dessus tout la dépendance des capitalistes vis-à-vis des formes multiples de dettes dans la concurrence impitoyable qu'ils se livrent entre eux pour s'emparer de la plus grande portion de la plus-value créée à travers le monde par le labeur des travailleurs et des agriculteurs, des mineurs et des pêcheurs. La relation débiteur-créancier devient de plus en plus centrale au fonctionnement du capitalisme international ; elle devance le caractère auparavant clé de la relation entre acheteur et vendeur. « Telle est l'essence, écrit-il, de l'impérialisme et du parasitisme impérialiste [4]. » Lénine n'aurait pas été surpris par l'explosion au cours des deux dernières décennies d'un nombre de plus en plus grand de formes de créances et de variétés de capital fictif : pas seulement les prêts et obligations bancaires traditionnels, mais ce qu'on appelle les produits dérivés, les options, les paquets ficelés ensembles d'hypothèques et de dettes à la consommation, les *swaps*, les *repos*, les *carry trades* sur l'or et les obligations, et d'autres encore trop nombreux à énumérer ici. Il n'aurait pas été surpris par la manipulation étatique accrue — et généralement camouflée et niée — du prix des devises, des créances, des métaux précieux, des matières premières et des assurances, ni par le déploiement incessant et plus ouvert de barrières tarifaires variées. Toutes ces manipulations sont les manifestations, sous la forme de conflits d'État, d'une concurrence interimpérialiste et intercapitaliste, et d'une exploitation semi-coloniale violentes.

Le capital financier divise et redivise le monde de nouvelles façons. Il réorganise le système colonial — la surexploitation des paysans et des travailleurs des pays « indépendants » d'Asie, d'Afrique et d'Amérique latine — en de nouvelles formes « néocoloniales ». Il transforme le système bancaire et les schémas établis du commerce et de la finance mondiaux. Il accroît l'ampleur de l'endettement

---

4. Lénine, « L'impérialisme, stade suprême du capitalisme, » *Oeuvres complètes*, Moscou, éditions du Progrès, tome 22, p. 299.

et l'effet de levier de la spéculation internationale à un niveau quasi inimaginable — et incontrôlable.

La division du monde décrite par Lénine — entre une poignée de nations oppressives et la grande majorité que constituent les nations opprimées, entre les puissances impérialistes et les pays coloniaux et semi-coloniaux — sera fondamentalement la même quand Washington se lancera dans sa prochaine aventure militaire qu'elle l'était en 1898, lors de la guerre hispano-américaine, quand les dirigeants U.S. ont conquis Porto Rico et les Philippines et passé la corde autour du cou du peuple cubain. Et elle va le demeurer aussi longtemps que le capitalisme dominera le monde.

SI DANS LE CADRE d'un groupe d'étude, vous étudiez, discutez et assimilez *L'impérialisme* de Lénine, vous êtes mieux à même de comprendre le problème qu'il y a à utiliser le terme « émergeant », comme dans « pays de marché émergeant. » Vous êtes mieux à même de comprendre pourquoi aucun de ces pays n'a jamais « émergé » comme puissance capitaliste avancée et ne le fera jamais. Si ce qu'a révélé la crise de 1997-1998 sur les « tigres de l'Asie » — le sud de la Corée, Taiwan et quelques autres pays — n'en était pas une preuve suffisante, ce qui est arrivé en Argentine pendant la dernière année et ce qui se déroule maintenant au Brésil devrait certainement l'être[5].

---

5. En décembre 2001, le gouvernement argentin s'est trouvé en état de cessation de paiement de 100 milliards de dollars d'obligations gouvernementales détenus en grande partie par des capitalistes d'Europe de l'Ouest. Il a laissé flotter le peso dont le cours avait été fixé par rapport au dollar, ce qui a entraîné une chute de 75 pour cent de sa valeur et des conséquences dévastatrices pour les travailleurs et de larges couches de la classe moyenne en Argentine. Au cours de l'année suivante, la croissance économique

Si on excepte la Chine, le Brésil a la plus grande économie de tous les pays du monde colonial en terme de produit intérieur brut. Mais avec une dette de 264 milliards de dollars auprès des banques U.S. et celles d'autres pays comme Citigroup, J. P. Morgan Chase et Fleet Boston, le Brésil demeure aussi fermement ancré parmi les pays opprimés qu'il l'était il y a 25, 50 ou 100 ans. C'est également le cas de l'Argentine, qui est aussi l'une des plus grandes économies du monde colonial — en fait, beaucoup plus riche par habitant que le Brésil — et qui doit quelque 132 milliards aux banques et aux détenteurs d'obligations, avant tout d'Europe impérialiste, mais aussi du Japon et des États-Unis. Les travailleurs et paysans du Brésil et de l'Argentine ne sont pas seulement exploités directement par des capitalistes nationaux et étrangers. Les bourgeoisies nationales de ces pays les asservissent aussi au capital financier international par le biais de la dette.

C'est dans la révolte, a fait remarquer Lénine, contre les conséquences sociales du stade suprême du capitalisme, l'impérialisme, que la résistance croît parmi les travailleurs urbains et ruraux aussi bien dans les centres mêmes du capital financier que dans les pays opprimés. De plus, comme il l'a décrit quatre ans plus tard au deuxième congrès de l'Internationale communiste, la pénétration du capital dans de plus en plus de régions du monde permet pour la première fois au mouvement ouvrier de devenir vraiment international au niveau de sa composition et de sa taille [6]. Ceci, a-

---

a reculé de 12 pour cent, le chômage a bondi à près de 25 pour cent et l'inflation a atteint 40 pour cent. La crise argentine a envoyé des ondes de choc dans toute la région.

6. Dans son rapport d'ouverture au deuxième congrès de l'Internationale communiste, Lénine a dit que cette rencontre « méritait

t-il noté, est vrai même dans les régions du monde les moins développées au niveau économique. À mesure que les combattants pour la libération nationale prendraient conscience de leurs intérêts communs avec les travailleurs et les paysans qui avaient conquis le pouvoir en Russie soviétique — ainsi que de leurs ennemis de classe communs — les perspectives grandiraient pour le développement de directions qui lutteraient pour une dictature révolutionnaire populaire, pour des gouvernements basés sur des soviets des masses laborieuses opprimées et exploitées. C'était devenu une perspective internationale réaliste. En le comprenant, le Comintern a anticipé de plus d'un demi-siècle Thomas Sankara au Burkina Faso et Maurice Bishop à la Grenade. À sa façon, il a anticipé l'émergence d'un Malcolm X des rangs du prolétariat de la nationalité noire en lutte aux États-Unis et son évolution vers le socialisme révolutionnaire. Et son émergence en tant que dirigeant ayant une stature et un calibre d'ordre mondial.

**Ultra-impérialisme ?**

Nous avons aussi besoin de discuter et d'assimiler le deuxième aspect majeur de *L'impérialisme* de Lénine : la polémique contre l'affirmation faite par le dirigeant centriste allemand Karl Kautsky qu'une tendance existait vers

---

bien le titre de congrès mondial » parce que « nous avons ici pas mal de représentants du mouvement révolutionnaire des colonies et des pays arriérés. Ce n'est qu'un petit commencement, mais l'essentiel est qu'il y ait un commencement. » Lénine, « Rapport sur la situation internationale et les tâches fondamentales de l'Internationale communiste, » *Oeuvres complètes*, tome 31, p. 239. On trouve aussi ce rapport dans *Workers of the World and Oppressed Peoples, Unite!* [Travailleurs du monde entier et peuples opprimés, unissez-vous !], tome 1, p. 144.

la consolidation de ce qu'il a appelé l'ultra-impérialisme. Il ne s'agissait pas d'une « théorie » ou d'une « idée ». C'était une *rationalisation* du cours politique qui avait conduit Kautsky et d'autres dirigeants de la Deuxième Internationale à s'éloigner en fait du marxisme et à se réconcilier avec leurs « propres » bourgeoisies — cours concrétisé comme une horrible réalité durant et après la boucherie interimpérialiste de la première guerre mondiale. Ce n'était pas, et ce n'est toujours pas, simplement une question de tête, mais une question de tripes — une question de colonne vertébrale, c'est-à-dire d'orientation de classe.

Kautsky et les autres dirigeants centristes n'ont pas remis en question l'essentiel des faits présentés par Lénine sur la domination croissante des monopoles et du capital financier. Ils ont plutôt nié que ces tendances aient accru la violence du capitalisme à l'échelle mondiale et créé les conditions de son renversement par les masses travailleuses dirigées par une avant-garde prolétarienne. En fait, disaient les centristes, ces tendances engendraient les conditions pour le développement d'un ordre stable, basé sur une convergence des intérêts des plus grandes puissances capitalistes, qui transcenderaient les contradictions et les conflits et jetteraient à la longue les bases de la paix sur terre.

La distance à franchir n'est pas grande, a dit Lénine, entre une telle « analyse » et le fait de commencer à vénérer l'autel du capital financier et sa toute-puissance apparente. Les centristes peuvent se montrer très critiques de ce qu'ils appellent l'« ultra-impérialisme » et de ses actions rapaces et carrément brutales. Ils peuvent en parler très sévèrement. Mais ils attribuent à l'ordre capitaliste mondial des *pouvoirs* qu'il n'a pas — ils l'embellissent de fétiches qui le font paraître de plus en plus imprenable. La plupart de ce qu'on a entendu au cours des dernières années sur la « mondialisation » et sur les institutions « transnationales » qui remplacent les États nationaux n'est qu'une nouvelle mouture des rationalisations kautskystes que Lénine a réduites en charpie dans *L'impérialisme* et ailleurs.

Une des variantes de cette notion est devenue la bannière sous la laquelle l'opposition petite-bourgeoise dans le Parti socialiste des travailleurs a abandonné la classe ouvrière et l'internationalisme prolétarien à la veille de la deuxième guerre mondiale sous les pressions de la boucherie impérialiste imminente. Prenez *In Defense of Marxism* [Défense du marxisme] de Léon Trotsky et *La lutte pour un parti prolétarien* de James P. Cannon et lisez ce que ces dirigeants communistes avaient à dire sur la « théorie » du collectivisme bureaucratique durant la lutte de 1939-1940 contre l'opposition dirigée par James Burnham et Max Shachtman. Avec *L'impérialisme* de Lénine, ces polémiques de Trotsky et Cannon demeurent nos textes de référence historiques sur ces questions. Tout en abandonnant la lutte prolétarienne, ces renégats du marxisme ont souvent continué pendant assez longtemps à décrire, dénoncer et souligner les défauts et les fléaux moraux du capitalisme, de son industrie et de son agriculture — tout en présentant leurs arguments selon lesquels il était inutile pour la classe ouvrière d'essayer d'y faire quoique ce soit — c'est-à-dire quoi que ce soit de révolutionnaire. Rien qui puisse mener à un gouvernement des travailleurs et des agriculteurs, à la dictature du prolétariat.

Aujourd'hui, l'anarchiste déclaré Noam Chomsky fait la même chose. C'est pour cette raison que son radicalisme ne représente pas une menace pour les pouvoirs en place. Et c'est pour cette raison qu'il y a une toxine anti-ouvrière dans son remède radical, en particulier anti-classe ouvrière aux États-Unis. Toute tendance vers la soi-disant dissolution des frontières d'État des grandes puissances impérialistes à notre époque a été et reste une illusion. Les batailles commerciales entre ces puissances — qui se manifestent entre autres sous la forme de conflits de crédit et de devises — ne peuvent pas et ne seront pas surmontées. Chaque succès apparemment remporté pour endiguer une crise la reporte, en accroît l'ampleur la fois suivante et en aiguise les contradictions.

**Être compétitif ou mourir**

Poussés inexorablement par la nécessité d'être compétitifs ou de mourir, les capitalistes agissent sans exception de manière pragmatique — comme si ce qui *est arrivé continuera* à se produire. Ils cherchent à maximiser leurs profits en allant dans les directions qui sont actuellement les plus rentables. Plus ils gonflent le crédit pour réduire le temps de rotation du capital et empocher ainsi des gains massifs, plus des capitalistes semblent réussir individuellement, plus ils garantissent qu'un désastre se produira quand la pyramide inversée deviendra de plus en plus instable et que les tendances commenceront à s'épuiser, puis à se renverser. C'est à ce moment que tous leurs discours sur les « nouvelles économies, » la « fin des cycles » et même la « fin de l'histoire » se réduisent en cendres dans leur bouche. C'est toujours « différent cette fois-ci. » En effet. Et toujours pareil.

Aujourd'hui, les familles possédantes du capital financier — et les cercles à leur solde de directeurs, politiciens, techniciens, universitaires et professionnels : l' « élite cognitive » — sont incapables de croire à ce qui arrive aux montagnes de titres de papier qu'elles ont accumulées au cours des deux dernières décennies. Ce qui a si merveilleusement marché pendant toutes ces années pour les nantis, ce qui semblait être de l'argent facile, a aujourd'hui gonflé des bulles de dettes qui — alors qu'elles se chevauchent et se renforcent les unes les autres et que la contraction du prix des actions est encore loin d'avoir totalement épuisé son long cours — vont faire chuter de grandes banques, sociétés de courtages, compagnies d'assurances et entreprises industrielles et commerciales.

**P**OUR LA PREMIÈRE FOIS depuis le début des années 30, qui étaient marquées par la dépression et la guerre, tous les signes dans les pays capitalistes avancés pointent vers le début de quelque chose qui est plus qu'une profonde récession internationale comme celles de 1974-1975, 1980-1981 ou 1990-1991. Nous voyons les symptômes d'un engourdissement provoqué par la déflation et l'endettement et qui ne répond que mollement aux stimulants monétaires ou fiscaux qui, dans un cycle économique normal, accélèrent une reprise. En bref, nous sommes au début de ce qu'on en viendra à reconnaître comme une dépression mondiale.

Quand des pressions semblables s'exercent sur le taux de profit général, chaque capitaliste intensifie ses efforts compétitifs afin de s'accaparer la plus grande part possible de la richesse — de la plus-value — produite par le labeur des travailleurs et des agriculteurs. Et ce sont les plus grandes banques — Citibank, J. P. Morgan Chase, la Bank of America et quelques autres — qui font les plus grands prêts. Dans les livres comptables des banques, ces emprunts gigantesques sont inscrits comme des avoirs, puisqu'ils garantissent un flux régulier de paiements d'intérêts — *aussi longtemps que les débiteurs peuvent payer*. Mais quand les faillites et les cessations de paiement commencent à se multiplier, ce sont aussi les plus grandes banques, compagnies d'assurances et maisons de courtage qui sont le plus durement touchées. Et quand ces institutions commencent à se fissurer — celles que les agences de Wall Street cotent comme étant les plus « solides » et les plus « fiables » — c'est à ce moment qu'une catastrophe financière commence à se profiler dangereusement.

Disons à titre d'exemple qu'une grosse entreprise vous permette, à vous ou à un autre travailleur, de louer à long terme une voiture à un taux d'intérêt de moins de 1 pour cent. Ce n'est pas tout. La société vous laisse aussi vendre la voiture et garder l'argent — du moment que vous acceptez de lui rendre une voiture de valeur comparable quand elle vous demandera de rembourser le prêt. De surcroît, si le prix des voitures commence à grimper — et que le prêteur commence à s'inquiéter que vous n'aurez pas les moyens d'en acheter une pour la lui rendre — l'agence de location va en fait intervenir dans les coulisses pour empêcher le prix des voitures d'augmenter sur le marché ! Pour vous permettre de racheter une voiture pour moins cher que le prix auquel vous en avez vendu une du même genre, de la rendre à l'agence de location et d'empocher un bénéfice confortable. Et l'agence de location récupérera sa voiture, neuve, en plus de l'intérêt de 1 pour cent.

Pas mal comme affaire, n'est-ce pas ? Mais les travailleurs n'ont évidemment pas cette option. Nous sommes membres de la mauvaise classe.

Mais les banques géantes ont cette option. Et c'est comme ça que ça a fonctionné au cours de la dernière décennie, jusqu'au moment où ça a commencé il y a environ un an à *ne plus* fonctionner aussi bien.

Les banques centrales, qui détiennent de grandes quantités d'or, en prêtent à un taux d'intérêt insignifiant — généralement autour de 1 pour cent — à une poignée de banques commerciales et d'affaires et de compagnies d'assurance les plus grandes. À leur tour, ces institutions financières vendent cet or et investissent l'argent dans des obligations, ou bien le prêtent à quelqu'un d'autre moyennant une petite commission. Les plus grandes banques mondiales créent alors un marché pour ce qu'on appelle les produits dérivés de l'or — un terme prétentieux pour décrire des paris sur l'évolution future des prix de l'or (ils parient toujours que les prix vont au pire stagner) — et elles manipulent ce marché pour empêcher les prix de monter. Ainsi, quand le temps vient de rendre son or au prêteur, l'institution emprunteuse le rachète à un prix inférieur, encaisse la différence et rend l'or.

C'est merveilleux pour ceux qu'on appelle les « banquiers de l'or » — tant que le capitalisme est dans une période de reprise, que les prix des actions montent en flèche, que les taux d'intérêt réels sont relativement élevés et que peu d'institutions prospères ou d'individus riches dans le monde s'intéressent à acheter de l'or. Mais quand la situation se retourne, la demande pour l'or commence à croître et son prix à monter. Tous les paris en cours sur le futur déclin du prix de l'or — s'élevant à des dizaines de milliards de dollars — n'ont plus l'air aussi intéressants. Les produits dérivés deviennent des bombes à retardement. Les banques font face à un étau qui se resserre. Et elles vont se battre pour éviter les conséquences déstabilisatrices de violentes oscillations *non seulement des prix de l'or, mais aussi de ceux de toutes les principales matières premières et des principales devises du monde impérialiste.*

De surcroît, ces paris sur le prix de l'or ne sont eux-mêmes qu'une petite fraction de l'ensemble des paris en jeu — sur l'évolution des taux d'intérêt, de la valeur du dollar et d'autres devises, des prix des actions et des matières premières, et de nombreuses autres choses. À travers le monde, la valeur nominale de ces paris — de ces produits dérivés — a plus que doublé entre 1995 et 2001, atteignant un total d'environ 120 000 *milliards* de dollars. Et aux États-Unis, cinq établissements financiers détiennent à eux seuls 90 pour cent de ces produits dérivés. J. P. Morgan Chase en détient la plus grande part — environ 25 000 milliards — suivi par la Bank of America et Citigroup [7]. Ainsi, comme l'évolution des taux d'intérêt, du dollar, des actions, de l'or et d'autres matières premières a commencé à changer rapidement au cours des deux dernières années, ces paris à long terme ont commencé à devenir incertains. C'est un peu comme si le favori incontesté s'était cassé la jambe à mi-chemin du derby du Kentucky, alors que les paris sont fermés. Voilà ce qu'ils appelaient aussi une « chose sûre. »

Ça vaut la peine de rappeler que nous disposons de certaines informations sur le risque de crédit de banques comme J. P. Morgan Chase et Citybank parce qu'il s'agit selon la loi de « banques commerciales » tenues de fournir

---

[7]. À la fin de 2003, la valeur nominale des produits dérivés dans le monde avait atteint près de 200 000 milliards de dollars et plus du tiers en étaient détenus par des banques U.S. À la fin du premier trimestre de 2004, les cinq banques U.S. détenant le plus de produits dérivés avaient en main 94 pour cent de tous les produits dérivés U.S. À elle seule, J. P. Morgan Chase en détenait un peu plus de 50 pour cent (près de 40 000 milliards).

une quantité importante de renseignements au gouvernement fédéral pour l'information du public. Mais avec les grandes « banques d'affaires » comme Goldman Sachs, Merrill Lynch, la Deutsche Bank ou le Credit Suisse First Boston, le poids de l'endettement peut bien être semblable même si le grand public ne le sait pas.

En 1933, dans le cadre des efforts déployés pendant la grande dépression par les dirigeants U.S. pour stabiliser et sauver le système capitaliste, le Congrès U.S. a adopté une loi appelée la loi Glass-Steagall. En vertu de cette réforme, les banques devaient séparer les opérations bancaires « commerciales » — la tenue de comptes courants et d'épargne, ainsi que l'émission de prêts immobiliers et commerciaux — des opérations bancaires d'« investissement » — c'est-à-dire le fait d'agir comme intermédiaires pour les grandes sociétés en colportant leurs actions et leurs titres. Les banques commerciales sont censées tirer la plupart de leurs profits du paiement des intérêts sur des prêts commerciaux, immobiliers et personnels, prêts soutenus par leurs dépôts à fort effet de levier. De leur côté, les banques d'investissement s'enrichissent avec les commissions qu'elles facturent pour effectuer des transactions pour de grandes sociétés, ce qui comprend leur propre participation à ces opérations. Selon la loi Glass-Steagall, aucune institution bancaire n'était supposée pratiquer les deux genres d'activités, qui impliquent des engagements contradictoires et des conflits d'intérêt. Cette mesure était censée contrer la tentation des banquiers d'investir tout l'argent à la disposition de la banque — ce qui comprend les comptes courants des travailleurs et de la classe moyenne — dans des prêts douteux à des sociétés dans lesquelles ils ont des intérêts (par exemple, Enron ou WorldCom aujourd'hui) ou dans des « produits financiers » à haut risque (dont il y a une diversité beaucoup, beaucoup plus grande en ce début du vingt et unième siècle qu'on ne pouvait le rêver en 1933).

Au fil des années, les banques ont trouvé de plus en plus de façons pour contourner les restrictions de la loi Glass-Steagall. Et en 1999 — à l'initiative de l'administration Clinton et de son chef du département du Trésor, le courtier d'obligations de Wall Street Robert Rubin, ce démocrate libéral sentimental — la loi a été abrogée. Les vannes ont ainsi été ouvertes encore plus.

**La pyramide de la dette commence à chanceler**

Quand finalement la pyramide géante de la dette commencera à dégringoler, certaines des plus grandes institutions financières du monde — banques, fonds mutuels, compagnies d'assurance et fonds de pension — seront du côté des perdants. L'effondrement et la dévalorisation des créances finiront par faire s'écrouler ceux à qui l'argent est dû. L'effondrement en cascade d'un certain nombre de ces énormes entités peut paralyser le fonctionnement des finances internationales. Et la banque centrale « la plus judicieuse » du monde restera — au mieux — impuissante ou bien, paniquée, elle empirera et amplifiera la crise mondiale.

Ce n'est pas compliqué : chaque fois que l'un d'entre nous entend parler des gigantesques transactions de produits dérivés dont nous avons parlé, nous devrions toujours nous rappeler qu'il y a deux côtés dans de tels accords et que lorsqu'un côté fait de l'argent, l'autre en perd — et parfois une somme bien plus importante.

Le côté « long » — ceux qui parient que le prix d'une valeur ou d'une matière première va monter et qui ont payé pour l'option d'en acheter une certaine quantité à un certain prix à une certaine date — peuvent perdre

## Produits dérivés détenus par les banques commerciales U.S. (1992-2004)

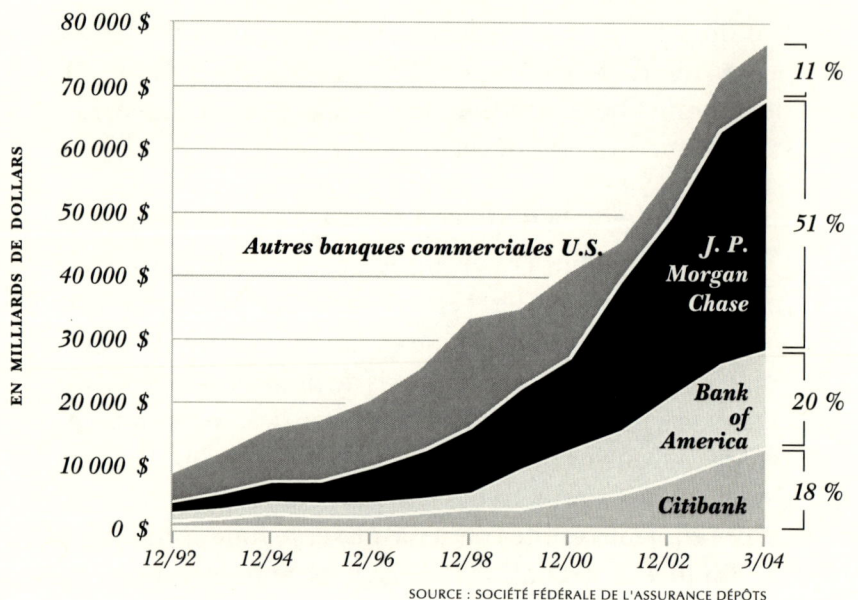

SOURCE : SOCIÉTÉ FÉDÉRALE DE L'ASSURANCE DÉPÔTS

tout ce qu'ils ont « investi » si les prix baissent. Mais ce sera seulement tant ; il y a une limite connue à l'avance.

Mais les risques sont beaucoup plus grands pour ceux qui sont du côté « court », qui empruntent massivement aux banques (la « marge » comme on l'appelle à Wall Street) afin de couvrir leurs engagements envers l'autre partie dans la transaction. Si le pari commence à mal tourner — si les prix des actions, les taux d'intérêt, les devises ou les prix des matières premières commencent à évoluer dans une direction opposée à celle qui était anticipée — leurs pertes peuvent alors en pratique être illimitées lorsque les banques commencent à exiger le remboursement de leurs prêts (un « appel de marge »).

Ce genre de pari « non couvert » fait partie de la psychologie du capital pendant une expansion, quand la confiance devient presque totale que « c'est sûr » que les prix de la plupart des valeurs ne peuvent que continuer à monter ou que les taux d'intérêt et les prix de la plupart des matières premières (y compris de l'or et du pétrole) ne peuvent que continuer à baisser. Mais quand ces taux et ces prix changent de direction « de façon inattendue, » cette pyramide de dette spéculative à effet de levier — l'accumulation d'emprunts dans une proportion de plus en plus élevée par rapport au capital sous-jacent — commence à chanceler. Quand elles le peuvent, les banques accordent des lignes de crédit massives pour aider les compagnies d'assurance, les maisons de courtage, les fonds spéculatifs, les régimes de retraite, les fonds mutuels, les producteurs d'or fortement endettés et d'autres entités financières à « négocier leur sortie » de crise. Mais à un certain moment, ces énormes institutions commencent à se trouver en défaut de paiement et dans le pire scénario — qui s'est réalisé plus d'une fois dans l'histoire — elles commencent de façon catastrophique à faire tomber les banques elles-mêmes.

Lorsque la bourse a commencé à baisser en 2000, beaucoup de publications et de commentateurs financiers ont d'abord essayé de présenter la chose comme rien de plus qu'une passe volatile pour les actions technologiques. « Ne vous inquiétez pas, nous ont-ils dit. Ici, les choses ne vont jamais devenir aussi précaires qu'au Japon. Le Japon a une énorme bulle dans l'immobilier et le système bancaire. Aux États-Unis, ce n'est que dans les ordinateurs, les « point-com » et les entreprises du genre. »

Mais ça, c'est pire que de prendre ses désirs pour des réalités. C'est vrai, bien sûr, que le prix des actions de beaucoup des entreprises dites de haute technologie — les « point-com » de l'internet, les boîtes de télécommunications comme WorldCom et Global Crossing, et beaucoup d'autres — s'est envolé à la fin des années 90 à des niveaux sans aucun rapport avec leurs actifs, résultats, profits ou perspectives. On a fabriqué beaucoup plus d'ordinateurs et de produits liés à l'informatique que ce dont les entreprises avaient besoin ou qui pouvaient être vendus à des prix que des particuliers ou des compagnies pouvaient se permettre ou étaient prêts à payer. Il y a eu une surcapacité massive qui nécessitera des années et des années de croissance économique à absorber, alors que des usines fermeront, que de l'outillage sera mis au rebut, que des biens d'équipement se détérioreront, que les stocks se déprécieront — et que les prix continueront à baisser. Par exemple, moins de 3 pour cent des 62,4 millions de kilomètres de câble à fibre optique installés aux États-Unis pendant la dernière décennie sont même actuellement en service [8] !

---

8. Selon telegeography.com, qui publie *International Bandwith 2004*, « la surcapacité continue à affliger l'industrie. » À la fin de

Mais ce n'est pas la folie de la haute technologie, les faillites multiples ou les énormes fraudes comptables comme celles de WorldCom ou d'Enron qui sont à la racine de l'actuelle crise capitaliste. Il ne s'agit là que de simples symptômes faisant diversion de l'énorme bulle de dettes gonflée depuis près de deux décennies par le capital financier dans le but de contrecarrer la surproduction mondiale croissante et la pression à la baisse des taux de profit. La plus grande vulnérabilité du capitalisme mondial n'a rien à voir avec ce que valent WorldCom ou Enron aujourd'hui. La bulle de la dette a pour centre les institutions et la respectabilité des « vieilles fortunes. » La vraie question, c'est : Que vaut Goldman Sachs ? Ou J. P. Morgan Chase ? Ou Citibank ? Quelle est la viabilité des banques et institutions financières qui ont émis les crédits, allant même jusqu'à « capitaliser » — ce que Wall Street appelle « titriser » — toute la dette de vos cartes de crédit ? (Croyez-le, camarades ! Pour eux, vos dettes de cartes de crédit sont inscrites comme un actif !) À quel point sont saines les institutions s'étant portées garantes de toutes les formes de capital fictif qui ont permis aux propriétaires de beaucoup d'entreprises d'empocher, de tous les coins du monde, des profits sans aucune proportion avec l'expansion durable d'une capacité de production socialement nécessaire ?

Au risque de trop simplifier, nous pourrions le formuler ainsi : lorsque l'action de Microsoft baisse, certaines personnes se désolent dans l'État de Washington.

---

2003, « uniquement de 3 à 5 pour cent de la capacité évolutive » des câbles à fibre optique installés sous terre et au fond des mers étaient utilisés en Europe et aux États-Unis.

Lorsque l'action d'Apple baisse, un groupe différent de gens se désole en Californie. Lorsque l'action d'IBM baisse, certaines personnes se désolent à New York. Lorsque Enron coule, beaucoup de gens se désolent au Texas. Et la veille Mississippi verse des larmes pour WorldCom. Mais quand l'action de J. P. Morgan Chase commencera à chuter, ce seront les familles dirigeantes du capital financier U.S. qui vont frémir.

Voilà pourquoi le capitalisme mondial a été ébranlé par la crise financière en Asie et par le défaut de paiement de la Russie en 1997-1998. Voilà pourquoi le capital financier s'inquiète en ce moment et cherche à s'assurer que l'Argentine et le Brésil rembourseront leurs gigantesques dettes à des banques comme J. P. Morgan et Citibank. Morgan a dû annuler 350 millions de dollars de mauvaises créances de l'Argentine en 2001 et risque de perdre plus de 2 milliards de dollars au Brésil aujourd'hui.

L'INSTITUTION AU NOM LE PLUS INAPPROPRIÉ dans le monde doit avoir été la « Gestion du capital à long terme » (Long-Term Capital Management — LTCM). C'était un gigantesque fonds spéculatif U.S. — une espèce de fonds mutuel sélect pour les très riches, non soumis à la réglementation. En 1998, la LTCM est allée demander l'aumône aux responsables de la Réserve fédérale en disant faire face à des pertes massives sur ses « investissements » — en fait, sur les paris qu'elle avait faits sur des produits dérivés. (Essayez vous-mêmes d'aller frapper à la porte de la Fed en lui disant que *vous* avez finalement misé tout ce que vous pouviez mendier, emprunter ou voler sur une valeur sûre de trop et que vous êtes en grande difficulté. Allez voir s'ils paieront votre caution, ou si ce seront ceux qui vous sont les plus proches et les plus chers qui devront le faire.) La LTCM avait fait son commerce en pariant sur l'évolution à la minute de taux d'intérêt, de taux de change et peut-être du prix de l'or — encore une fois des produits dérivés. Ces paris avaient atteint quelque 1 250 milliards de dollars et avaient très mal tourné. La LTCM ne pouvait donc pas honorer ses échéances de remboursement auprès de plusieurs des plus grandes banques du monde. (C'était évidemment là le véritable hic. Les responsables de la Fed se fichaient pas mal de la LTCM.)

À propos, à peine l'année précédente, deux des principaux fondateurs de « Gestion du capital à long terme, » qui est rapidement devenue Plongeon spéculatif à court terme, avaient gagné le prix Nobel d'économie pour avoir développé une formule mathématique montrant comment minimiser les risques dans les marchés de produits dérivés ! Revenant sur l'effondrement du fonds, un de ces lauréats a noté plus tard : « Au sens strict, il n'y avait aucun risque — si le monde s'était comporté comme il l'avait fait dans le passé. » Génial ! C'est ça qu'ils appellent des « certitudes » mathématiques — et des lauréats du prix Nobel ! Plus bêtes que leurs pieds ! Et plus cupides que Picsou.

Le chef de la Réserve fédérale de New York est intervenu en septembre 1998 pour mobiliser une quinzaine de banques et de maisons de courtage majeures — la plupart de Wall Street, mais aussi de Londres et de Paris — pour qu'elles avancent 3,5 milliards de dollars et renflouent la LTCM. Le président de la Réserve fédérale, Alan Greenspan, a dit plus tard qu'il ne pensait pas prudent pour une succursale de la banque centrale U.S. d'être intervenue aussi ouvertement, mais sa propre analyse de la situation pouvait difficilement réconforter la classe capitaliste qu'il sert. À son avis, la « probabilité que l'effondrement de la

LTCM puisse déboulonner tout le système financier mondial était largement inférieur à 50 pour cent. » Tout le système financier mondial ! Il y a à peine quelques jours, Greenspan a dit au Congrès qu'« une cupidité infectieuse a semblé saisir une bonne partie de notre communauté d'affaires. » Difficile de le disputer, sauf pour le qualificatif « une bonne partie » et le passé composé pour « semble ». Mais contrairement aux réprimandes mielleuses de Greenspan, la cupidité sous le capitalisme n'est pas un défaut de caractère et encore moins une attitude étrangère aux affaires. En tant qu'acolyte d'Ayn Rand depuis des décennies, le président de la Réserve fédérale sait que ce n'est pas le cas. La cupidité est inhérente à la concurrence capitaliste. Le capitalisme est véritablement un système où les loups se mangent entre eux, comme le dit souvent le président cubain Fidel Castro. Voilà le moteur des relations de marché. C'est la base des valeurs de la bourgeoisie et du mépris de la solidarité humaine qu'elle affiche si allègrement. Ses « valeurs familiales » se limitent aux 60 familles de l'Amérique.

L**A BULLE QUI N'A PAS ENCORE** été touchée aux États-Unis est la bulle immobilière. Elle aussi va éclater. Ça ne commencera peut-être pas par l'effondrement de l'immobilier comme au Japon, où les prix des biens immobiliers commerciaux ont chuté de plus de 80 pour cent au cours de la dernière décennie et le coût des maisons a aussi baissé, même si c'est dans une moindre mesure. Mais ceux d'entre vous qui lisent les journaux locaux là où vous habitez savent comment le prix des maisons a monté en flèche depuis cinq ans, voire plus. Une partie du gonflement de la valeur des titres de papier a impliqué des hypothèques contractées par des travailleurs et par la classe moyenne — pas tant pour acheter des maisons que pour s'assurer un refinancement leur permettant de s'endetter davantage pour faire face à d'autres dépenses. Depuis 1995, le prix des maisons a augmenté beaucoup plus rapidement — 30 pour cent plus rapidement — que le taux de l'inflation. En même temps, la valeur nette de ces maisons — le pourcentage de leur valeur de marché actuelle effectivement remboursé à la banque ou à l'organisme de crédit — est à son niveau le plus bas depuis la deuxième guerre mondiale [9]. Une simple baisse de 10 pour cent des prix immobiliers effacerait bien plus de 1 000 milliards de dollars en actifs correspondant à la valeur des maisons sur papier. Il y a déjà une augmentation du nombre des saisies effectuées par les banques contre des familles qui n'arrivent pas à respecter leurs échéances de remboursements.

Encore plus grave, lorsque la valeur nette des maisons s'effondre, toutes les autres dettes auxquelles les travailleurs et la classe moyenne font face deviennent aussi d'autant plus ruineuses. La dette personnelle moyenne des ménages s'élève déjà à des niveaux record [10].

---

9. Au milieu de 2004, même avec la montée des taux d'intérêt, la bulle immobilière continuait toujours à gonfler. Au cours des huit années précédentes, le prix des maisons a augmenté 40 pour cent plus rapidement que le taux d'inflation global. En mai 2004, les crédits hypothécaires avaient doublé à 326 milliards de dollars en un peu plus de trois ans. La valeur immobilière nette était à un niveau historiquement bas, étant passé d'un sommet de 84 pour cent en 1945 à 55 pour cent de la valeur des maisons sur le marché au milieu de 2004. La moyenne en avait été de 67 pour cent pendant ces six décennies.

10. Fin 2003, l'endettement des ménages était passé de 70 pour cent en 1999 à 83 pour cent du produit intérieur brut (PIB) des États-Unis. Plus de 13 pour cent du revenu des ménages étaient

L'éclatement de la bulle immobilière aura des conséquences de taille pour l'ensemble du système financier capitaliste. Les banques et d'autres prêteurs saucissonnent les hypothèques qu'ils ont émises, les regroupent en fonction du risque qui leur est associé et les vendent ensuite à de grandes institutions financières soutenues par le gouvernement, comme l'Association fédérale nationale des hypothèques et la Société fédérale de crédits et d'hypothèques immobiliers — communément connues sous leurs « noms de course » de Fannie Mae et de Freddie Mac. À elles deux, ces dernières contrôlent environ 40 pour cent du marché des crédits immobiliers personnels — quelque 3 000 milliards de dollars en hypothèques. Un effondrement de la bulle immobilière constitue donc une menace supplémentaire qui pèse sur le système bancaire U.S [11].

Fannie Mae et Freddie Mac détiennent elles-mêmes un grand nombre de produits dérivés risqués sur les taux d'intérêt. Et personne ne peut dire à quel point risqués ! Ce n'est pas à cause d'un manque d'information, mais à cause du caractère « court » de tellement de leurs avoirs en dérivés — avec des pertes potentielles, comme nous l'avons noté plus haut, sans plafond préétabli [12].

---

consacrés au paiement des intérêts et du principal de ces dettes. Sous la pression combinée de leurs hypothèques et d'autres dettes personnelles, 1,6 million d'individus aux États-Unis ont fait une déclaration de faillite personnelle en 2003, près de deux fois plus que dix ans auparavant.

11. Au début 2004, la part de ces deux organismes avait atteint 50 pour cent de l'encours du crédit hypothécaire résidentiel U.S. (7 800 milliards de dollars).

12. En 2003 il a été révélé que Fannie Mae avait dissimulé 7 milliards de dollars en pertes sur des produits dérivés en 2003 et 12,1

L'accélération de la crise capitaliste mondiale aujourd'hui s'accompagne aussi d'une intensification des conflits économiques entre les puissances impérialistes rivales. À la longue, ceux-ci peuvent conduire à des guerres commerciales et monétaires, pas seulement au genre d'échauffourées protectionnistes auxquelles nous nous sommes de plus en plus habitués au cours du dernier quart de siècle. Et exactement comme il l'a fait au tout début de la grande dépression en 1930, le commerce mondial pourrait rapidement s'effondrer, accélérant ainsi la dévastation de la production, de l'emploi, de la productivité et des salaires, non seulement aux États-Unis mais à travers le monde.

S<small>E POSANT EN CHAMPION</small> du « libre-échange, » le gouvernement impérialiste U.S. ravage les travailleurs et paysans d'Afrique, d'Amérique latine et d'Asie en imposant toutes sortes de barrières à la fois douanières et non douanières sur les textiles, les chaussures et les produits agricoles comme le sucre, le coton, les fruits et les

---

milliards en 2002. La même année, il a été dévoilé que Freddie Mac avait utilisé des produits dérivés entre 2000 et 2002 pour trafiquer ses comptes. Aucun de leurs dirigeants n'a été emprisonné. Ne cherchez pas à suivre leur exemple ! En septembre 2004, l'agence fédérale chargée de « surveiller » Fannie Mae n'a pas eu d'autre choix que de publier un rapport confirmant des indices croissants que la direction manipulait ses chiffres financiers, dans le but de faire croire que ses résultats étaient bons et les produits dérivés qu'elle détenait moins risqués, et dans celui — bien sûr — de justifier le versement d'énormes primes aux cadres supérieurs. Deux semaines après, une sous-commission de la Chambre des représentants a entrepris des audiences publiques. À suivre.

## Endettement des ménages aux États-Unis (1976-2004)

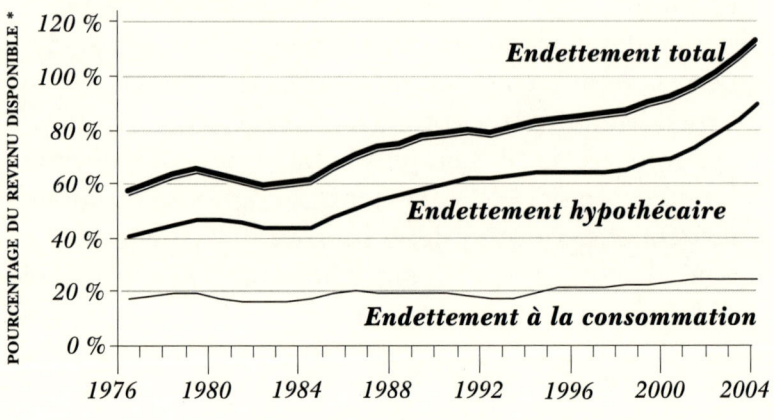

SOURCE : BUREAU DE L'ANALYSE ÉCONOMIQUE ET COMMISSION DE LA RÉSERVE FÉDÉRALE

## Remboursement de la dette des ménages aux États-Unis (1980-2004)

Remboursement des dettes hypothécaires et à la consommation

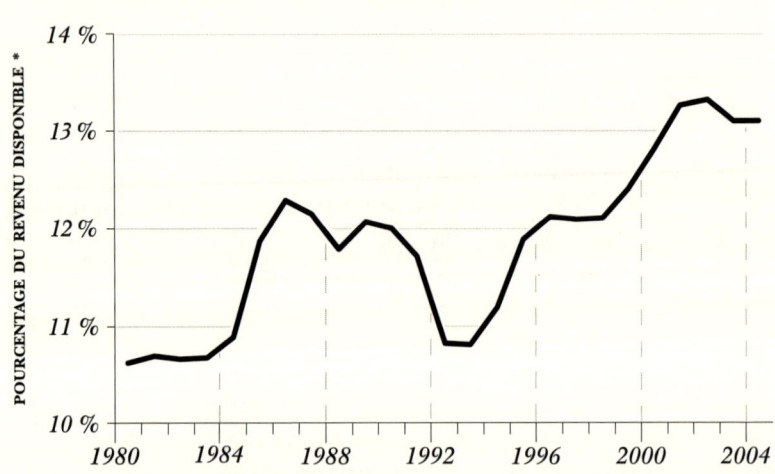

\* Le gouvernement U.S. définit le revenu disponible comme le revenu personnel moins les impôts, les notes d'honoraires et les amendes.

SOURCE : COMMISSION DE LA RÉSERVE FÉDÉRALE

légumes. La loi de l'Agriculture adoptée par Washington en 2002 — un gigantesque cadeau aux agriculteurs capitalistes — est le dernier coup de poignard dans l'estomac de milliards de personnes à travers le monde qui peinent à survivre avec moins de deux dollars par jour. Elle s'ajoute aux tarifs douaniers sur les importations d'acier et de bois que le gouvernement U.S. a aussi imposés cette année.

Pour les dirigeants U.S., la famine en Afrique est un faible prix à payer pour stimuler les profits d'une poignée de banques d'or comme J. P. Morgan Chase et de riches agriculteurs et monopoles commerciaux agricoles comme Cargill et Archer Daniels Midland. Un des actes de cruauté les plus gratuits de mémoire récente a certainement été la tournée en mai du secrétaire au Trésor Paul O'Neill et de la vedette rock Bono à travers l'Afrique subsaharienne. Dans une région dont la part déjà maigre du commerce mondial a été radicalement sabrée de plus des deux tiers — *à 2 pour cent* — au cours des 20 dernières années par le fonctionnement des lois du capital, un des plus importants porte-parole du capital financier du pays le plus riche sur terre s'est promené à travers le continent en disant combien le troublaient les morts causées par la famine, l'eau contaminée, le SIDA et d'autres maladies infectieuses et en pointant du doigt la « corruption » et la « mauvaise gestion » des gouvernements africains. Mais la classe d'O'Neill est l'architecte de cette dévastation ! Elle est l'architecte de ce qui est effectivement un massacre !

### L'impérialisme n'est pas une « politique »

Lénine a dit qu'une des illusions centrales de Kautsky était que l'impérialisme était « une politique, plus précisément une politique déterminée, celle que « préfère » le capital financier [13], » plutôt que le produit inévitable du développement, à un stade initial, de la monopolisation du système économique qui sera avec nous jusqu'au renversement du capitalisme à l'échelle mondiale. Jusqu'à ce jour, ce prétexte sert toujours à rationaliser le cours des courants petits-bourgeois centristes et autres au sein du mouvement ouvrier. Ces derniers agissent comme si une administration différente — Paul Wellstone ou Albert Gore plutôt que George W. Bush, un « troisième parti, » un parti avec des « valeurs » sociales-démocrates — ou même un Sénat différent, un secrétaire à la Défense ou au Trésor différent, un directeur de la Réserve fédérale différent, changerait fondamentalement le cours de l'État impérialiste.

M<small>AIS NI LA STRUCTURE</small> de classe, ni l'instabilité de la structure économique de l'impérialisme, ni ce qui pousse ce dernier vers le fascisme et la guerre ne sont des questions de politique. Ces réalités sont le produit des lois qui régissent le fonctionnement du capital et qui opèrent en suivant la courbe historique du développement capitaliste en constant changement. Elles sont modelées de façons concrètes par l'inégalité croissante du développement des relations sociales capitalistes dans différentes régions du monde.

Le développement de monopoles géants à la fin du dix-neuvième siècle et au début du vingtième n'a pas diminué — encore moins supprimé — la concurrence, mais l'a au contraire élevée à un niveau plus violent. Toutes

---

[13]. « L'impérialisme, stade suprême du capitalisme, » *Oeuvres complètes*, tome 22, p. 288.

ses conséquences sont devenues plus sévères, y compris la portée mondiale et la profondeur des paniques financières, des dépressions économiques et des guerres.

Aucun économiste bourgeois n'admettra la contribution « théorique » de Lénine à « l'économie », devant laquelle les radicaux petits-bourgeois reculent aussi. Le point principal de Lénine, plus vrai aujourd'hui que lorsqu'il l'a écrit il y a 85 ans, est qu'à ce stade monopoliste du capitalisme, la violence organisée de l'État, les guerres impérialistes, les rébellions nationales, les guerres civiles et les révolutions prolétariennes sont une conséquence aussi inévitable de ce mode de production et autant régies par ses lois que le sont les cycles commerciaux, l'inflation et les dépressions. Tous ces phénomènes politiques et sociaux font partie intégrante des lois du capital à l'époque impérialiste.

Au niveau « purement » économique, une importante expansion des prêts ou des obligations émis par les plus grandes banques et compagnies, une baisse temporaire des taux d'intérêt nominaux, une grande augmentation des dépenses gouvernementales financées par déficit, des lois de toutes sortes et même des dépenses de guerres gigantesques — de telles politiques peuvent éventuellement *retarder* une crise, mais elles ne peuvent ni ne vont *empêcher* une crise.

Toutes les formes de dettes nouvellement emballées et qui ont un effet de levier toujours plus grand ont rendu les relations de crédit encore plus explosives aujourd'hui. De nouvelles formes d'assurances (c'est ce que les produits dérivés étaient censés être quand ils ont été « inventés ») sont transformées en nouvelles formes de jeux d'argent. La relation sous-jacente entre le système de crédit et la production capitaliste que Marx a expliquée dans *Le Capital* n'a pas changé. Alors que le crédit lubrifie les rouages en période de prospérité, a écrit Marx, dans une « période de surproduction et de spéculation, il mobilise au maximum les forces productives jusqu'à dépasser les limites capitalistes du procès de production [...]. Dans un système de production où tout l'édifice complexe du procès de reproduction repose sur le crédit, si le crédit cesse brusquement et que seuls aient cours les paiements en espèces, on voit bien qu'une crise doit alors se produire, une ruée sur les moyens de paiement » — c'est-à-dire les paiements remboursables en or.

Et, ajoute Marx, bien qu'une législation gouvernementale « ignorante et absurde [...] peut aggraver la crise, » il n'en est aucune « qui puisse écarter la crise. »

Dans une note à ce passage du *Capital* écrite une décennie après la mort de Marx, Friedrich Engels, le plus proche collaborateur de Marx, a ajouté un point qui anticipe l'évolution du capitalisme dans les années 80 et 90 du vingtième siècle : « Ainsi, chaque élément qui tend à empêcher la répétition des anciennes crises recèle en soi le germe d'une crise à venir, bien plus puissante que les précédentes. »

L'an passé, en 2001, la Réserve fédérale a abaissé à 11 reprises son taux d'intérêt à court terme — qui est passé de 6,5 pour cent à son niveau actuel de 1,75 pour cent, et elle va encore le réduire. Mais l'économie U.S. continue de s'affaiblir et Greenspan et Cie savent qu'ils ne peuvent pas aller beaucoup plus loin. Plus important, ils savent parfaitement que la banque centrale du Japon a pratiquement baissé à zéro ses taux d'intérêt à court terme sur le coût des fonds pour l'industrie sans déclencher de redressement économique. Déjà aujourd'hui aux États-Unis, les taux réels à court terme — c'est-à-dire en tenant compte de l'inflation — ne sont pas seulement bas, mais *négatifs* !

Ne l'oubliez jamais : les capitalistes n'empruntent pas de l'argent parce que les banques offrent de bas taux d'intérêt. Les banques n'offrent pas non plus de bas taux d'intérêt pour encourager les emprunteurs à faire usage des fonds. Les compagnies empruntent de l'argent parce qu'elles sont convaincues qu'elles peuvent en faire quelque chose et en tirer un profit. Et les banquiers prêtent à un taux d'intérêt particulier parce qu'ils pensent que c'est le mieux qu'ils peuvent faire tout en se protégeant contre le risque de ne pas être remboursés. Quand les chances de défaut de paiement commencent à augmenter, les banques accordent de moins en moins de prêts, peu importe leur niveau de liquidités — autrement dit, peu importe les réserves à leur disposition. Et quand les capitalistes commencent à être convaincus qu'il n'y a pas d'argent à faire, ils ne vont pas faire d'emprunt, peu importe jusqu'à quel niveau baissent les taux. On finit par en arriver au point, comme le disent parfois les économistes bourgeois, où c'est comme pousser sur une ficelle. L'économie devient un « piège à liquidités » géant dans lequel la banque centrale peut continuer à verser de plus en plus d'argent à des taux plus bas, mais les banques commerciales ne vont pas le prêter ni les compagnies l'emprunter.

**Il y aura des hauts et des bas** dans le marché baissier à long terme dans lequel les bourses sont entrées au milieu de l'an 2000. Mais à un certain point, il y aura une panique, avec des ventes massives qui liquideront les prix des actions à de bas niveaux qu'il nous est impossible aujourd'hui d'imaginer. D'énormes quantités de titres de papier seront détruites, sans aucun lien apparent avec ce qui arrive vraiment dans la production et le commerce. Marx a écrit dans *Le Capital* que pour les capitalistes, « le processus de production apparaît simplement comme un intermédiaire inévitable, un mal nécessaire dans le but de faire de l'argent. » Voilà pourquoi, a expliqué Engels dans une note sur ce passage de Marx, « toutes les nations caractérisées par le mode de production capitaliste sont prises périodiquement du vertige de vouloir faire de l'argent sans l'intermédiaire du procès de production [14]. »

Un tel vertige — qui a conduit aux bulles de la bourse et du crédit des deux dernières décennies qui se contractent maintenant — est une manifestation de ce que Marx a appelé le fétichisme de la marchandise, l'illusion que les marchandises et le capital ont une valeur sociale intrinsèque, indépendante du travail social qui a servi à les créer, une vie qui leur est propre, indépendante de la nature des relations sociales qui déterminent leur utilisation. « Avec le capital porteur d'intérêt, le rapport capitaliste atteint sa forme la plus extérieure, la plus fétichisée, » écrit Marx dans *Le Capital*. Même dans le cas de grandes compagnies marchandes, dit-il, le profit « représente vraiment le produit d'un *rapport* social » — acheter et vendre — « et pas celui d'un simple objet. » Mais dans les banques et la finance, le profit semble apparaître « directement » sans « le chaînon intermédiaire des procès de production et de circulation. [...] Le rapport social est achevé sous la forme du rapport d'un objet, l'argent, à lui-même [15]. »

---

14. Marx, *Le Capital*, livre 2, Moscou, éditions du Progrès, 1983, p. 63.

15. Marx, *Le Capital*, livre 3, Moscou, éditions du Progrès, 1984, p. 406-408.

Le crédit, le papier-monnaie, le prix des actions — toutes ces choses peuvent se détacher des valeurs réelles qui leur sont sous-jacentes. Personne n'en connaît les limites — sauf que celles-ci deviennent toujours plus grandes que ce que nous pensons possible — jusqu'à ce que le « vertige » tourne à la panique quand toute la structure commence à s'effondrer. Quand tout le monde se précipite en même temps vers la sortie, personne ne sort.

Il y a plus de 150 ans, un livre a été publié intitulé *The Extraordinary Popular Delusions and the Madness of Crowds* [Les extraordinaires illusions populaires et la folie des foules]. Il décrit différentes folies et paniques au début de l'histoire du capitalisme — quand les tulipes par exemple ont commencé à se vendre plus cher que l'or au début du dix-septième siècle — et le chaos social et politique qui en a découlé quand ces valeurs fictives se sont effondrées. Les marxistes ne nient pas « la folie des foules » sous le capitalisme. Au contraire, c'est un sous-produit nécessaire du fétichisme de la marchandise. Nous insistons seulement sur le fait que la « folie » que nous voyons déjà à Wall Street, et que nous verrons plus encore, n'est pas celle de l'individu moyen, même pas de l'« investisseur » moyen. La majorité des actions dans les marchés boursiers des États-Unis sont détenues par ce qu'on appelle des investisseurs institutionnels : compagnies d'assurances, fonds mutuels, banques d'investissements, fonds de retraite et de santé, fonds spéculatifs, banques, etc. En plus, au moins 90 pour cent des transactions des marchés des actions et des obligations sont effectuées aujourd'hui par ces institutions (contre à peine 10 pour cent aussi récemment que le début des années 70) ; la moitié de toutes ces transactions sont effectuées par les 50 plus grands investisseurs institutionnels [16]. Dans des moments comme aujourd'hui, un nombre croissant de ces boîtes commencent à se casser la figure. Et de plus en plus, les prix sont otages des opérations à terme, des emprunts, des options et d'autres paris — soumis à des effets de levier astronomiques et coupés en tranches et en dés — sur la direction que prendront différents aspects du titre lui-même ! En fait, lors d'une véritable panique boursière, plusieurs milliers de ces fonds mutuels feront faillite, ainsi que des milliers de fonds de retraite et de santé.

Beaucoup de petits investisseurs dans la classe moyenne, et même quelques travailleurs un peu mieux lotis, gardent leurs actions lorsqu'elles commencent à baisser, croyant pouvoir traverser la tempête et, sinon, pouvoir vendre avant que les choses ne commencent à vraiment aller mal. Mais ceci suppose que quelqu'un veuille bien acheter leurs actions à ce moment-là. Mais quand tout le monde panique, y compris les institutions capitalistes géantes, les petits investisseurs peuvent se réveiller un jour et s'apercevoir qu'il y a des jours — beaucoup de jours — où il n'y a aucun acheteur, peu importe le prix. C'est à ce moment que la peur l'emporte sur la cupidité des plus cupides et que se produit l'effondrement final.

## Des changements de mer dans la résistance ouvrière

Nous sommes au tout début de ce qui sera des décennies de convulsions économiques, financières et sociales

---

16. Ces chiffres proviennent de *Winning the Loser's Game* [Gagner le jeu du perdant] de Charles D. Ellis, New York, McGraw Hill, 1998. Un gestionnaire financier de Wall Street, Ellis est le directeur du Groupe Vanguard et préside le comité des investissements de l'université Yale.

et de batailles de classe. L'insécurité va grandir. À un certain moment, la confiance dans l'ordre capitaliste va commencer à être ébranlée. Et l'ouverture d'esprit aux solutions radicales va grandir — y compris aux solutions « anti-impérialistes » et « anticapitalistes » de la droite radicale, qui seront attrayantes pour des couches des classes moyennes ruinées, amères ou menacées. Nous verrons le fruit pourri de la politique bourgeoise du ressentiment et celui de sa pornographication. Nous verrons le fruit sanglant de la factionalisation politique croissante, non seulement des flics, mais du corps des officiers et des « professionnels du renseignement. »

Comme la plupart des autres travailleurs, les communistes qui participent à ce congrès doivent intérioriser le fait que ce monde — qui ne ressemble à rien de ce qu'aucun d'entre nous a connu auparavant dans notre vie politique — est non seulement le monde auquel il faut faire face aujourd'hui, mais celui dans lequel nous vivrons et combattrons pendant un certain temps. En *agissant* à partir de cette réalité aujourd'hui, nous ne serons politiquement pas pris au dépourvu quand des guerres éclateront, quand des crises sociales plus profondes exploseront, quand seront organisés et initiés des pogromes ni quand des conflits syndicaux deviendront des batailles de vie et de mort. Le parti prolétarien qui existera demain ne peut croître qu'à partir du parti prolétarien que nous rassemblons *aujourd'hui*.

La preuve est faite que le mouvement communiste peut se renforcer politiquement si nous maintenons le cours décrit dans « Des changements de mer dans la politique ouvrière, » le premier chapitre du *Désordre mondial du capitalisme*. Les progrès que nous faisons en suivant cette voie jettent la base qui permettra aux cadres de nos branches, comités d'organisation et fractions syndicales de reconquérir les normes prolétariennes que nous avons développées pendant les premières années de notre tournant vers la classe ouvrière et les syndicats industriels. C'est le cours que nous avons compilé dans un manuel publié sous le titre *Le visage changeant de la politique aux États-Unis*. De la même façon que le Parti socialiste des travailleurs l'a fait pendant toute son histoire, nous avons exprimé ce type de fonctionnement discipliné dans le terme *travailleur-bolchevik*, « une appellation politique née de l'admiration des travailleurs en lutte de la révolution russe d'octobre 1917 et utilisée assez fréquemment par Lénine, » ainsi que l'explique l'introduction de Mary-Alice Waters à l'édition de 2002 de *The Changing Face of U.S. Politics* [traduite en français en 2004 dans la deuxième édition du *Visage changeant de la politique aux États-Unis*]. Lorsque nous parlons de travailleurs-bolcheviks, nous parlons de forger « un cadre communiste dont l'intégrité et la discipline, le fonctionnement organisationnel, les habitudes et la formation politiques de classe, ainsi que le milieu sont totalement prolétariens. »

Le genre de changement dans la résistance ouvrière comme celui que nous avons vécu depuis une demi-décennie peut être difficile à voir au départ. Il est impossible de le voir de l'extérieur de l'avant-garde de la classe ouvrière et du mouvement ouvrier. Mais nous ne sommes pas à l'extérieur et notre mouvement l'a *en fait* reconnu. Ce qui est encore plus important, nous y avons répondu, en commençant par les lignes de la résistance ouvrière telles qu'elles nous ont été données et avec les partis communistes que nous avions. Nous avons ajusté nos formes organisationnelles de façon à répondre aux nouvelles conditions. Nous avons commencé à suivre ces lignes de résistance parmi les travailleurs et les agriculteurs. Au lieu de nous retrancher dans quelques villes dans des unités de branche plus grandes, nous avons élargi notre répartition géographique et notre présence politique en approfondissant notre intégration parmi des couches d'avant-garde de travailleurs qui résistent au plus fort des attaques croissantes de la classe qui emploie. Les camarades qui assument la responsabilité de cet effort dans les unités du parti à travers les États-Unis ont un poids grandissant dans la direction du Parti socialiste des travailleurs.

L E TRAVAIL POLITIQUE collectif et cumulatif de nos branches et comités d'organisation est décisif pour la construction du parti et le recrutement. Celles-ci sont les unités de base d'un parti communiste. Leur activité se combine au travail syndical de nos fractions syndicales — parmi les travailleurs du vêtement dans le syndicat UNITE, parmi les Travailleurs unis de l'alimentation et du commerce (TUAC) et parmi les Mineurs unis d'Amérique (UMWA) — qui fonctionnent dans une arène plus étroite de politique ouvrière que les branches et les comités d'organisation. Ensemble, ce sont là les instruments que nous utilisons pour approfondir notre intégration dans ce qui sera des décennies de batailles de classe vécues de l'intérieur d'une avant-garde de travailleurs en expansion, qui utilisent l'espace qu'ils se sont taillé au travail, dans le mouvement syndical et à travers d'autres formes de résistance sociale prolétarienne. En le faisant, nous nous transformons nous-mêmes et nous transformons nos institutions. Nous attirons à nous des jeunes qui sont non seulement dégoûtés par les maux de l'impérialisme, mais de façon bien plus importante sont attirés par les batailles des travailleurs et des agriculteurs. Et, qu'ils le comprennent ou non au début, sont arrachés de la seule façon possible à une aile droite combattante radicale — par leur implication dans la lutte prolétarienne. De cette façon, nous renforçons notre collaboration avec des jeunes et d'autres à travers le monde qui sont dotés d'un esprit révolutionnaire.

En vendant nos journaux, nos périodiques et nos livres dans la rue, nous, communistes, sondons continuellement les vastes océans de la classe ouvrière. Autrement dit, nous cherchons de manière permanente à aller le plus largement possible vers les travailleurs avec nos livres et nos périodiques. C'est la seule façon d'effectuer une activité propagandiste prolétarienne conséquente — apprendre aussi bien que vendre. Un petit parti révolutionnaire est toujours ignorant des lents changements de tendances qui se produisent dans de larges couches de la classe ouvrière. Il ne peut en être autrement. Lorsque nous cherchons systématiquement à atteindre le plus grand nombre de travailleurs avec notre travail de propagande, nous pressentons un peu plus tôt ces changements et en avons une meilleure appréciation.

« Pisser dans un violon » : voilà l'épithète que la faction de Bert Cochran a appliquée à cette activité politique au début des années 50 alors qu'elle se préparait à faire scission du parti en rejetant sur le dos de la classe ouvrière la responsabilité de son propre déclin. Certains d'entre vous avez entendu parler des partisans de Cochran en lisant *Speeches to the Party* [Discours au parti] de Jim Cannon. Nous avons accepté leur épithète comme un compliment, pas comme une calomnie. La classe ouvrière *est* notre milieu, pas la « gauche » ni les « radicaux ». C'est là où nous concentrons nos ventes du *Militant*, de *Perspectiva Mundial* et de nos livres et brochures, qui orientent les lecteurs vers le cours révolutionnaire du prolétariat. Nous cherchons continuellement à élargir notre présence, à apprendre davantage et à trouver des travailleurs et des agriculteurs comme nous intéressés à s'armer d'une analyse concrète de la lutte des classes en cours, ainsi que des leçons d'un siècle et demi de luttes du mouvement ouvrier moderne.

Ce congrès et les réunions de nos fractions syndicales qui ont eu lieu hier ont enregistré les progrès que le parti a accomplis en effectuant ce que nous avons appelé la troisième campagne pour le tournant. Depuis que nous avons lancé cette campagne il y a quatre ans lors d'une conférence à Pittsburgh, nous avons établi des fractions là où il faut que nous soyons : dans des emplois de couture dans la confection et le vêtement et dans des usines de textile pour y construire une fraction UNITE ; dans les opérations d'abattage et de coupe des usines de conditionnement de la viande syndiquées par les TUAC ; et dans les mines de charbon organisées par les Mineurs unis d'Amérique (UMWA). Nous allons continuer à aider les camarades à acquérir — et à améliorer — les compétences dont nous avons besoin pour obtenir et conserver ces emplois. Nous ferons face aux licenciements. Nous transférerons des camarades. Nous travaillerons pour entrer dans les ateliers de confection, dans les abattoirs et dans les mines qui ne nous ont pas embauchés jusqu'ici ; pour entrer dans les mines qui sont mûres pour y construire un syndicat ; et pour en trouver d'autres dans de nouvelles régions où nous voulons construire des fractions. Mais avant tout, nous pouvons maintenant récolter les fruits de cet effort suivi en *utilisant* nos fractions pour effectuer un travail syndical communiste et notre activité de propagande au travail et dans le mouvement syndical. Nous pouvons nous concentrer sur la construction d'unités du parti politiquement fortes dans les régions où nous avons établi des comités d'organisation, ainsi que dans les quartiers ouvriers de nombreuses villes où nous avons déjà des branches. Nous pouvons continuer à travailler avec les camarades des Ligues communistes d'autres pays afin d'approfondir la convergence à cet égard qui s'est accélérée au cours de la dernière année.

Nous pouvons agir de façon plus efficace en tant que noyau de travailleurs-bolcheviks qui sont les cadres et les dirigeants d'une organisation politique communiste. Les branches et comités d'organisation recommencent à effectuer des ventes systématiques aux portes d'usines, en agissant avec audace pour impliquer les camarades qui travaillent dans ces usines et toucher ainsi un plus grand nombre de compagnons de travail avec notre presse, avec nos candidats, avec le matériel de nos campagnes électorales socialistes et avec nos livres et brochures. Nous faisons des progrès pour reconquérir cette norme selon laquelle chaque membre des fractions participe à une vente aux portes d'une autre usine ou d'une autre mine où travaillent des camarades.

## Accroître l'effet de levier de notre arsenal politique

Ces progrès nous servent de base pour restructurer le travail des camarades affectés à temps plein aux responsabilités éditoriales requises pour préparer les livres et brochures qui constituent notre arsenal politique et les garder disponibles en librairie. Nous simplifions la structure de notre opération de publication et l'harmonisons avec le caractère des unités du parti que nous construisons, dans le but de nous placer dans la meilleure position possible pour conserver le levier politique international que nos livres constituent pour le mouvement communiste. Il n'y a pas d'armes produites par la classe ouvrière qui soient plus importantes que les écrits rassemblant les leçons politiques conquises dans la sueur et le sang et généralisées dans la lutte par les travailleurs et nos alliés au cours du dernier siècle et demi. Ces leçons constituent le fondement d'une politique prolétarienne efficace et la condition essentielle de toute avancée dans la compréhension de la stratégie et dans la théorie marxiste. Sans une histoire exacte et vraie, il ne peut y avoir ni stratégie ni théorie marxistes. Les deux vont s'éteindre, supplantées par des contrefaçons abstraites visant à rationaliser la vie — et donc le cours politique — de la petite bourgeoisie radicale et des misleaders opportunistes du mouvement ouvrier. La curiosité politique, puis la soif de ces leçons historiques de la classe ouvrière vont s'accroître parmi les travailleurs et les agriculteurs et parmi les jeunes attirés par leurs luttes, dans ce pays et dans le reste du monde. Et personne d'autre que le mouvement communiste n'a la volonté d'effectuer le travail nécessaire pour que ces leçons restent disponibles en librairie ni, pour être plus précis, n'est intéressé à le faire — autrement dit, ne sent qu'elles sont essentielles à sa propre existence.

Non seulement notre mouvement garde-t-il disponible en librairie cet arsenal communiste fondamental, mais nous l'augmentons. Nous publions l'analyse et l'orientation politiques dont les travailleurs ont besoin *aujourd'hui* pour construire un mouvement révolutionnaire efficace : des livres, des brochures et des revues comme *Le visage changeant de la politique aux États-Unis*, *Le désordre mondial du capitalisme*, *Cuba et la révolution américaine à venir*, *La classe ouvrière et la transformation de l'éducation*, les numéros de *Nouvelle Internationale* et plus encore. Et morceau par morceau, nous enracinons notre politique dans 150 années de batailles et de leçons tirées de la résistance révolutionnaire et de lutte de classe des travailleurs. En le faisant, nous nous acquittons d'une obligation dont chacun d'entre nous, membres et partisans, tirons une satisfaction politique lorsque nous oeuvrons à sa réalisation. Mais nous ne serons capables de maintenir cet effort que si nous pouvons l'organiser selon la taille, les ressources et les besoins actuels de notre mouvement. C'est une condition essentielle pour que l'organisation auxiliaire des partisans que nous construisons acquière la confiance nécessaire pour continuer à hausser la barre et s'attaquer à de nouveaux défis dans la production — et de plus en plus dans la distribution — de ces livres et brochures.

Il est important d'assimiler l'effet de levier politique que donne au mouvement communiste l'effort investi dans les préfaces et les introductions que nous préparons pour les nouveaux livres et les nouvelles éditions. Je crois qu'un des panneaux d'exposition à l'arrière de la salle de conférence contient la copie d'une lettre que Mary-Alice [Waters] a reçue il y a à peu près une semaine de Ramón Labañino Salazar, un des cinq révolutionnaires cubains détenus pour de longues peines dans une prison fédérale ici aux États-Unis. Sous le coup d'accusations montées de toute pièce, celui-ci a été reconnu coupable d'avoir conspiré pour agir comme un agent non déclaré d'une puissance étrangère et faire de l'espionnage. Il a été condamné à la prison à vie.

Ramón avait reçu un colis de livres que Mary-Alice lui a envoyé et qui comprenait *Playa Girón/Baie des cochons : la première défaite militaire de Washington dans les Amériques* de Fidel Castro et José Ramón Fernández. Il a écrit à Mary-Alice en lui disant qu'il avait beaucoup aimé le livre. Il a souligné en particulier ce qu'il a décrit comme « une grande vertu du livre, » que lui, un révolutionnaire cubain qui connaissait déjà beaucoup sur la défaite de l'invasion mercenaire U.S. de Playa Girón, « n'avait jamais lu dans aucun autre livre sur le sujet. » L'avant-propos que nous avons préparé lui a fait prendre conscience pour la première fois de « l'influence directe de la révolution cubaine, son exemple et son impact, sur le peuple des États-Unis et sur l'éducation du mouvement révolutionnaire de gauche et du mouvement de solidarité avec notre pays. » L'avant-propos décrit l'impact sur les jeunes et sur d'autres aux États-Unis « d'abord de la bataille, puis de la défaite de la force mercenaire à Playa Girón. » En le faisant, il « nous montre encore une fois que nos peuples sont frères et invincibles. »

C'EST PRÉCISÉMENT UN DES BUTS que nous avions en écrivant des préfaces et des introductions pour les traductions de livres écrits par des dirigeants de la révolution cubaine ou portant sur les leçons politiques et l'exemple de cette révolution. Nous ajoutons quelque chose que les communistes de ce pays connaissent assez bien — la lutte de classe aux États-Unis, son histoire véritable et comment elle est inextricablement liée aux développements politiques révolutionnaires du reste du monde. Nous pouvons expliquer ce que les travailleurs et les jeunes dotés d'un esprit révolutionnaire dans ce pays faisaient à l'époque, ce à quoi ils répondaient et les conséquences politiques de leurs actions. Le portrait politique précis que nous traçons des forces de classe qui s'affrontent aux États-Unis est toujours très différent — beaucoup plus riche, plus complet et contradictoire — de ce que d'autres, y compris des révolutionnaires, ont entendu auparavant.

Ces préfaces et introductions sont encore plus nécessaires ici — pour les travailleurs, les agriculteurs et les jeunes aux États-Unis. Elles soulignent une réalité de classe : il n'y a pas de « nous » aux États-Unis comprenant aussi bien les travailleurs que les dirigeants qui possèdent, leur gouvernement et leurs partis politiques. Que le lecteur vive ici ou à l'étranger, c'est toujours quelque chose de merveilleux quand il découvre cette vérité que les dirigeants U.S. s'efforcent de cacher aux travailleurs ici : il n'existe pas d'« États-Unis » homogènes et sans classe.

LES CADRES DU PARTI socialiste des travailleurs vivent, travaillent et font de la politique parmi d'autres travailleurs comme nous. Nous comprenons les divisions politiques radicales et les stratifications sociales profondes qui existent dans notre classe. Nous connaissons la combativité et la solidarité qui existent parmi les travailleurs de ce pays, ainsi que le bas niveau politique et l'absence de tout héritage vivant de combat de classe révolutionnaire de masse. Nous nous intégrons davantage à la résistance accrue des travailleurs et des agriculteurs d'avant-garde et nous connaissons l'ouverture d'esprit que nous rencontrons parmi eux pour des écrits offrant une perspective révolutionnaire. Nous comprenons l'attrait que cette résistance ouvrière exerce sur les jeunes qui se radicalisent et de quelle manière celui-ci peut les mener au mouvement communiste, aux Jeunes socialistes et au parti — et rendre possible de les détourner du radicalisme petit-bourgeois. Pour toutes ces raisons, il nous est trop facile de prendre pour acquises la production, la reproduction et la diffusion internationale de la mémoire écrite de l'avant-garde combattante de notre classe et de ses alliés anti-impérialistes.

Mais nous ne devons pas le faire, ni dans notre travail politique ici aux États-Unis, ni dans nos relations avec les révolutionnaires d'autres pays. Parce que ces réalités ne peuvent être vues avec précision et dans toute leur richesse qu'en participant à la résistance militante de la classe ouvrière. Et même là, elles ne peuvent être comprises et expliquées en termes de classe clairs que par les communistes. Rectifier l'image fausse ou déformée que dépeignent plusieurs groupes de la « gauche » est une condition essentielle pour reconstruire un véritable mouvement communiste mondial. Les travailleurs, les agriculteurs et les jeunes autour du monde ont besoin de comprendre que la classe ouvrière U.S. n'est pas (au mieux) une source d'aide potentielle aux révolutions d'autres peuples, mais la force sociale qui peut et va diriger une lutte révolutionnaire victorieuse pour le pouvoir ouvrier — le pouvoir d'État — aux États-Unis. C'est de ce point de vue que les travailleurs et les agriculteurs d'avant-garde de ce pays puisent une force politique dans la lutte de classe à l'échelle internationale, y compris de celle dans laquelle est engagée l'avant-garde communiste à Cuba.

Ceci n'est pas le point de départ, c'est le moins qu'on puisse dire, de la plupart des « amis » de la révolution cubaine aux États-Unis. S'ils avaient jamais manifesté le moindre intérêt pour cette perspective, ça fait belle lurette depuis qu'ils étaient prêts à agir en conséquence. Ils peuvent « admirer » le caractère résolu des Cubains qu'ils connaissent. Mais ils ne sont pas du tout intéressés à partager la condition de ceux qui, comme l'explique Enrique Carreras dans *Faire l'histoire*, se lèvent chaque matin, embrassent ceux qu'ils aiment et puis font ce qui doit être fait, sans jamais savoir s'ils vont revenir à la maison ce soir là, ni même jamais.

C'est une victoire considérable que de pouvoir aujourd'hui publier, souvent presque simultanément, la vaste majorité de nos livres en anglais et en espagnol, et quelquefois aussi en français peu après. Et nous avons amélioré notre utilisation de la « langue universelle, » ce que nous pourrions appeler l'espéranto ouvrier : la section des photos. Les photos disent beaucoup sur le livre à nos camarades de travail, peu importe la langue qu'ils peuvent parler et l'expérience politique qu'ils peuvent avoir eue. Ils peuvent se reconnaître et reconnaître d'autres comme eux dans ces photos.

Plusieurs des délégués et des observateurs à ce congrès ont lu les reportages parus dans le *Militant* et *Perspectiva Mundial* sur les voyages que des camarades ont récemment effectués au Paraguay, en Argentine et au Venezuela pour notre presse et pour collaborer avec les travailleurs, les femmes et les jeunes en lutte dans ces pays. Nous ne faisons pas qu'apporter avec nous des journaux, des revues et des livres qui présentent un point de vue communiste sur la lutte de classe mondiale. C'est nous, les cadres d'un parti ouvrier souvent au coeur de l'action, pas en pause littéraire, qui produisons et distribuons cette littérature. Cette combinaison a un impact politique.

Lorsque par exemple l'équipe de reportage a visité il y a quelques semaines une usine de fabrication de vêtements qui était occupée en Argentine, les travailleurs y étaient évidemment heureux de recevoir la solidarité et la couverture médiatique de partisans d'un journal de langue anglaise et d'un mensuel en espagnol basés à New York. Et ils étaient contents de mettre la main sur quelques livres, brochures et journaux qui pouvaient les aider à situer leur lutte dans un contexte politique mondial plus large. Mais ils ont aussi été surpris, très agréablement surpris, par le fait que parmi ceux qui leur apportaient cette solidarité et ces précieux documents écrits se trouvait une travailleuse du vêtement des États-Unis, qui opérait une machine à coudre identique à celle qu'ils utilisaient et qui pouvait expliquer des choses sur les salaires, l'accélération des cadences et d'autres aspects des conditions de travail qui étaient totalement familières à ces travailleurs argentins. C'est le processus où nous, travailleurs, commençons partout à nous voir comme faisant partie d'une classe ouvrière mondiale — une classe qui ne reconnaît pas seulement les aspects « familiers » de notre exploitation commune, mais aussi la possibilité de lutter politiquement pour elle-même et pour l'avenir de l'humanité.

**Audace et simplification**

Plus tard dans le congrès, nous discuterons et mettrons aux voix un rapport présenté par Mary-Alice que nous avons appelé « Audace et simplification. » Ce double défi — audace *et* simplification — est maintenant décisif. Nous devons continuer à avancer dans la production et la vente de livres et de brochures de plus en plus recherchés par les travailleurs et les jeunes, tout en organisant une retraite sur des aspects de nos opérations de publication qui sont trop grands, qui sont dépassés par rapport à la technologie et par rapport à notre taille et à nos compétences, et qui sont donc devenus un obstacle pour accomplir nos objectifs politiques. Grâce à la « révolution numérique » dans l'impression et l'édition, nous pouvons aujourd'hui simplifier radicalement nos appareils, y compris notre appareil de publication, tout en nous organisant pour utiliser nos livres et nos brochures avec une plus grande audace politique.

À la même conférence il y a quatre ans à Pittsburgh où nous avons lancé la troisième campagne pour le tournant, Peggy Brundy, une membre du comité directeur du nouvellement constitué Projet de réimpression des éditions

Pathfinder, a fait la première présentation publique de l'effort international entrepris par les partisans du mouvement communiste pour organiser la numérisation, le formatage et la reconstruction des graphiques, photos et pages couvertures de chacun des quelque 350 titres que nous avions alors. À l'automne 2000, les partisans avaient non seulement entrepris la première préparation numérique de tous ces titres, mais aussi le travail de correction et de mise à jour des fichiers électroniques impliqué dans chaque nouvelle réimpression. Ils ont également commencé à faire le formatage et la lecture d'épreuves de tous les *nouveaux* livres des éditions Pathfinder, et à organiser le contrôle de la qualité des graphiques, des pages couvertures et des photos des réimpressions aussi bien que des nouveaux livres. Cet effort international nous a permis d'établir un flux de production électronique qui économise le travail et de réduire considérablement la taille de l'atelier où sont imprimés les livres et les brochures.

À ce congrès du parti, nous enregistrons un certain nombre de nouveaux pas en avant dans cette voie :

• La première semaine de septembre, les partisans du parti à Atlanta entreprendront d'organiser sur une base quotidienne l'entreposage et l'entretien de notre stock de livres, la vérification de la solvabilité des clients et l'exécution des commandes, la mise à jour de notre page web, le travail de convaincre tous les clients de faire leurs achats en ligne, l'emballage et l'expédition des livres, la facturation et la perception des comptes à payer, et l'assistance aux clients en cas de pépins.

• À partir de ce mois-ci, le comité directeur de ce qu'on en est venu à appeler à cause de son histoire le Projet de réimpression — même si celui-ci implique déjà bien plus que ce que ce nom désigne — commencera à superviser le travail des partisans pour améliorer la promotion des livres et organiser le travail systématique et soutenu nécessaire pour augmenter le nombre de nos comptes avec des librairies et des bibliothèques qui ont nos livres sur leurs étagères aux États-Unis et autour du monde.

• Les branches du parti à New York ont assumé la tâche hebdomadaire d'expédier par la poste les colis et les abonnements du *Militant* et de la revue mensuelle *Perspectiva Mundial*. Il s'agit d'un autre pas dans la simplification de nos efforts de publication qui nous a permis de réduire à 8 le nombre de membres du parti qui travaillent à temps plein sur une base volontaire dans l'imprimerie, en baisse par rapport aux quelque 45 qui le faisaient avant la conférence de Pittsburgh au milieu de 1998 [17].

Dans une lettre à une partisane que nous avons publiée pour l'ensemble de notre mouvement en 2000, j'ai souligné l'importance à plus long terme de ce que les partisans et les cadres affectés aux opérations de publication du parti sont en train d'accomplir :

---

[17]. À partir de cette expérience, un autre pas dans la simplification de la production des livres et des brochures a été franchi au début de 2003. Devant les progrès dans l'impression numérique, ce qui allait nécessairement devenir une imprimerie offset de plus en plus inefficace dédiée à la production de livres et de brochures ne pouvait plus être autre chose qu'un poids inutile pour les cadres et les ressources financières du parti. Depuis, les volontaires du projet ont non seulement organisé la production des réimpressions, mais aussi celle des nouvelles éditions. Sur le plan éditorial, ils ont réalisé les nouveaux titres du début à la fin et travaillé avec plusieurs entreprises aux États-Unis et ailleurs qui font de l'impression numérique. En conséquence, les volontaires se sont renommés le Projet d'impression.

> En plus d'atteindre l'objectif de mettre en format numérique chaque livre, brochure et bulletin d'éducation produits par notre mouvement, nous préparons la réalisation d'un projet encore plus grand. De concert avec l'imprimerie, les partisans contribuent à la mise en place pour la première fois dans l'histoire d'une irremplaçable infrastructure de production de propagande numérisée, basée sur le web et décentralisée de telle sorte que, peu importe les conditions financières, de sécurité ou autres auxquelles le parti communiste peut être confronté dans les décennies à venir, le programme et l'héritage du mouvement prolétarien révolutionnaire moderne pourront être préparés à l'extérieur des murs physiques d'un appareil de parti, puis imprimés n'importe où et n'importe quand on pourra trouver et payer une imprimerie pour le faire. Qu'est-ce que les bolcheviks auraient donné pour ça !

Comme nous l'avons souvent expliqué, le mouvement des partisans est une organisation auxiliaire non pas d'une branche particulière mais du *Parti socialiste des travailleurs* (ou d'une des ligues communistes soeurs dans d'autres pays). La relation des partisans au parti est *politique*, basée sur leur accord et leur affinité avec notre programme international, notre stratégie, notre ligne de conduite dans la lutte des classes et l'activité des cadres du parti visant à faire avancer cette orientation prolétarienne. Comme John Benson l'a dit de manière succincte et précise il y a deux ans, « Un partisan est quelqu'un qui voit son activité politique à travers les yeux du parti et non pas comme un militant politique indépendant. Le partisan voit le parti comme essentiel — comme son véhicule pour faire de la politique. »

Les progrès que nous enregistrons à ce congrès rendent maintenant possible de franchir le prochain pas dans la simplification de notre structure et la transformation de l'organisation de notre travail : déménager les permanents du parti affectés à nos périodiques et à notre bureau national dans un local situé au centre de Manhattan et qu'ils peuvent partager avec une branche établie dans un quartier ouvrier de New York. Nous pouvons commencer à organiser le centre national du parti et la salle de rédaction du *Militant* et de *Perspectiva Mundial* dans un local de la taille et du caractère qu'il nous faut. Ce sera un centre dont la disposition physique aura pour coeur un local ouvrier accueillant un programme hebdomadaire du Forum ouvrier du Militant et que la branche du quartier général à New York aura les moyens de payer, d'entretenir et d'*utiliser* pour faire avancer le parti. Le fait que les cadres affectés à ce travail fonctionneront à partir du même local qu'une branche établie dans un district ouvrier, que la plupart en seront membres et qu'ils feront partie de sa direction représentera une avancée autant dans la construction d'une organisation prolétarienne à New York que dans l'acquittement des responsabilités nationales et internationales du parti. Nous allons commencer à ressembler à ce que nous sommes. Ce que tu vois est ce que tu as [18].

---

18. En mars 2004, le mouvement communiste a célébré l'ouverture de nouveaux locaux combinés de ce type, au dixième étage du 306, Ouest, de la 37e rue. Il s'agit d'un édifice rempli d'ateliers de vêtement, situé au milieu du quartier de la confection de New York.

Nous nous rapprochons de la réalisation d'un projet historique que chaque membre du parti, chaque jeune socialiste et chaque partisan du mouvement communiste ici et ailleurs dans le monde a contribué à atteindre au cours des quatre années depuis la conférence de Pittsburgh, lorsque nous nous sommes engagés dans ce cours de pair avec la troisième campagne pour le tournant.

## Une organisation de cadres faite de travailleurs-bolcheviks

À la fin de ce congrès, les délégués éliront le Comité national, la composante de la direction du parti investie de la plus grande autorité. Armés de ce tableau du monde dans lequel nous sommes entrés et des tâches qui en découlent pour notre mouvement, nous pouvons utilement dire quelques mots sur ce que nous recherchons dans l'élection d'une direction du parti, puisque c'est aussi ce que nous recherchons dans les cadres de tout le parti.

Il y a un peu plus d'une semaine, on m'a invité à prendre la parole à une réunion tenue à Saint Paul au Minnesota pour célébrer les 65 années d'activité politique communiste de Charlie Scheer, un ami et un membre fondateur du Parti socialiste des travailleurs qui est mort le mois dernier. À cette réunion, nous avons discuté ce qui fait de quelqu'un un communiste. Comment expliquons-nous ce qui amène une personne à prendre cette décision pour le reste de sa vie ?

Il n'existe pas de « communiste type. » Si nous acceptons ce fait, le recrutement sera beaucoup plus facile. Il y a une belle variété de « types », hélas tous fabriqués dans le monde bourgeois, qui se frayent un chemin jusqu'au mouvement communiste. Ceux qui peuvent devenir des gens profondément politiques et qui le deviennent vraiment ne sont pas façonnés dans un moule à gâteau, encore moins dans le même moule. Ce que les communistes ont en commun, ce ne sont pas nos personnalités, notre patrimoine génétique, nos centres d'intérêt, etc. En fait, plus que n'importe qui d'autre, les communistes sont mal à l'aise avec les « ingénieurs sociaux » qui tentent d'homogénéiser, d'« améliorer » et de canaliser les travailleurs — qu'il s'agisse de la variante libérale bourgeoise à la Hillary Clinton, de la variété sociale-démocrate suédoise, du type stalinien de l'amour gangster ou des flics « faites-le comme Jésus » de John Ashcroft. Nous sommes les ennemis jurés du concept de perfectibilité du genre humain. Nous connaissons les conséquences réactionnaires de ces idées, qu'il s'agisse de l'Allemagne d'Hitler, de la révolution culturelle de Mao Zedong, du Kampuchéa de Pol Pot ou du Parti ouvrier révolutionnaire de Gerry Healy. Il s'agit là de notions d'intellectuels et de bureaucrates petits-bourgeois et de leurs hommes de main, pas de travailleurs ayant un esprit révolutionnaire. Nous nous méfions des gens qui colportent de telles idées, qu'il s'agisse de bureaucrates, de sauveurs ou de sauveurs en train de devenir des sauveurs-bureaucrates.

Ce en quoi nous *avons* confiance, c'est dans la force de gens *politiques* qui travaillent ensemble, en tant que partie organisée de l'avant-garde prolétarienne, sans capital ni coercition pour nous lier ensemble. Les révolutionnaires prolétariens travaillent ensemble par conviction, pas par coercition. Nous le faisons et découvrons que c'est seulement de cette façon que les travailleurs peuvent construire un parti de combat — un instrument *politique* capable de résister aux pressions les plus fortes, de répondre aux nouveaux défis et d'accomplir ses tâches révolutionnaires. Nous fonctionnons ensemble sur la base de la politique et du respect mutuel, pas de l'autorité. C'est une chose très différente. Nous avons confiance dans notre classe.

Cette confiance est née de l'expérience — en devenant des citoyens du temps, du monde et de l'histoire. « Nous sommes les héritiers des révolutions du monde, » comme l'a expliqué de façon si éloquente Thomas Sankara [19].

Nous n'avons pas « foi » dans le socialisme. Nous n'avons aucune révélation. Nous n'imposons aucune idée géniale. Nous ne créons pas un monde nouveau sorti de nos têtes. En pratique, nous faisons progresser la ligne de marche de la classe ouvrière à mesure qu'elle avance dans une lutte de classe permanente et complexe vers la dictature du prolétariat. En pratique, nous transformons les conditions qui façonnent nos vies et, en retour, cette lutte nous transforme. Et nous le faisons de manière totalement volontaire.

En acquérant de l'expérience dans le mouvement communiste, nous ne changeons pas nos personnalités ni nos « types ». Mais nous cherchons à développer des habitudes prolétariennes. Nous en venons à mieux comprendre le rôle central de la solidarité humaine dans la ligne de marche de la classe ouvrière. À mieux comprendre comment la solidarité est étrangère aux relations sociales de la société capitaliste — à toutes les normes, valeurs, attitudes et à tous les fétiches que crée cette société. Les employeurs ont avant tout besoin d'une main-d'oeuvre qui manque de confiance dans la classe ouvrière et qui manque de confiance les uns envers les autres.

Les communistes ne sont pas « déterministes », contrairement à ce qu'on nous dit souvent avant d'adhérer au

---

19. Voir le discours donné par Thomas Sankara en octobre 1984 devant l'Assemblée générale des Nations unies, dans Thomas Sankara, *Nous sommes les héritiers des révolutions du monde, discours de la révolution au Burkina Faso, 1983-1987*, New York, Pathfinder, 2001, 2007, p. 61 [tirage de 2010].

mouvement communiste. « Les hommes font leur propre histoire, » nous a enseigné Marx dans *Le 18 Brumaire de Louis Bonaparte*, « mais ils ne la font pas arbitrairement, dans les conditions choisies par eux [20] […]. » Nous croyons que le hasard existe, nous croyons dans l'interaction de la causalité et du hasard, nous croyons même dans la chance (mais nous essayons d'en modifier la probabilité). Qu'est-ce que la chance ? La chance, c'est être prêt. Voilà ce pour quoi le mouvement communiste s'organise. Nous construisons un parti prolétarien discipliné de façon à être politiquement prêts à répondre aux possibilités de combat de classe et d'activité révolutionnaire accrus lorsqu'elles se présentent rapidement ou subitement. Comme Jim Cannon aimait à dire : si vous vivez correctement, la veine finira par vous sourire [21]. Soyez prêts.

Nous ne prétendons pas prédire les zigzags que fera la classe ouvrière dans sa marche. Personne ne peut en planifier *à la fois* la direction et le moment ; à la fois le *quoi* et le *quand*. Nous analysons soigneusement et honnêtement la logique de la lutte des classes, les voies concrètes qu'emprunte le cours actuel du développement capitaliste,

---

20. Karl Marx, *Le 18 Brumaire de Louis Bonaparte*, Paris, éditions Sociales, 1969, p. 15.

21. « Si vous vivez correctement et vous comportez comme il faut, » a dit James P. Cannon dans l'une des douze présentations qu'il a faites en 1942 sur les efforts déployés pour construire un parti communiste aux États-Unis, « il vous arrive un petit coup de veine de temps à autre. Et quand un accident — un bon — vous arrive, vous devez le saisir et en tirer le maximum. » James P. Cannon, *L'histoire du trotskysme américain, 1928-1938 — le rapport d'un participant*, New York, Pathfinder, 1944, 2002, p. 207 [tirage de 2012].

ainsi que les lignes de la résistance des travailleurs et des agriculteurs aux attaques accrues des exploiteurs. Nous évaluons ces faits, nous les discutons ensemble avec ces militants, et nous nous organisons et agissons de façon centralisée à partir de ces jugements.

Charlie Scheer et Helen Scheer, également une cadre de longue date du parti qui est morte quelques années avant Charlie, ont été compagnons pendant 50 ans. Chacun avait une « personnalité » assez différente. En même temps, chacun était un communiste, chacun était un travailleur et chacun était une personne très politique. Quand Charlie ou Helen vous écrivait une lettre sur un sujet quelconque, le ton et le style en étaient très différents. Mais presque sans exception, vers la fin, chacun ajoutait : « Que lis-tu en ce moment ? » Et tous les deux s'attendaient à une réponse. Chacun aurait participé activement aux écoles socialistes d'été que nous venons d'achever et aurait été un partisan enthousiaste de l'organisation d'une école pour s'attaquer de la même manière systématique et sérieuse à *L'impérialisme* de Lénine.

**L**ES COMMUNISTES VIVENT dans le présent, pas dans le futur. Nous le faisons en pratique aussi bien que « dans nos têtes. » Rien ne nous est plus étranger que la notion d'utopie. Les vrais utopistes sont des gens dangereux et, en fin de compte, anti-humains. Ils ont un « plan », une « vision », un « dessein » de la société de l'avenir et ils agissent pour l'imposer aux autres. Tu vois la lumière ? Vlan ! Tu vois la lumière maintenant ? En fait, le mouvement ouvrier révolutionnaire moderne est né en rompant avec tous les premiers mouvements socialistes utopiques petits-bourgeois.

En revanche, les communistes comprennent le présent. Nous le concevons non pas comme un amas d'épisodes, mais comme faisant partie de l'histoire. Le *Minneapolis Star-Tribune* a publié une nécrologie sur Charlie disant de lui qu'il « était convaincu que ses opinions finiraient à la longue par l'emporter. » Mais si vous avez connu Charlie, vous savez que — comme tout communiste, comme tout révolutionnaire — il n'a pas fait ce qu'il a fait de sa vie parce qu'il croyait que ses « opinions » finiraient par l'emporter. Au contraire, Charlie savait que notre programme *l'emporte tous les jours.* Il nous guide dans une activité communiste efficace, une activité qui maximise les fruits de nos efforts communs. Les communistes tissent à travers les générations une toile d'expériences de lutte de classe, de sorte que la marche de l'histoire marque notre compréhension de tout ce qui arrive dans le présent et de tout ce que nous faisons pour y répondre.

Un autre article publié sur Charlie a mentionné sa grande bibliothèque et ses nombreuses étagères remplies de livres, l'appelant un « intellectuel ouvrier. » Mais ce journaliste s'est lui aussi trompé sur Charlie. (Se projeter un peu peut s'avérer dangereux.) Les communistes comme Charlie savent que les travailleurs-bolcheviks sont mieux informés et mieux armés pour formuler des jugements politiques et prendre des décisions politiques que les soi-disant « intellectuels-ouvriers. » Les travailleurs-bolcheviks intériorisent ce qu'ils ont lu et ce qu'ils ont appris *avec d'autres* dans l'expérience de la lutte de classe. Ils aiment lire et étudier *ensemble* avec d'autres qui se battent pour des buts communs. Ils lisent plus, pas moins, quand s'accélère le rythme de la lutte des classes et de l'activité politique. En tant que cadres d'un parti révolutionnaire dont ils acceptent volontiers la discipline, ils sont convaincus que l'activité révolutionnaire centralisée ouvre la voie au travail gratifiant de toute une vie. Voilà ce que signifie être politique.

**Donner un exemple révolutionnaire**

Dans les mois et les années à venir, les travailleurs et les jeunes communistes apprécieront de plus en plus les avantages qui découlent du fait qu'une remontée de la résistance parmi notre classe et ses alliés, ici et dans de nombreuses autres parties du monde, se soit produite avant les premiers chocs les plus rudes de la période de dépression et de guerres dans laquelle nous sommes entrés. Nous comprendrons plus concrètement l'importance de l'espace politique que les travailleurs se taillent en luttant et les enjeux pour eux de l'utiliser pour ne pas le perdre. Nous verrons plus d'exemples montrant comment l'expérience acquise dans une lutte particulière — même une lutte se terminant par un match nul avec l'ennemi de classe ou par un recul temporaire — ne fait pas que simplement se dissiper. Comment les travailleurs individuels en tirent des leçons et réapparaissent un peu plus tard, sur la même ligne de front ou sur une autre. Et comment ils n'oublient pas les militants, les organisations ou les journaux en qui l'expérience leur a appris à faire confiance pour leur intégrité prolétarienne et pour leur capacité de se mettre aux premiers rangs d'une bataille juste.

Une des plus importantes contributions politiques que fait notre mouvement aujourd'hui par le biais de notre travail de propagande — dans le *Militant,* dans *Perspectiva Mundial,* et dans les livres et brochures que nous choisissons d'imprimer — c'est de rapporter les magnifiques exemples de travailleurs et d'agriculteurs qui gardent la tête haute et se battent sans crainte, qui font preuve de mépris pour les dirigeants et qui sont confiants dans la victoire. Nous braquons les feux des projecteurs sur les plus de 40 années pendant lesquelles les travailleurs de Cuba et leur direction révolutionnaire ont été prêts à se battre contre tout ce qui menaçait leur souveraineté et leur révolution socialiste. Cette attitude révolutionnaire intransigeante imprègne les paroles de Fidel Castro et d'Osvaldo Dorticos dans une déclaration qui conclut un prochain livre des éditions Pathfinder *October 1962: The 'Missile' Crisis as Seen from Cuba* [Octobre 1962 : la crise des « missiles » vue de Cuba] (New York, 2002). Répondant à une reprise des provocations de la part de la nouvelle administration démocrate vers la fin de cette crise, dans les derniers jours de novembre 1962, les deux dirigeants cubains ont parlé au nom de la grande majorité des travailleurs cubains lorsqu'ils ont dit : « Notre confiance dans les paroles du président Kennedy est aussi limitée que la peur que nous inspire ses menaces voilées. »

Nous glorifions la combativité et la résistance des Palestiniens. Sur la couverture d'une de ses brochures, Pathfinder présente fièrement la photo de jeunes Palestiniens déterminés, debout devant un mur portant le slogan : « Nous luttons contre Israël parce qu'il occupe notre terre ! »

Cette détermination à lutter, cette absence de crainte soumise, cette haine de classe envers les oppresseurs et les exploiteurs : voilà les ingrédients nécessaires à tout nouveau mouvement révolutionnaire international. En même temps que nous nous intégrons à la lutte des combattants imprégnés de cet esprit de lutte aussi bien ici aux États-Unis que dans le reste du monde, notre mouvement a la capacité de discuter simultanément avec eux d'une perspective politique communiste enracinée dans l'expérience et les leçons de plus de 150 années de lutte révolutionnaire.

Avec la désintégration irréversible du mouvement stalinien mondial, les obstacles au sein du mouvement ouvrier pour parler aux travailleurs, aux agriculteurs et aux jeunes qui ont une conscience révolutionnaire — et pour mettre dans leurs mains de la littérature communiste — sont plus petits qu'à n'importe quel autre moment depuis la fin des années 20. Ces combattants seront attirés par la fibre politique révolutionnaire de travailleurs-bolcheviks comme Charlie Scheer.

Charlie vivait déjà dans une maison de retraite lorsque les événements du 11 septembre sont survenus. Sa santé s'était affaiblie au point qu'il avait parfois de la difficulté à tout suivre. Son fils Bill s'est assis avec lui ce jour-là et a commencé à lui décrire l'attaque contre le World Trade Center à New York. Charlie semblait écouter et comprendre, mais il ne répondait pas. Puis Bill a ajouté qu'un des avions s'était écrasé sur le Pentagone.

À ce moment, Charlie a tourné la tête, a regardé Bill droit dans les yeux, a souri et a dit d'une voix assez forte pour être entendu par tous ses compagnons de chambre : « Ça, c'est bien, non ! »

# CONCLUSION DU CONGRÈS

Il est important d'être concret quand on discute du point où nous nous trouvons aujourd'hui dans la longue courbe du développement capitaliste dans le monde, ainsi que dans la politique de classe aux États-Unis. Sinon, nous utiliserons des formules au lieu de présenter une analyse claire et concrète, un programme communiste. Nous ne serons pas capables d'expliquer de manière précise ce que nous devons faire aujourd'hui pour construire un parti prolétarien dans ce pays. Cette dialectique entre le programme international et le terrain national où se déroule la marche des communistes vers le pouvoir d'État s'applique à la construction de partis partout dans le monde. Mais il n'y a pas d'endroit où l'incapacité d'agir à partir de cette réalité de classe n'a de conséquences aussi nuisibles pour les perspectives révolutionnaires et l'intégrité prolétarienne que dans le bastion le plus puissant de l'impérialisme mondial, les États-Unis.

Nous abordons directement cette question dans les derniers paragraphes du projet de résolution politique présenté à ce congrès. Penser et agir en suivant un cours internationaliste prolétarien, y disons-nous, demeurent et demeureront non seulement une responsabilité particulière, mais un défi particulier pour les révolutionnaires qui vivent et travaillent aux États-Unis :

> [N]ous effectuons notre activité politique non seulement dans le pays le plus riche au monde, mais aussi dans un pays qui n'a pas fait l'expérience de la guerre sur son propre sol depuis 1865. C'est un pays dans lequel il y a eu des batailles de classe sanglantes et des mouvements sociaux prolétariens, mais qui n'a jamais connu de situation révolutionnaire ou d'insurrection ouvrière. C'est un pays qui a vécu le génocide des populations autochtones et pendant des décennies la violence meurtrière organisée de groupes réactionnaires comme le Ku Klux Klan, ainsi que la brutalité systématique de la police, de la garde nationale et des milices patronales. Mais il n'a eu qu'une expérience de combat limitée dans les rues et sur les piquets de grève entre des groupes fascistes et des gardes de défense des travailleurs et des opprimés[22].

Sur la voie menant à une situation révolutionnaire, la classe ouvrière aux États-Unis et sa large avant-garde politique traverseront toutes ces expériences de combat. Chacune d'entre elles prendra des formes concrètes qui ne seront pas identiques à ce qui est arrivé ailleurs ou avant dans l'histoire. Il y aura des combinaisons spécifiques. Certaines étapes de la politique de classe seront tronquées et combinées, d'autres prolongées. Certaines

---

22. Jack Barnes, « Notre politique commence avec le monde, » *Nouvelle Internationale*, nº 8, New York, 2005, p. 108-109.

s'accéléreront « à une vitesse véritablement américaine, » pour reprendre l'expression de Léon Trotsky[23]. Mais les travailleurs communistes aux États-Unis feront l'expérience de toutes ces formes de combat politique avant que ne se pose la lutte révolutionnaire pour le pouvoir. La classe ouvrière dans ce pays fera face aux efforts des dirigeants capitalistes, de leur gouvernement et des forces de l'extrême droite pour écraser le mouvement ouvrier. Qu'ils aient pris le pouvoir à la faveur d'élections ou ouvertement par coup d'État militaire, des régimes bonapartistes utiliseront le pouvoir de l'État impérialiste et un niveau très aigu de démagogie contre les organisations des travailleurs et des agriculteurs. Afin de maintenir l'ordre capitaliste, les familles possédantes de la bourgeoisie vont accepter des méthodes qu'elles-mêmes craignent et cherchent à éviter en périodes plus tranquilles. Elles encourageront la montée de démagogues et d'organisations fascistes, y compris dans leur forme la plus virulente : celle d'organisations nationales-socialistes qui cherchent une base de masse parmi les classes moyennes angoissées et des couches de travailleurs démoralisés, en combinant un verbiage radical et anti-capitaliste à des appels aux préjugés et aux superstitions nationalistes, racistes, anti-sémites et misogynes les plus réactionnaires — et les plus mortels.

Dans *Le désordre mondial du capitalisme,* nous traitons assez longuement de ce que la classe ouvrière a appris durant le dernier siècle sur le fascisme et sur comment le combattre — y compris les formes variées que nous venons de décrire et les voies par lesquelles elles peuvent et vont se manifester dans la lutte de classe aux États-Unis. Nous

---

[23]. Leon Trotsky, *Europe and America* [Europe et Amérique], New York, Pathfinder, 1971, 2009, p. 101.

soulignons ce qu'un dirigeant historique du SWP, Farrell Dobbs, a souvent dit : ceux qui pensent que nous ne verrons pas toutes ces formes de réaction lorsque les batailles de classe vont devenir plus chaudes aux États-Unis « se trompent sur toute la ligne et ne construiront jamais un parti révolutionnaire de travailleurs dans ce pays. Nous les verrons [les capitalistes] essayer chacune de ces alternatives » afin de sauver la domination capitaliste — État répressif, régimes militaires et efforts des mouvements de masse radicaux anticapitalistes et fascistes [24].

Ceci souligne pourquoi il est si important pour les travailleurs communistes d'évaluer de manière concrète et précise où nous en sommes dans le développement de la lutte de classe. Je le soulève parce qu'hier, lors des débats du congrès, un délégué a proposé qu'en plus de *L'impérialisme, stade suprême du capitalisme,* nous mettions au centre de l'école d'hiver plusieurs autres ouvrages politiques de Lénine de la même période. Mais ceci nous ferait faire fausse route politiquement. La raison pour laquelle nous choisissons ce thème n'a rien à voir avec une quelconque similitude entre les conditions politiques auxquelles nous faisons face actuellement et celles que Lénine préparait les cadres du Parti bolchevique à affronter lorsqu'il a écrit *L'impérialisme* au cours des premiers six mois de 1916, au milieu de la première guerre mondiale.

À peu près au moment où Lénine terminait *L'impérialisme,* il écrivait que la « révolution était à l'ordre du jour en 1914-1916, » non seulement en Russie, mais en Allemagne et ailleurs en Europe. Elle « était contenue dans la guerre, elle *naissait* de la guerre. C'est ce qu'il fallait

---

24. Jack Barnes, *Le désordre mondial du capitalisme — la politique ouvrière au millénaire,* New York, Pathfinder, 2000, p. 376-377 [tirage de 2010].

« proclamer » au nom de la classe révolutionnaire en précisant jusqu'au bout, sans crainte, *son* programme, à savoir : le socialisme, lequel est impossible en temps de guerre sans guerre civile contre la bourgeoisie archiréactionnaire, criminelle, qui voue le peuple à des calamités sans nom [25]. » Les bolcheviks ont placé au tout premier plan la perspective de transformer en guerre civile pour renverser les classes possédantes la guerre que les impérialistes étaient en train de forcer les travailleurs et les paysans à livrer.

Il EST ÉVIDEMMENT IMPORTANT de lire et de discuter ces écrits politiques. Nous l'avons fait par exemple lorsque notre mouvement a organisé une étude intensive de Lénine au début des années 80 et nous le referons à l'avenir. Mais Lénine n'a pas dérivé l'analyse du stade suprême du capitalisme qu'il a présentée dans *L'impérialisme* de la conjoncture vécue par les travailleurs et les paysans, aussi importantes considérait-il ces questions politiques — et il considérait qu'il n'y avait *rien* de plus important à l'époque, puisque c'était la question de la révolution et de la contre-révolution.

Ce que Lénine a présenté dans *L'impérialisme* s'appuyait sur une analyse objective de la structure et de l'évolution de l'économie capitaliste mondiale pendant plusieurs

---

25. Lénine, « À propos de la brochure de Junius, » *Oeuvres complètes*, Moscou, éditions du Progrès, 1977, tome 22, p. 341. Ce texte de Lénine a été publié dans deux livres des éditions Pathfinder : *Lenin's Struggle for a Revolutionary International* [Le combat de Lénine pour une Internationale révolutionnaire], New York, 1984, 1986, p. 661 [tirage de 2010]; et *Rosa Luxemburg Speaks* [Rosa Luxemburg parle], 1970, p. 578 [tirage de 2011].

décennies. Il a écrit en avril 1917 en conclusion de la préface à la première édition : « J'ose espérer que ma brochure aidera à l'intelligence d'un problème économique capital, sans l'étude duquel il est impossible de rien comprendre à ce que sont les guerres modernes et la politique moderne ; je veux parler de la nature économique de l'impérialisme [26]. »

Ce que les membres du Parti socialiste des travailleurs et des Jeunes socialistes, ainsi que nos contacts ont besoin d'étudier maintenant, ce n'est pas la période pendant laquelle Lénine a écrit *L'impérialisme*. C'était une période pendant laquelle le parti qu'il dirigeait avait environ 20 000 membres et allait prendre le pouvoir un peu plus d'un an plus tard. Elle n'a rien à voir avec les conditions politiques dans lesquelles nous fonctionnons aujourd'hui aux États-Unis ou ailleurs.

Nous avons plutôt besoin de nous mettre au défi de lire et d'étudier *L'impérialisme* afin de comprendre et de pouvoir expliquer aux autres pourquoi la présentation faite il y a 85 ans par Lénine des tendances propres au système mondial d'exploitation et d'oppression capitalistes reste fondamentalement valable aujourd'hui — *indépendamment* des conditions très différentes, du stade différent, qui prévalaient dans la politique mondiale en 1916-1917 comparativement à celles des premières années du vingt et unième siècle. L'énorme expansion et diffusion du système de marché dans le monde depuis que *L'impérialisme* a été écrit ; les transformations continues des techniques de production et de circulation ; la contre-révolution stalinienne qui a trahi l'État ouvrier soviétique et détruit l'Internationale communiste en tant

---

26. Lénine, « L'impérialisme, stade suprême du capitalisme, » *Oeuvres complètes*, tome 22, p. 204.

qu'instrument révolutionnaire ; la montée du fascisme et une deuxième guerre mondiale ; les victoires des mouvements de libération nationale en Afrique, dans les Antilles, en Asie, au Moyen-Orient et dans le Pacifique ; le renversement révolutionnaire des relations de propriété capitalistes en Yougoslavie, en Chine, en Corée, au Viêtnam et à Cuba ; le déferlement mondial de la devise fiduciaire américaine comme la première devise de réserve internationale non échangeable contre de l'or ou de l'argent ; et un nombre incalculable d'autres développements de grande importance. Tous ces faits sont des manifestations concrètes du stade du capitalisme expliqué dans *L'impérialisme* ; tous exacerbent les tensions soulignées dans l'analyse de Lénine.

Nous lirons *L'impérialisme* aujourd'hui pour les mêmes raisons que Lénine a données en avril 1917 : sans l'étudier, « il est impossible de rien comprendre à ce que sont les guerres modernes et la politique moderne. » Les contradictions centrales de l'impérialisme ne seront pas dépassées. Ou bien ce système sera renversé, ou bien il créera l'enfer sur terre. Ne vous habituez pas à lui. Habituez-vous à lui faire face et à le combattre.

**Les dirigeants « ne courent pas avec le ballon du 11 septembre »**

Deux ou trois délégués ont dit dans leurs interventions qu'en poursuivant leur marche vers la guerre et leurs attaques contre les droits des travailleurs, les dirigeants U.S. « courent toujours avec le ballon du 11 septembre. » Qu'ils continuent à se battre avec le « 11 septembre » inscrit sur leur bannière.

Ce n'est pas le cas. L'évaluation que nous soumettons à ce congrès est différente. Depuis les premiers mois de 2002, les événements du 11 septembre dernier ont de moins en moins servi de prétexte aux dirigeants pour justifier leur politique et leurs objectifs déclarés. Que ce soit l'abandon de l'accord de limitation des armes antibalistiques, la préparation d'une attaque contre l'Irak, la mise sur pied du Commandement Nord (« Défense du *homeland* »), le rejet du Tribunal pénal international ou la réduction graduelle des droits à l'*habeas corpus* — les dirigeants ne justifient pas ces politiques avant tout, et parfois ils ne le font même pas du tout, en se référant aux attaques contre le World Trade Center. C'est de moins en moins le centre de leur « guerre mondiale contre le terrorisme. » Il s'agit plutôt d'un cri de ralliement patriotique périodique — un tiers de sentiments, deux tiers de nationalisme impérialiste et un tout de démagogie.

Ils disent plutôt que « nous » — un « nous » qui comprend le premier ministre britannique Tony Blair et d'autres alliés impérialistes de Washington — devons nous battre contre « l'axe du mal » et « les » arrêter pendant que nous en sommes encore capables. L'affirmation de Bush dans son discours sur l'état de l'Union devant le Congrès à la fin du mois de janvier 2002 selon laquelle l'Irak, l'Iran et le nord de la Corée constituent trois points sur un « axe du mal » ne poursuivait pas la démagogie du 11 septembre de l'automne dernier. En fait, le discours sur « l'axe du mal » a marqué une rupture dans l'utilisation du 11 septembre pour justifier le cours impérialiste de Washington. Pourquoi Oussama Ben Laden a-t-il disparu de la propagande des dirigeants U.S. ? Pourquoi avoir réduit l'attention portée à l'Afghanistan ?

Premièrement, comme nous l'avons dit dans le rapport, Washington a effectué un changement en *désignant* et en se préparant à attaquer les pays qui ont démontré leur capacité de construire un système militaire de défense capable de porter des coups dévastateurs en réponse à des attaques de l'impérialisme U.S. : l'Irak, l'Iran et le nord de la Corée. Il le fait indépendamment du fait que ces pays possèdent ou non cette capacité aujourd'hui. Washington ne limite pas la justification de ses préparatifs de guerre contre l'Irak à la nécessité de prévenir d'autres actes terroristes. Il prépare une guerre impérialiste classique pour renforcer sa domination sur cette région — et son pétrole — et pour renforcer le déploiement de sa force militaire vis-à-vis ses rivaux impérialistes.

Les dirigeants reconnaissent qu'ils ne peuvent attendre que se produise « un autre 11 septembre » qu'ils n'ont aucune façon de prédire. Ce pourrait être long. Et nous n'avons besoin d'aucune théorie de conspiration selon laquelle ils en préparent un eux-mêmes. Les dirigeants U.S. ont vraiment besoin de ce qu'ils n'ont pas réussi à obtenir pendant leur assaut contre l'Afghanistan : une vague de patriotisme qui se nourrit d'elle-même en réponse au sang versé par des soldats U.S. sur le *champ de bataille d'une guerre*. Ils en ont besoin pour prendre l'initiative. Pour prendre le contrôle des mobilisations patriotiques. Voilà ce qu'ils recherchent. Et ils ont l'illusion qu'ils peuvent tirer une première salve rapide au Moyen-Orient pour mieux préparer une lutte à long terme au niveau mondial.

En même temps, le gouvernement U.S. prend des initiatives visant à institutionnaliser sa capacité de recourir aux forces fédérales à l'intérieur du pays, à un moment futur et sous un commandement militaire centralisé. Ceci va de pair avec les ballons d'essai qu'il multiplie aujourd'hui dans le but de légitimer l'option d'utiliser les détentions « préventives » sans accusation (et même sans le droit de consulter un avocat), les tribunaux secrets, ainsi que de manière accrue l'écoute téléphonique et d'autres formes d'espionnage et de harcèlement. Il y a des divisions dans la classe dirigeante sur jusqu'où aller et à quelle vitesse. Elle devra aussi reculer sur tel ou tel aspect de son cours. Mais il y a un appui des deux côtés du Congrès pour le travail préparatoire qui permettra à n'importe quelle administration de se lancer dans cette direction, à sa discrétion.

Il est actuellement question de la loi sur la Sécurité du *homeland* dans la presse bourgeoise. Et ce qui va encore plus ancrer la Sécurité du *homeland*, ainsi que nous l'avons expliqué dans le rapport initial, c'est le Commandement Nord du Pentagone qui entrera en fonction en octobre. Ce commandement vise à légitimer davantage l'utilisation *in extremis* des forces militaires U.S. contre les travailleurs aux États-Unis — et dans toute l'Amérique du Nord ! L'armée U.S. deviendra la force de dernier recours quand il sera décidé qu'il faut rapidement réprimer un désordre civil pour empêcher les « terroristes » de prendre avantage des « ouvertures ».

## La courbe du développement capitaliste

Aucune des contradictions sous-jacentes au capitalisme mondial qui le poussent vers la dépression et la guerre n'a commencé le 11 septembre 2001. Ces événements en ont accéléré certaines mais toutes ont leurs racines dans la courbe descendante du développement capitaliste, amorcée il y a un quart de siècle et suivie par l'affaiblissement puis l'effondrement qui lui sont étroitement liés des appareils staliniens en Union soviétique et en Europe centrale et de l'Est au début des années 90. Pendant toute cette période, nous avons suivi ces tendances dans *Le visage changeant de la politique aux États-Unis*, dans des articles publiés dans plusieurs numéros de la revue

« **Toutes les attaques militaires de Washington et des autres puissances impérialistes ont été « préventives ». Cuba n'a pas menacé ou envahi les États-Unis en 1961 ou en 1962. Le Viêt-nam n'a pas lancé de missiles contre des villes U.S.** »

**EN HAUT.** Des membres capturés de la brigade mercenaire, organisée par les États-Unis, qui a envahi Cuba à Playa Girón (ou baie des Cochons) en avril 1961. Les envahisseurs ont été battus par l'armée et les milices révolutionnaires en moins de 72 heures. **EN BAS.** Viêt-nam, 1968. Un transporteur de troupes blindé et un hélicoptère de l'armée U.S. mènent des opérations contre les forces de libération.

« **Pour accroître leurs profits, les employeurs réduisent les salaires et les prestations sociales, prolongent les heures de travail et intensifient le travail. Cette augmentation du rendement et des cadences est le « secret » des gains de productivité dont se vantent les patrons.** »

**EN HAUT.** Une usine de transformation de la viande à Plainsview, au Texas, en 2003. Depuis le début des années 80, les patrons ont souvent plus que doublé la vitesse des chaînes de production, sabré les salaires et les avantages sociaux, et intensifié leurs efforts pour briser les syndicats.
**EN BAS.** Un millier de mineurs de charbon et leurs familles se joignent à une manifestation de protestation organisée par le syndicat des Mineurs unis d'Amérique à Lexington, au Kentucky, le 20 juillet 2004, pour exiger que la compagnie Horizon Natural Resources respecte les conventions collectives. Deux semaines plus tard, la compagnie a supprimé l'assurance médicale de 1 000 mineurs actifs et de 2 300 retraités.

*Nouvelle Internationale* — « Ce que le krach boursier de 1987 a annoncé, » « Les premières salves de la troisième guerre mondiale, » « La marche de l'impérialisme vers le fascisme et la guerre » et « L'impérialisme U.S. a perdu la guerre froide » — dans *Le désordre mondial du capitalisme* et dans *Cuba et la révolution américaine à venir*.

Il est utile maintenant de retourner voir *Le désordre mondial du capitalisme* et de relire « Si loin de Dieu, si près du comté d'Orange : le boulet déflationniste du capital financier, » une présentation donnée à une conférence régionale de formation socialiste tenue à Los Angeles au début de 1995. On pouvait constater à la fin de 1994 les prémisses de la contraction inattendue et violente du crédit qui nous menace encore une fois aujourd'hui dans l'effondrement du peso mexicain et dans le refus du gouvernement d'un riche comté du sud de la Californie de payer les détenteurs d'obligations — plutôt que d'augmenter les impôts. À l'époque, nous avions dit :

> Avec les pressions qui s'exercent depuis le milieu des années 70 sur le rendement des investissements en usines et équipements réalisé dans le but d'accroître la production, les propriétaires de capitaux n'ont pas seulement réduit leurs coûts de production. Les détenteurs de titres de papier ont emprunté des sommes de plus en plus grandes pour acheter et vendre à profit différentes formes de valeurs de papier. Ils ont gonflé un gigantesque ballon de dettes dans le comté d'Orange au cours des années [en pariant que la baisse des taux d'intérêt du début des années 90 allait certainement continuer à se poursuivre. Voilà un don de « perspicacité » quasi métaphysique que

Dieu n'accordait qu'aux cupides administrateurs de comté et vendeurs d'obligations de Merrill Lynch. L'alignement des étoiles allait les protéger contre leurs opérations massives à découvert !]. Les détenteurs d'obligations se croyaient au paradis. [...] Quand le ballon que les banquiers internationaux avaient gonflé au Mexique dans les années 80 a commencé à s'affaisser, les détenteurs d'obligations sont intervenus et l'ont regonflé pendant un moment. Mais dans le comté d'Orange, plus les administrateurs locaux empruntaient pour faire une affaire à tout casser en spéculant avec les vendeurs d'obligations à l'aide des fonds publics, plus ils sont devenus vulnérables. [...]

Les capitalistes et leurs représentants publics — et pas seulement au Mexique ou dans le comté d'Orange — viennent de recevoir un autre signal des possibilités à long terme d'une déflation incontrôlable. Au cours des deux dernières décennies, les reprises dans le cycle économique ont dépendu de l'émission de grands montants de capital fictif — des ballons de dettes et d'autres valeurs de papier. Les capitalistes paient maintenant pour une croissance économique qui n'a pas suffi durant cette période à leur permettre de continuer à rembourser leurs emprunts par d'autres emprunts [27].

Après le milieu des années 90, les capitalistes ont repoussé la crise pendant une autre demi-décennie en inventant et faisant gonfler encore plus d'instruments de crédit et de titres de papier. Selon les indices Dow Jones et Standard and Poors 500, le marché boursier a plus

---

27. Jack Barnes, *Le désordre mondial du capitalisme*, p. 75-76.

que triplé. Les emprunts des sociétés ont plus que quadruplé aux États-Unis au cours de cette période de cinq ans — non pas pour accroître leur capacité de production, mais souvent pour racheter leurs propres actions gonflées, les gonfler encore plus et s'asseoir sur ce qui devient de plus en plus une réserve d'argent liquide [28].

Entre 1995 et 2000 aux États-Unis, les entreprises ont été les plus grands acheteurs nets d'actions — souvent les actions gonflées des sociétés mêmes qui les ont émises. Et nous avons déjà décrit comment a explosé l'utilisation avec effet de levier par Wall Street des jetons de casino appelés produits dérivés.

Voilà pourquoi, à cette première étape du début d'une dépression mondiale, on doit surveiller de près le déroulement de la crise *financière* de la bourgeoisie. On doit garder les yeux sur le déséquilibre croissant des finances d'État, sur les premières ruées sur les devises, sur la menace de contrôle des capitaux, sur l'ogre déflationniste qui se cache

---

28. Les statistiques du gouvernement ont montré une baisse des investissements en biens d'équipement en 2001 et 2002. Même la modeste reprise qui a commencé au milieu de 2003 était concentrée non pas sur l'expansion de la capacité et de la production, mais sur le remplacement d'équipements usés et sur la réduction des coûts de main-d'œuvre en intensifiant les cadences de travail et en prolongeant la journée de travail. Dans un article intitulé « Les caisses des entreprises sont bourrées de fric » et paru dans son édition du 19 juillet 2004, la revue *Business Week* a fait remarquer que « jusqu'à maintenant du moins, au lieu d'utiliser toute cette puissance de feu — en gonflant le budget des investissements, en accélérant l'embauche, en renflouant les inventaires ou en distribuant de plus grands dividendes — les entreprises gardent la plus grande partie de leur poudre bien au sec. » Les entreprises, a dit *Business Week*, investissent leurs liquidités dans des fonds du marché monétaire et dans le rachat de leurs propres actions.

derrière chaque montée des taux d'intérêt, sur la monétisation croissante des métaux précieux et sur les pressions supplémentaires que celle-ci exerce sur la force relative des « devises internationales de réserve » rivales. Dans l'histoire du capitalisme moderne et surtout à l'époque de l'impérialisme, les premières secousses gigantesques qui commencent à ébranler la confiance de certaines sections des dirigeants eux-mêmes se concentrent d'abord dans les institutions financières — dans les banques et les marchés de devises, dans la dette et les actions — pas dans les usines et les mines. La dévastation de la production et de l'emploi suit plus tard, avec un certain décalage.

**P**ENDANT LA GRANDE DÉPRESSION des années 30, les cours de la bourse se sont effondrés en octobre 1929 et ont continué à chuter — avec de nombreuses reprises importantes et fortes — jusqu'à ce qu'ils aient perdu plus de 85 pour cent de leur valeur au milieu de 1932. (Des individus agissant avec une foi quasi religieuse ont presque certainement perdu plus d'argent pendant la « reprise des pigeons » de 1930 — la cupidité l'emportait toujours sur la peur — que pendant le krach de 1929 même.) La première panique bancaire et la première vague de faillites bancaires ont frappé à la fin de 1930. En 1932, 10 000 institutions avaient fermé leurs portes — 40 pour cent du total des banques actives en 1929. Le chômage a grimpé plus lentement : les statistiques gouvernementales rapportent un taux qui s'élève à 8,7 pour cent en 1930, 16 pour cent en 1931 et qui atteint le quart de la population active en 1933. À ce moment-là, un désespoir général, presque de masse, avait commencé à prévaloir, qui se traduisait par l'idée que l'économie — et l'Amérique capitaliste elle-même — ne pourraient jamais se redresser.

Vers le milieu des années 70, nous sommes entrés dans un segment descendant de la courbe du développement capitaliste et c'est la période dans laquelle nous vivons toujours aujourd'hui. Lénine et Trotsky nous ont fourni les outils politiques nécessaires pour analyser ces tendances à long terme dans l'histoire du capitalisme et leurs conséquences pour la stratégie communiste et la construction du parti. Parmi les plus utiles, il y a leurs rapports et écrits de l'époque des troisième et quatrième congrès de l'Internationale communiste en 1921 et 1922[29]. Trotsky a résumé ces conclusions dans une courte lettre rédigée en 1923 que nous avons publiée dans la revue *Nouvelle Internationale* sous le titre « La courbe du développement capitaliste[30]. »

Contrairement aux cycles économiques capitalistes de récessions et de reprises, a dit Trotsky, avec leurs tendances quantifiables et récurrentes, il n'y a pas de « cadence invariable » associée au développement à long terme du capitalisme mondial. Dans sa lettre de 1923, Trotsky a opposé cette conclusion à celle d'un universitaire soviétique nommé Nikolaï Kondratiev. Tout en prétendant formaliser ce qui ne pouvait pas l'être — la dialectique matérialiste de l'histoire moderne — Kondratiev a embourgeoisé le travail que Lénine et Trotsky avaient présenté aux troisième et quatrième congrès de l'Internationale communiste. Il a soutenu qu'en plus des cycles commerciaux et de roulement

---

29. On trouvera ces rapports dans le recueil d'écrits de Léon Trotsky en deux tomes intitulé *The First Five Years of the Communist International* [Les cinq premières années de l'Internationale communiste], New York, Pathfinder, 1972 ; et dans les tomes 32 et 33 des *Oeuvres complètes* de Lénine. De larges extraits de ces rapports sont reproduits aux pages 243-333 de ce numéro.

30. Trotsky, « La courbe du développement capitaliste, » *Nouvelle Internationale*, n° 5, New York, 1995, p. 279-291 [tirage de 2009].

des stocks plus courts, il existait aussi des cycles réguliers d'une cinquantaine d'années dont on pouvait tracer la courbe tout au long de l'histoire du capitalisme depuis au moins le début de la révolution industrielle dans la seconde moitié du dix-huitième siècle.

En soi, a dit Trotsky, le graphique empirique de Kondratiev donnait un aperçu à peu près fidèle des tendances qui avaient marqué le développement du capitalisme au cours du siècle et demi précédent. Mais si on en observait soigneusement les points tournants — ainsi que la durée et l'orientation de ses divers segments ascendants, déclinants ou stagnants — il était clair que ceux-ci correspondaient à des événements majeurs dans la politique et la lutte des classes, pas simplement à des facteurs « économiques » comme nous les comprenons normalement. Il n'y avait rien d'« automatique » ou de « cyclique » dans une *reprise* à l'intérieur de cette courbe plus longue, contrairement à la destruction de valeurs et à la réduction des stocks qui se produisent à un certain moment d'une récession capitaliste.

« En ce qui concerne les grands segments de la courbe du développement capitaliste, a écrit Trotsky, leur caractère et leur durée ne sont pas déterminés par le jeu combiné interne des forces capitalistes, mais par les conditions extérieures à travers lesquelles le développement capitaliste s'effectue. L'acquisition par le capitalisme de nouveaux pays et continents, la découverte de nouvelles ressources naturelles et, dans le sillage de tels développements, des faits d'ordre « superstructurel » aussi importants que des guerres et des révolutions : voilà ce qui détermine le caractère et le remplacement des périodes ascendantes, stagnantes ou déclinantes du développement capitaliste [31]. »

---

31. Ibid., p. 286.

Kondratiev s'est toutefois servi d'une métaphore utile pour décrire cette courbe à long terme, dont il ne comprenait ni le caractère ni la dynamique. Lui et ceux qui le redécouvrent et le vulgarisent aujourd'hui appellent « printemps » le lent commencement d'une reprise, « été » les segments ascendants marqués, « automne » le début stagnant d'un segment descendant et « hiver » un segment descendant marqué. Nous avons été en automne depuis le milieu des années 70. L'un des longs hivers peu fréquents du capitalisme a maintenant commencé. Avec la Réserve fédérale et le département du Trésor qui gonflent apparemment sans limites tous les ballons qu'ils peuvent trouver et avec maintenant l'accélération qui l'accompagne de la marche de l'impérialisme vers la guerre, ce sera un hiver long et chaud. Ce qui est encore plus important, c'est que lentement mais sûrement et de façon explosive, cet hiver va engendrer une résistance d'une ampleur et d'une intensité que n'ont encore jamais vues les militants qui ont une conscience révolutionnaire dans le monde d'aujourd'hui.

AU COURS DU QUART DE SIÈCLE qu'a duré l'« automne » du capitalisme mondial, le cycle économique a continué à osciller, comprenant deux longues reprises capitalistes : une qui a duré presque huit ans après 1982 dans pratiquement tous les pays impérialistes sauf la Nouvelle-Zélande ; et la deuxième qui s'est étirée sur toute une décennie, de 1991 à 2001 — la plus longue reprise cyclique de l'histoire des États-Unis, accompagnée d'une croissance relativement constante pendant cette période dans la plupart des autres pays impérialistes à l'exception notable du Japon. Mais ces deux reprises sont restées limitées à la majorité des pays impérialistes et à une minorité de pays semi-coloniaux relativement développés au niveau économique. Les deux ont été alimentées par une augmentation massive de l'endettement et de l'émission de titres de papier, ce qui a très peu rajouté à la capacité de production en comparaison aux périodes d'expansion survenues après la deuxième guerre mondiale, d'abord aux États-Unis puis en Europe et au Japon. Pour accroître leurs marges de profit, de plus en plus d'employeurs n'ont pu rien faire d'autre que de chercher à réduire les salaires et les prestations sociales, prolonger les heures de travail et intensifier le travail. Cette extension et cette intensification constituent le « secret » de la croissance de la productivité que Greenspan exagère et dont il se vante pour rassurer la classe capitaliste qu'autre chose se produit qu'une nouvelle expansion de l'immense dette gouvernementale et de sa contrepartie privée de dettes des entreprises, de dettes hypothécaires et de dettes de cartes de crédit. Mais d'après les chiffres mêmes du gouvernement, y compris ceux de la Réserve fédérale, la croissance de la production économique et de la productivité du travail pendant ces deux reprises les plus récentes sont loin d'avoir atteint les taux enregistrés entre la fin des années 40 et le début des années 70.

**E**N MÊME TEMPS, il vaut la peine de répéter ce que nous a rappelé pendant la discussion un délégué de Washington, Sam Manuel. Il ne suffit pas d'examiner les statistiques du gouvernement, ni même d'examiner comment le secteur moyen ou médian de la classe ouvrière peut mieux s'en sortir pendant quelques années. Nous devons garder les yeux sur les diverses couches de la classe ouvrière et sur les *conséquences* sociales différentielles qu'ont des « expansions » comme celles-ci. Au cours du dernier quart de siècle, non seulement l'inégalité salariale s'est-elle *accrue* au sein de la classe ouvrière, mais c'est avant tout l'écart des revenus qui s'est élargi de façon explosive entre l'ensemble des travailleurs d'un côté et les couches professionnelles et petites-bourgeoises plus aisées de l'autre, sans mentionner les familles possédantes les plus riches (dont les revenus annuels astronomiques, encore moins la richesse accumulée, ne sont pas comptabilisés dans les statistiques du gouvernement). Les salaires réels ; la couverture médicale et les pensions de retraite ; le montant et la durée des allocations de chômage ; l'accès aux indemnités pour accident de travail et leur valeur réelle ; le coût du logement, de la nourriture et des études supérieures — dans tous ces domaines, il y a une dégradation, souvent marquée, des conditions de la majorité des travailleurs et des petits agriculteurs. Si pendant un répit de quelques années à la fin des années 90, le salaire net de certaines couches de travailleurs a augmenté, cette tendance s'est à nouveau inversée aujourd'hui [32].

Tant que l'économie capitaliste est sur une pente ascendante, tant que les taux d'intérêt réels demeurent stables ou baissent, tant que le dollar demeure fort par rapport aux devises des rivaux impérialistes de Washington, ce château de cartes criblé de dettes reste debout — et grandit (en dollars !). Mais à mesure que tout ceci commence à changer, ce qui est le cas depuis la fin de 2000, toute la structure devient de plus en plus instable. L'observation de Marx selon laquelle « le capital porteur d'intérêt est

---

32. À la fin de 2003 selon la banque d'investissement Goldman Sachs de Wall Street, le taux de croissance annuel des revenus horaires aux États-Unis est tombé au « rythme le plus lent jamais enregistré. » Jusqu'au milieu de 2004, les revenus hebdomadaires réels ont en fait chuté.

la source de toutes sortes de formes absurdes » de capital se confirme une nouvelle fois de façon éclatante [33].

Ni nous ni personne d'autre ne pouvons prédire exactement combien de temps il faudra avant que ces énormes ballons — les prix des actions, la dette à la consommation, les valeurs immobilières, la valeur « relative » du dollar — se dégonflent. Mais puisque tout le monde le voit venir, il peut sembler normal de dire : « Les capitalistes vont sûrement faire quelque chose pour l'arrêter ! »

Mais ce n'est pas comme ça que fonctionne la loi de la valeur. Ce n'est pas comme ça que fonctionne un système de marché dont la force motrice est la concurrence entre capitaux — et, à l'époque impérialiste, une concurrence de plus en plus violente entre capitaux de plus en plus grands et une spéculation de plus en plus à effet de levier. Depuis le milieu des années 70, le capital financier a repoussé la crise et atténué la fréquence et la volatilité des oscillations du cycle économique. Mais il n'a pu le faire qu'en gonflant encore plus les ballons de la dette et en accroissant leur diversité, pendant qu'il déprécie le pouvoir d'achat de la devise. Il a ainsi rendu l'éclatement final de la bulle encore plus destructeur pour la stabilité, la confiance et les alliances impérialistes.

## Les classes moyennes seront ébranlées les premières

Les travailleurs ayant une conscience de classe savent que l'histoire nous enseigne que l'impact le plus direct d'une crise *financière* capitaliste au début d'une période de dépression peut se faire d'abord sentir davantage sur les classes moyennes que sur la classe ouvrière.

---

33. Marx, *Le Capital*, Moscou, éditions du Progrès, 1984, livre 3, p. 490.

Il a fallu beaucoup de temps pour que se développe aux États-Unis ce que Marx et Engels ont appelé un « prolétariat héréditaire, » une classe dont les membres demeurent, dans leur grande majorité, des prolétaires sans propriété d'une génération à l'autre. Sans terre, sans outils, sans capital. Ceux d'entre nous qui survivons seulement en vendant contre un salaire notre capacité d'utiliser nos muscles et notre esprit pour travailler pour quelqu'un d'autre — notre force de travail. Marx et Engels ont suivi de près ce développement dans la deuxième moitié du dix-neuvième siècle et ont beaucoup écrit à ce sujet. Jusqu'à l'abolition de l'esclavage, ont-ils souligné, et tant qu'il était possible d'obtenir gratuitement des terres dans le cadre de l'expansion du capitalisme U.S. vers l'Ouest, il ne pouvait y avoir de classe ouvrière héréditaire à l'échelle nationale aux États-Unis. Et tant que ce prolétariat n'aurait pas vu le jour, il n'y aurait que des possibilités limitées d'organiser soit une résistance ouvrière à la bourgeoisie industrielle en ascension, soit un parti de masse doté d'une conscience de classe et capable de parler et d'agir de manière décisive dans l'intérêt des travailleurs, des autres producteurs exploités et de leurs frères et sœurs assujettis à toute forme de travail contraint.

Pendant la plus grande partie du dix-neuvième siècle, ce qui allait devenir les États-Unis est resté un énorme bloc continental largement peu développé qui s'étendait de l'Atlantique au Pacifique. Pour le compte des riches propriétaires terriens, commerçants, promoteurs de canaux et, plus tard, des gros intérêts ferroviaires et miniers, le gouvernement U.S. a effectué des transferts de population brutaux et des attaques génocides contre les Amérindiens.

Mais les travailleurs se sont eux aussi déplacés en nombre croissant. Quand les conditions de vie et de travail devenaient trop pénibles dans les villes de l'Est, ils pouvaient partir « à l'Ouest, jeune homme, » vers une nouvelle vie — et ils l'ont fait. Les travailleurs ont fui les ateliers et les usines pour devenir de petits agriculteurs. Après la guerre civile américaine, des centaines de milliers d'entre eux ont profité de la loi agraire de 1862, appelée *Homestead Act*, pour obtenir une petite parcelle de terre. Encore aujourd'hui, le rêve persiste parmi beaucoup de travailleurs américains d'économiser un peu d'argent pour lancer leur propre affaire. Encore plus répandu parmi eux est le rêve de faire quelque chose qui permettrait à leurs enfants d'accéder à la classe moyenne. Mais pour la vaste majorité des travailleurs, la réalité est devenue depuis longtemps celle du prolétaire, condition qui est héréditaire.

Les travailleurs n'accumulent pas de richesses nettes au cours de leur vie. Vous voyez souvent des références au « fait » qu'une majorité d'Américains seraient des actionnaires. Mais de telles affirmations masquent simplement la dure réalité de classe : un nombre croissant d'entreprises se débarrassent des plans ou régimes de retraite à prestations définies financés par l'employeur — qui eux-mêmes ne sont pas vraiment « garantis », ainsi que des millions de travailleurs ayant de telles pensions « acquises » sont en train de l'apprendre aujourd'hui — et les remplacent par des « plans » ou « régimes de retraite » à cotisations définies qui dépendent entièrement de la fortune des actions, des obligations et des fonds mutuels. Les travailleurs n'ont aucun contrôle sur ces plans ou régimes. Mais le fait que nous puissions posséder ce qu'on appelle un 401k fait supposément de nous des joueurs sur le marché boursier. En réalité, ces plans font de nous des *victimes* du marché boursier. La vérité est qu'un tiers seulement des ménages aux États-Unis détiennent ne serait-ce qu'une seule action en dehors d'un plan ou d'un régime de retraite. Ce chiffre a baissé au lieu d'augmenter au cours des cinq dernières années. Aux États-Unis, environ 85 pour cent de la valeur des actions est détenue par ceux qui font partie des 10 pour cent de la population ayant les revenus les plus élevés. La possession des obligations du gouvernement et des entreprises est encore plus fortement concentrée dans les mains des familles possédantes dirigeantes et des professionnels très bien rémunérés, qui investissent leur richesse beaucoup plus dans les obligations que dans les actions. Les familles dirigeantes du dernier empire considèrent la possession d'une partie des bénéfices de l'esclavage mondial de la dette comme un droit de naissance parasitaire.

Quelles que soient les petites économies, y compris la valeur nette de leur maison, que la plupart des travailleurs sont péniblement arrivés à mettre de côté à la cinquantaine, celles-ci ne parviennent généralement pas à compenser leur endettement croissant et les dépenses ruineuses qu'entraîne leur vieillissement. Quand les marchés des actions et des obligations plongent, la plupart des travailleurs ne subissent donc que peu ou pas d'impact direct et immédiat sur leurs conditions de vie.

C'est moins le cas pour des millions de personnes dans les classes moyennes — au début. Tant que la crise capitaliste continue de frapper plus durement les systèmes bancaires et financiers que la production et l'emploi, ce ne sera pas la classe ouvrière qui se radicalisera la première en réponse à ces développements. Ce sera le nombre croissant de personnes dont les familles avaient fui la condition prolétarienne pendant la dernière génération — à jamais, espéraient-elles — pour finalement voir leurs illusions de sécurité et de stabilité commencer à s'effondrer.

EN CES PREMIÈRES ANNÉES du millénaire, beaucoup de gens dans les classes moyennes se sentent mourir à petit feu, sans répit en vue. Quand le prix des actions a commencé à chuter en 2000, on leur a « conseillé » de ne rien faire et d'attendre que le marché remonte comme il l'avait fait en 1987 et une nouvelle fois en 1991. C'est ce que la plupart ont fait. Et ils ont vu fondre une portion substantielle de leurs avoirs, jusqu'à ce qu'ils réalisent que personne ne sait combien de temps il faudra avant que les indices boursiers ne reviennent à leurs anciens niveaux, ou bien si eux-mêmes ou leurs héritiers seront toujours solvables à ce moment — ou même vivants ! Que doivent-ils faire maintenant ? Vendre à grande perte ? Ou attendre des jours meilleurs ? Le marché baisse. Puis il remonte pendant quelques jours, ou quelques semaines, ou quelques mois, ou un an. Espoir ! Plus que la simple cupidité, l'espoir renaît, alimenté par le désespoir et transformant la crainte. Le mouton achète quand le marché monte et se fait tondre sans merci quand celui-ci rechute encore plus. Chaque nouveau sommet est plus bas que le dernier. Chaque nouvelle baisse descend plus bas que la précédente. Mais la descente vers le « fond » sera longue — et prendra des années.

Parmi des couches de plus en plus importantes de la classe moyenne, et de travailleurs plus fortunés ayant cru au mythe qu'ils avaient réussi à se hisser dans la classe moyenne, la crainte de nouvelles baisses est palpable. En l'absence de toute voix ouvrière indépendante capable de polariser et d'attirer des sections de la petite bourgeoisie, ceux qui sont le plus pris de panique devant ce qui arrive deviendront plus ouverts au radicalisme et à la violence des appels radicaux de droite. La propagande faisant la promotion de théories de conspiration recevra une plus grande écoute. Des notions loufoques vont proliférer, qui prêcheront l'exact opposé des réalités de classe présentées par Lénine dans *L'impérialisme*. De soi-disant « théories » populistes vont se répandre, qui chercheront à distinguer les classes « productives » des travailleurs et des entrepreneurs des « usuriers » et des « spéculateurs » (ces termes plus simples et plus tranquilles seront bientôt remplacés par « les Juifs »). Et ces remèdes de charlatan se présenteront souvent vêtus d'une rhétorique anti-impérialiste, anti-guerre et même anticapitaliste. De plus en plus souvent, nous entendrons les échos de ce genre d'opinions parmi des agriculteurs luttant contre une saisie de ferme ou parmi certains camarades de travail, leurs amis et leur famille — des travailleurs qui n'ont aucune explication de ce qui commence à leur arriver et à arriver tout autour d'eux. Ils voient simplement que ça s'effondre comme dans un film au ralenti.

Les travailleurs communistes doivent être politiquement préparés à répondre à la démagogie radicale des forces d'extrême droite et des forces fascistes embryonnaires. Nous allons expliquer aux travailleurs et aux petits agriculteurs : Non ! Il n'est pas besoin de conspiration. Depuis au moins un siècle, les capitaux monopolisés des banques, de l'industrie et du commerce ont été fusionnés aux États-Unis et dans les autres pays impérialistes sous la responsabilité et le contrôle d'une poignée de familles dirigeantes et possédantes parasitaires, les familles du capital financier. Les noms des familles dirigeantes de l'Amérique ne sont pas un secret. Celles-ci sont les propriétaires des monopoles suivants : les banques, les maisons de courtages, les compagnies d'assurance, les distributeurs de gros et de détail, les trusts immobiliers, les plus grands journaux, les plus grandes revues, les plus grandes stations de radio et de télévision, et les plus grandes entreprises de divertissement. Ce sont elles qui détiennent les obligations. Elles dominent le marché des actions, des matières premières et de toutes les formes de dettes qu'il est possible d'imaginer. Elles possèdent les franchises du sport professionnel et financent les maisons d'opéra, les plus grands musées, les plus grandes bibliothèques, les plus grandes fondations et les plus grands instituts de réflexion de toute tendance. Elles financent et contrôlent les partis démocrate et républicain. Elles dirigent le gouvernement capitaliste au niveau fédéral, au niveau des États et au niveau local. Les tribunaux, la police et les forces armées les servent et les protègent. Nous pouvons nommer les clubs auxquels elles appartiennent, les conseils d'administration dont elles sont membres, les universités qu'elles fréquentent et à qui elles font des dons, et les écoles où vont leurs enfants. La tâche, c'est de diriger l'avant-garde de la classe ouvrière pour renverser les dirigeants et porter au pouvoir un gouvernement des travailleurs et des agriculteurs, mettant ainsi la solidarité au centre de la société.

**Un programme communiste**

Avec l'approfondissement de la dépression capitaliste, une baisse de la production se traduira par un chômage croissant, des baisses de salaire importantes, des conditions de travail de plus en plus brutales et des flambées inflationnistes ruineuses à mesure que les capitalistes se serviront de la planche à billets pour essayer de faire redémarrer le moteur.

Les travailleurs d'avant-garde vont commencer à devenir plus réceptifs à un programme communiste. À travers un combat de plus en plus intense, ils rechercheront des moyens pour lutter efficacement et gagner. Ils seront attirés par les idées expliquées par leurs camarades de travail qui sont communistes sur les façons de renforcer la solidarité et la capacité de combat de la classe ouvrière et de nos alliés, en premier lieu celles de nos syndicats. Nous gagnerons une large écoute en faveur du besoin de transformer la sécurité sociale pour qu'elle englobe des soins de santé universels, l'éducation universelle tout au long de la vie, l'indemnisation universelle des accidents de travail et des pensions de retraite universelles garanties. Il ne s'agit pas là, expliquons-nous, d'allocations « données » à la classe ouvrière par les employeurs et leur gouvernement. La nouvelle richesse produite par le labeur des travailleurs et des agriculteurs doit être utilisée pour garantir les conditions d'une vie productive — pendant toute la vie — aux classes qui travaillent. Nous réussirons mieux à contrer les efforts de la classe qui emploie pour dresser les générations de travailleurs les unes contre les autres ou pour nous diviser sur la base du statut d'emploi, de la couleur de la peau, du sexe, de la langue, du statut de résidence au pays ou de l'origine nationale.

Une grande partie de notre programme parait sensée aux yeux de nombreux travailleurs quand nous l'expliquons, mais elle ne semble pas découler d'une lutte qui leur est vitale et dans laquelle ils sont engagés. Elle ne semble ni urgente ni pratique. Et elle ne le sera pas tant que persisteront les illusions sur la stabilité à long terme du système capitaliste ou — encore plus important — sur l'incapacité politique et l'assentiment permanent des travailleurs — de nous — dans le monde. Au début, beaucoup voient notre programme simplement comme un ensemble d'idées, ou même une projection utopiste, et non comme une ligne de marche à travers le combat de classe qui conduit à une lutte organisée pour la dictature du prolétariat. Ils n'ont pas vécu assez de combats politiques sous une direction prolétarienne pour avoir confiance dans leur propre capacité et dans celle de leur classe d'organiser et de gérer l'économie et de « guider le vaisseau de l'État. »

**P**ENDANT DE NOMBREUSES ANNÉES, nous avons tous entendu le même genre de choses de la part de beaucoup de nos camarades de travail ou de membres de notre famille : « Le service des anciens combattants va s'occuper de moi. » « J'ai une retraite de cheminot et elle est même « garantie » par une agence fédérale. » « Je suis là depuis 20 ans et j'y prendrai ma retraite. » Au cours de la dernière décennie, ces vieux clichés ont été complétés par : « Je ne pourrai pas vivre de mes seules pensions de la sécurité sociale et du plan de retraite de l'entreprise où je travaille. Mais nous avons obtenu que la compagnie mette en place un plan 401k et je mets un peu d'argent de côté chaque mois. » Tous ces mythes confortables — et temporaires — sont encouragés par la bureaucratie syndicale collaboratrice de classe, une couche petite-bourgeoise ayant des valeurs et des aspirations bourgeoises et, en définitive, un égocentrisme de voyous.

Aujourd'hui, ce ne sont pas seulement la semaine de travail et l'année de travail qui s'allongent pour la classe ouvrière (la durée des congés payés et le nombre des jours fériés diminuent pour des millions de travailleurs) — c'est la *durée de la vie active*[34]. Le nombre d'années pendant

---

34. L'année de travail moyenne aux États-Unis était plus longue en 2003 qu'il y a un demi-siècle. La semaine de travail moyenne dans les secteurs minier et manufacturier dépasse 40 heures et la moyenne aussi bien des heures normales que des heures supplémentaires est montée en flèche depuis 1955. Les travailleurs

lequel le travailleur moyen aux États-Unis fait partie de la population active, qui avait diminué jusqu'au milieu des années 80, a commencé à augmenter à nouveau au cours des 15 dernières années [35]. L'âge officiel de la retraite permettant de recevoir une pension complète de la Sécurité sociale va être augmenté par étapes à partir de 2003, passant de 65 à 67 ans. Et ce n'est qu'un début, étant donné que les patrons vont accroître leurs attaques contre le salaire social dans les prochaines années. Ceci n'a rien à voir avec la réduction des écarts entre les générations et la garantie à chaque être humain d'une éducation et d'un travail social productif pour la vie, comme nous l'avons discuté dans *La classe ouvrière et la transformation de l'éducation*. Il s'agit plutôt d'une plus longue vie *d'exploitation* pour gonfler les profits d'un patron. Et dans la foulée viendra un plus grand nombre de blessures et d'accidents mortels sur les lieux de travail. Ce serait le cas même sans accélération des cadences. Et comme tout le monde ici le sait et le ressent, *il y a* une accélération des cadences, une accélération *brutale*.

---

de production qui font des heures supplémentaires ont une semaine de travail moyenne de plus de 50 heures — presque 60 heures pour les mineurs. Selon les statistiques du gouvernement U.S., le pourcentage de travailleurs qui n'ont pas de congés payés a bondi de 3 pour cent au début des années 90 à 13 pour cent en 2003 dans les moyennes et grandes entreprises (comptant plus de 100 employés), et de 12 pour cent à 27 pour cent dans les petites entreprises.

35. Selon le Bureau des statistiques du travail des États-Unis, le pourcentage des travailleurs âgés de 65 à 74 ans qui font toujours partie de la population active est passé de 16,7 en 1990 à 19,1 en 2000 et devrait atteindre 22,1 en 2010. Le pourcentage des hommes dans ce groupe d'âge des actifs a augmenté de 21,4 en 1990 à 24,2 en 2000 et devrait atteindre 27,7 en 2010.

L'an dernier, nous avons présenté de manière populaire des aspects centraux de notre programme dans *Cuba et la révolution américaine à venir*. Nous pouvons utiliser ce livre efficacement lorsque nous parlons du socialisme avec des jeunes et des travailleurs. On trouvera quelques-unes de nos présentations les plus claires et les plus complètes dans les documents pionniers du tournant vers l'industrie de la fin des années 70 et du début des années 80 qui sont contenus dans *Le visage changeant de la politique aux États-Unis* et *Le désordre mondial du capitalisme*. Par exemple, dans « Conduire le parti vers l'industrie » — le rapport de février 1978 qui a lancé le tournant — nous avons expliqué à quel degré la classe qui emploie, avec l'aide de la bureaucratie syndicale, avait sapé les fondements mêmes de la solidarité ouvrière au cours de l'« été » qui a suivi la seconde guerre mondiale, un long segment ascendant de la courbe du développement capitaliste.

« De plus en plus de ce qu'on appelle des avantages sociaux — pensions, couverture médicale, allocations supplémentaires de chômage — [sont devenus dépendants] des profits que continue à faire ou ne pas faire le patron pour lequel vous travaillez. Nous voyons cette tendance se développer dans des industries comme le charbon, l'acier et l'automobile. Ces avantages ne sont pas gagnés pour la classe dans son ensemble, ni même pour une partie de la classe. » Le rapport a poursuivi :

> Pour les travailleurs qui y ont droit, ces avantages sont bons quand tout va bien, parce qu'ils constituent un ajout substantiel par rapport à toutes les autres choses sur lesquelles peuvent compter les travailleurs industriels. Mais quand l'étau se resserre, tout ça commence à se désintégrer. Vos fonds de pension sont

menacés. Votre couverture médicale est lacérée. Les allocations de chômage complémentaires s'épuisent. [...]
C'est le prix à payer quand la dette du syndicalisme d'affaires arrive à échéance. C'est le prix à payer pour la politique de collaboration de classe consistant à refuser de se battre pour les besoins réels de la classe : la sécurité sociale de la classe, des services médicaux nationaux, un système d'assurance-chômage national véritable et suffisant, une semaine de travail plus courte sans perte de salaire, une protection contre l'inflation et l'action politique ouvrière indépendante. C'est le prix payé pour une bureaucratie qui dit que les luttes sociales et politiques indépendantes sont secondaires et qui dit que les promesses des employeurs dans la convention collective sont décisives.

C'est le prix à payer pour le refus de la bureaucratie syndicale de diriger le mouvement ouvrier dans une lutte pour les grands besoins sociaux de la classe ouvrière et de construire un instrument politique pour y arriver [36].

### Apprendre à parler concrètement

Quand nous parlons des conditions de dépression dans lesquelles nous entrons, ce mot lui-même — *dépression* — peut aisément devenir une abstraction creuse si nous ne faisons pas attention et si nous ne sommes pas concrets. Trotsky a mis en garde contre de tels dangers dans sa lettre de 1923

---

36. Jack Barnes, *Le visage changeant de la politique aux États-Unis — la politique ouvrière et les syndicats*, New York, Pathfinder, 1997, 2005, p. 191-192 [tirage de 2013].

sur la courbe du développement capitaliste que nous avons citée précédemment. Au cours d'une longue période de stabilité capitaliste, a-t-il dit, il est naturel de réduire différents phénomènes politiques et diverses tendances économiques à « un type social connu, » puisqu'il est ainsi possible de communiquer et d'agir. « Mais quand un sérieux changement intervient dans la situation, […] des explications si générales se révèlent complètement inadéquates et se transforment entièrement en truismes vides [37]. »

Par exemple, si vous retournez jeter un coup d'oeil à la série sur les Teamsters, vous remarquerez que Farrell [Dobbs] parle toujours de périodes distinctes et concrètes pendant la dépression et de leurs conséquences politiques, pas simplement de la « grande dépression » des années 30.

Farrell décrit les quatre années qui ont suivi 1929, quand la production a chuté d'un tiers et le chômage a fini par grimper jusqu'à 25 pour cent. « Au début, dit-il, les travailleurs ont subi ces coups d'une manière plus ou moins passive. Ils avaient été abasourdis par la débâcle économique et il leur a fallu du temps pour se remettre du choc [38]. »

Farrell décrit ensuite ce qui a commencé à se produire dans la classe ouvrière et le mouvement ouvrier en 1933, quand la production a amorcé une remontée de quatre ans pendant laquelle elle a augmenté de plus d'un tiers et le chômage a chuté de près de moitié pour revenir aux environs de 14 pour cent. Au cours de cette année, dit-il, « des grèves ont éclaté ici et là dans l'industrie » et

---

37. L.Trotsky, « La courbe du développement capitaliste, » *Nouvelle Internationale*, n° 5, p. 282.

38. F. Dobbs, *Teamster Politics* [Politique Teamster], New York, Pathfinder, 1975, p. 64 [tirage de 2012].

se sont poursuivies en 1934 — quand des luttes ouvrières d'un type nouveau ont explosé à Minneapolis, San Francisco et Toledo — pour culminer dans les grèves avec occupation d'usine et les autres luttes de la période de 1935-1937 dans l'automobile, la sidérurgie et diverses industries : des grèves et des campagnes de syndicalisation qui ont construit les syndicats industriels et le CIO. « Ces grèves, écrit Farrell, ont résulté de l'interaction de deux facteurs fondamentaux : la détermination des travailleurs à regagner le terrain qu'ils avaient perdu pendant la dépression et leur confiance croissante — stimulée par la reprise économique partielle du New Deal — que leurs objectifs pouvaient être atteints. »

FINALEMENT, FARRELL RACONTE L'IMPACT de la nouvelle récession capitaliste de 1937-1938, notamment le ralentissement des batailles du CIO et le début de la marche accélérée de l'administration démocrate vers la deuxième guerre impérialiste mondiale. « Quand l'économie nationale a recommencé à s'effondrer au milieu de 1937, écrit-il, les employeurs ont cherché à utiliser la nouvelle situation comme base d'une offensive contre le mouvement ouvrier organisé. […] Ils se sont sentis encouragés dans ce cours par le fait que la baisse de la production tendait quelque peu à émousser la combativité des rangs des syndicats[39]. » Au cours de cette période, la dynamique politique très réelle pour avancer vers un parti des travailleurs indépendant — une dynamique qui avait gagné du terrain parmi les travailleurs d'avant-garde engagés dans les batailles pour construire le mouvement syndical industriel — a été renversée. C'est plutôt le misleadership

---

39. Ibid., p. 163.

stalinien du Parti communiste qui s'est gagné une plus grande écoute parmi les travailleurs avec sa politique de front populaire consistant à lier le mouvement ouvrier toujours plus étroitement au Parti démocrate et au cours d'une grande majorité des pontes du CIO et d'un bon nombre de ceux de l'AFL.

Nous ne verrions jamais de développements révolutionnaires où que ce soit dans le monde si l'activité économique, la vie politique et la lutte de classe évoluaient toutes de manière linéaire. Si la production ne faisait que chuter lors d'une dépression, la classe ouvrière finirait par être tellement dévastée que tout combat de classe effectif, sans parler de tout combat révolutionnaire, sombrerait. Ce sont les brusques mouvements en dents de scie, la plus grande violence des fluctuations, les promesses et les attentes brisées qui transforment la conscience des travailleurs. C'est ce qui permet à beaucoup d'entre eux de forger leur détermination à lutter. Et c'est ce qui en conduit beaucoup d'autres à se tourner vers ces combattants — à moins que ou jusqu'à ce qu'il ne soit démontré que ces derniers ne peuvent allier leurs gestes à leurs paroles.

**Nos cinq camarades cubains**

Nous ne devrions pas terminer ce congrès sans nous rappeler que notre mouvement a une nouvelle obligation, celle de travailler politiquement avec cinq communistes de Cuba qui purgent une peine dans des prisons fédérales aux États-Unis. Évidemment et comme ils se doivent de le faire, ces camarades se tournent vers Cuba pour les lignes stratégiques fondamentales de leur travail et pour leur perspective internationale. Mais pour une période indéterminée, ils sont maintenant engagés dans une arène de la lutte des classes où la direction de la révolution cubaine a peu d'expérience directe ou même indirecte. Il s'agit d'ici même, aux États-Unis. Même si leur engagement sur ce front est involontaire, pendant le temps de ce déploiement ils sont déterminés à approfondir leur compréhension scientifique de la politique de classe ici et à suivre un cours d'action discipliné. Et nous les accueillons comme une brigade de renfort du mouvement ouvrier révolutionnaire dans ce pays.

Incarcérés dans le système carcéral déshumanisant des États-Unis, ces cinq camarades traversent de nombreuses expériences, dont celle de se heurter aux moyens par lesquels des idées de droite et fascistes arrivent à prendre pied parmi des couches de travailleurs aux États-Unis [40]. Ils sont en fait en train d'apprendre pourquoi il n'est pas exact de dire qu'à cause des nombreuses traditions démocratiques de ce pays, un bon nombre de gens aux États-Unis ne pourront jamais être gagnés à un mouvement fasciste. Ces traditions sont des traditions *démocratiques bourgeoises*, nous devons toujours nous le rappeler. Et elles seront déchiquetées comme des morceaux de papier si la classe ouvrière de ce pays n'arrive pas à forger une direction capable d'organiser les travailleurs, les agriculteurs et nos alliés dans une

---

40. Dans une lettre à Mary-Alice Waters, Ramón Labañino a exprimé le désir de recevoir une copie du livre *Behold a Pale Horse* [Opération cheval de Troie] de William Cooper, qui lui avait été recommandé par des compagnons de prison. Le livre est une présentation d'extrême droite de théories de conspiration sur tout, des OVNI jusqu'à l'assassinat du président John F. Kennedy. Il comprend le texte complet du document antisémite notoirement faux du tsarisme russe intitulé *Les protocoles des sages de Sion*. Cooper a été abattu par un shérif adjoint en Arizona en novembre 2002.

révolution victorieuse lorsque le combat de classe s'accélérera brusquement et posera la question de quelle classe va diriger.

Nos camarades cubains ne font pas qu'observer. Ils sont aussi en train d'apprendre en pratique la place et le poids des travailleurs qui sont Noirs dans la construction d'une avant-garde sociale et politique de la classe ouvrière aux États-Unis. Ils sont en train d'apprendre pourquoi le fait de lire et d'assimiler les discours de Malcolm X pendant les dernières années de sa vie ouvre une voie vers la politique et l'organisation révolutionnaires. Ils sont en train d'apprendre quelle est l'utilité du *Militant*, de *Perspectiva Mundial* et des livres et brochures des éditions Pathfinder — y compris des livres et brochures portant sur la révolution cubaine — dans la lutte de classe de ce pays.

## Des cadres profondément politiques

Au dos de *Leur Trotsky et le nôtre*, (New York, Pathfinder, 2004) nous avons préparé une brève description de ce dont parle le livre. Elle commence ainsi : « L'histoire démontre que les petites organisations révolutionnaires ne seront pas seulement confrontées au dur test de la guerre et de la répression, mais aussi aux opportunités potentiellement destructrices qui se présentent de manière inattendue lorsque font éruption les grèves et les luttes sociales. »

C'est à ce moment que deviennent décisifs non seulement le hasard mais aussi l'état de préparation qui peut contribuer à transformer l'imprévu en bonne fortune.

« Quand ceci se produit, poursuit le texte, les partis communistes ne font pas que recruter de nombreux nouveaux membres. » Et en effet ils recrutent dans ces conditions, plus rapidement et en plus grand nombre qu'à peu près n'importe qui dans cette salle peut l'imaginer sur la base de sa propre expérience dans le mouvement ouvrier révolutionnaire. En plus de recruter directement des individus, disons-nous, les partis communistes dans ces conditions convergent aussi *politiquement* avec d'autres forces en lutte. Ils « fusionnent politiquement avec d'autres organisations ouvrières évoluant dans la même direction et deviennent des partis prolétariens de masse qui luttent pour diriger les travailleurs et les agriculteurs au pouvoir. »

Nous en venons ensuite à la partie qui a aujourd'hui la plus grande importance pratique pour les travailleurs communistes.

Ceci suppose en premier lieu « que longtemps à l'avance » les cadres de tels partis « ont intégré un programme communiste international avec lequel ils sont à l'aise. » Qu'une perspective communiste internationale est devenue une habitude politique, a été intériorisée et est devenue une question de quasi-réflexe.

Deuxièmement, ceci suppose que l'orientation politique révolutionnaire de tels partis s'appuie sur l'activité quotidienne de cadres dont la « vie et [le] travail sont prolétariens. » Les deux sont tout aussi importants — la *vie* et le *travail*. Voilà le coeur du tournant vers l'industrie et vers les syndicats industriels que nous avons effectué il y a un quart de siècle et des efforts que nous avons continué à déployer depuis ce temps pour renforcer ce cours. Voilà ce qui rend possible le centralisme révolutionnaire. Il ne s'agit pas d'une caricature organisationnelle d'habitudes prolétariennes. Il s'agit d'être présents là où nous devons l'être, parmi une avant-garde de notre classe, et d'y être d'une façon disciplinée et structurée.

Troisièmement, les noyaux de partis communistes doivent être composés de ceux et celles qui « éprouvent une grande satisfaction à faire de la politique. » Ceci peut sembler un peu excessif. Mais ça ne l'est pas. Oui, les révolutionnaires peuvent et vont traverser un mois difficile, une période difficile de trois mois et même une année difficile. Ceci fait partie de la condition humaine sous le capitalisme. Quelqu'un qui prétend n'avoir jamais traversé une mauvaise passe fait peur. Il ne doit jamais cligner des yeux. Personne parmi nous n'aimerait avoir un ange sur son flanc. Mais si à moyen et long terme, un cadre du parti n'éprouve pas une grande satisfaction à faire du travail politique communiste, il ne peut répondre aux statuts de la Ligue des communistes rédigés par Marx et Engels lors de sa fondation en 1847. Une des « conditions d'adhésion » énoncées en était « une énergie révolutionnaire et un zèle propagandiste [41]. » Ce sont les mots choisis par Marx et Engels pour un document soumis pour adoption par les délégués au même congrès qui les a affectés à rédiger le Manifeste du parti communiste. Pour être membre, il fallait faire preuve d'« une énergie révolutionnaire et [d']un zèle propagandiste. »

Et quatrièmement, nous disons que bien avant une remontée des luttes révolutionnaires, un parti communiste doit avoir forgé une « direction dotée d'un sens aigu de ce qu'il faut faire. » De ce qu'il faut faire maintenant. *Aujourd'hui.* Pas après-demain. Et toujours de manière *concrète.*

Voilà ce que nous attendons d'une direction dans le mouvement communiste.

---

41. Karl Marx et Friedrich Engels, « Statuts de la Ligue des communistes, » *Le parti de classe*, tome 1, Paris, Maspéro, 1973.

J'ai pensé à ce résumé du genre de mouvement que nous construisons quand nous préparions la réunion pour célébrer la vie et le travail politiques de Charlie Scheer. J'ai pris la parole à plus d'une réunion commémorative depuis environ un an, et à bien d'autres avant cela, visant à honorer la vie et la contribution de camarades décédés. Ce qui m'a le plus frappé en pensant à Charlie et en discutant sa vie avec d'autres, c'est ce que tous ces camarades — chacun d'entre eux merveilleusement différent des autres à bien des égards — avaient en commun : le fait d'être des gens profondément *politiques*. Pas simplement des gens qui s'intéressaient à la politique. Mais des gens qui organisaient leur vie au sein du mouvement prolétarien et à qui la politique fournissait l'axe pratique de leur vie — la base du plaisir et de la satisfaction qu'ils tiraient de la vie. C'était la source de leurs réalisations.

*Leur Trotsky et le nôtre* porte sur l'oeuvre de toute une vie de tels cadres.

### Garder le cap

Durant les derniers jours de ce congrès, nous en sommes arrivés à la compréhension commune de l'importance politique de l'exemple que les communistes aux États-Unis peuvent et doivent donner à leurs camarades de travail et aux autres révolutionnaires. La politique de classe que nous avons conquise et les mesures que nous sommes en train de prendre dans nos branches, comités d'organisation et fractions syndicales constituent la base sur laquelle nous nous engageons devant le monde à ne jamais manifester de crainte devant la moindre action de l'impérialisme américain. La puissance des dirigeants U.S. n'a d'égale que leur prétention. Les conséquences incontrôlées, imprévues de leur pouvoir économique et militaire annulent les conditions mêmes qu'ils cherchent à utiliser pour stabiliser et défendre leur système d'exploitation et d'oppression en crise.

La réponse du Parti socialiste des travailleurs aux événements du 11 septembre et à la réaction des dirigeants U.S. n'était pas une bravade. Pas plus que ne l'est notre détermination de tenir bon face au cours de l'impérialisme U.S. vers la guerre et face à l'averse violente qui commence à tomber sur l'ensemble du système de marché mondial. Ce que les travailleurs-bolcheviks font aux États-Unis accroît la confiance de chaque travailleur, agriculteur ou jeune qui refuse partout dans le monde de plier les genoux. Ceci accroît la confiance des militants qui découvrent en lisant un numéro du *Militant* ou de *Perspectiva Mundial*, ou un livre ou une brochure des éditions Pathfinder — ou en observant des travailleurs d'avant-garde dans leur usine, dans leur quartier ou au cours d'une lutte commune — qu'il y en a d'autres comme eux qui font la même chose.

Nous n'avons pas une vision exagérée de nous-mêmes ou de ce que les travailleurs des États-Unis peuvent et vont accomplir. S'il est vrai que le dernier empire du monde ne tombera jamais de son propre poids, il est aussi vrai qu'il *sera* renversé par une lutte révolutionnaire des travailleurs et des agriculteurs de ce pays, qui se battront côte à côte avec les travailleurs et les agriculteurs internationalistes du monde entier.

La profonde satisfaction que nous retirons à faire de la politique découle de la connaissance issue de l'histoire et des expériences concrètes des classes travailleuses qu'un tel but est palpable et réel. Et lorsque ce sera chose faite, l'énergie et l'ardeur révolutionnaires qui émaneront des travailleurs et des agriculteurs du monde entier est quelque chose que nous pouvons à peine commencer à imaginer.

Ici, nous avons franchi un pas de plus sur cette route.

# LA CRISE CAPITALISTE ET LA LUTTE POUR LE POUVOIR OUVRIER

### Sont-ils riches parce qu'ils sont intelligents ?
Classe, privilège et apprentissage sous le capitalisme

JACK BARNES

Ce livre expose la montée des inégalités de classe aux États-Unis et les justifications intéressées des professionnels bien payés qui pensent que leur « génie » les habilite à « réglementer » les travailleurs, qui ne sauraient pas ce qui est dans leur propre intérêt. 10 $ US. Aussi en anglais, espagnol, farsi et arabe.

### Le bilan anti-ouvrier des Clinton
Pourquoi Washington craint les travailleurs

JACK BARNES

Ce que les travailleurs doivent savoir sur le cours, axé sur le profit, des démocrates et des républicains au cours des 30 dernières années. L'éveil politique des travailleurs qui cherchent à comprendre et à résister aux attaques des dirigeants capitalistes. 10 $ US. Aussi en anglais, espagnol, farsi et grec.

### Une révolution socialiste est-elle possible aux États-Unis ?
Un débat nécessaire entre travailleurs

MARY-ALICE WATERS

« Oui », répond l'auteure sans hésiter. Possible, mais pas inévitable. Ça dépend de ce que font les travailleurs. 7 $ US. Aussi en anglais, espagnol et farsi.

## En défense de la classe ouvrière américaine

MARY-ALICE WATERS

En 2018, les grèves victorieuses de dizaines de milliers d'enseignants et d'autres travailleurs de la Virginie-Occidentale et de l'Oklahoma ont été, pour tous les travailleurs, un exemple de lutte pour la dignité et le respect. 7 $ US. Aussi en anglais, espagnol, farsi et grec.

## Le programme de transition pour la révolution socialiste

LÉON TROTSKY

Le programme du Parti socialiste des travailleurs, élaboré par Léon Trotsky en 1938, guide toujours le SWP et les communistes partout dans le monde. Le parti « combat sans compromis tous les groupements politiques pendus aux jupons de la bourgeoisie. Sa tâche : l'abolition de la domination du capitalisme. Son objectif : le socialisme. Sa méthode : la révolution prolétarienne. » 17 $ US. En anglais et en farsi.

## Malcolm X parle aux jeunes

« La jeune génération de blancs, de Noirs, de bruns, de toute autre couleur, vous vivez une époque de révolution, a dit Malcolm en 1964. Quant à moi, je me joindrai à quiconque, je me fiche de votre couleur, veut changer la condition misérable qui existe sur cette terre. » Quatre discours et un entretien dans les derniers mois de la vie de Malcolm X. 12 $ US. Aussi en anglais, espagnol, farsi et grec.

**WWW.PATHFINDERPRESS.COM**

# LA RÉVOLUTION RUSSE

## Le dernier combat de Lénine
Écrits et discours, 1922-1923
V. I. LÉNINE

En 1922 et 1923, V. I. Lénine, le dirigeant central de la première révolution socialiste dans le monde, a livré ce qui allait être son dernier combat politique. Ce qui était en jeu, c'était de maintenir le cours prolétarien de la révolution, et du mouvement international qu'elle dirigeait, qui avait porté les travailleurs et les paysans au pouvoir en octobre 1917 en Russie. 17 $ US. En anglais, espagnol, farsi et grec.

## Histoire de la révolution russe
LÉON TROTSKY

Comment, sous la direction de Lénine, le Parti bolchevique a conduit des millions d'ouvriers et d'agriculteurs à renverser le pouvoir d'État des propriétaires terriens et des capitalistes en 1917 et à mettre au pouvoir un gouvernement qui avançait leurs intérêts de classe chez eux et à travers le monde. Le texte intégral en deux volumes. Écrit par l'un des principaux dirigeants de cette révolution socialiste. Deux volumes. 28 $ US chaque volume. Aussi en anglais et en russe.

## La révolution trahie
Qu'est-ce que l'Union soviétique et où va-t-elle ?
LÉON TROTSKY

En 1917, la classe ouvrière et les paysans de Russie sont la force motrice d'une des plus profondes révolutions de l'histoire. Mais en dix ans se consolide une contre-révolution menée par une couche sociale privilégiée et dont le principal porte-parole est Joseph Staline. L'étude classique de l'État ouvrier soviétique et de la dégénérescence de la révolution. 17 $ US. En anglais, espagnol, farsi et grec.

# CONSTRUIRE UN PARTI PROLÉTARIEN

## L'histoire du trotskysme américain, 1928-1938
Le rapport d'un participant
JAMES P. CANNON

« Le trotskysme n'est pas un nouveau mouvement, une nouvelle doctrine, écrit Cannon, mais la restauration, la renaissance du marxisme véritable tel qu'il a été exposé et appliqué au cours de la révolution russe et des premiers jours de l'Internationale communiste. » 17 $ US. Aussi en anglais et en espagnol.

## Leur Trotsky et le nôtre
JACK BARNES

Pour diriger les travailleurs à la victoire dans une révolution, il faut un parti révolutionnaire de masse dont les cadres, longtemps à l'avance, ont intériorisé un programme communiste international, ont une vie et un travail prolétariens, prennent plaisir à faire de la politique et ont forgé une direction dotée d'un sens aigu de ce qu'il faut faire. Ce livre discute comment construire un tel parti. 12 $ US. Aussi en anglais, espagnol et farsi.

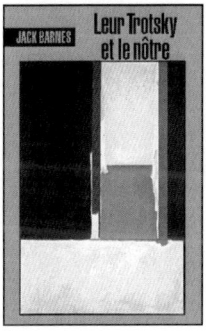

## La lutte pour un parti prolétarien (extraits)
JAMES P. CANNON

« Les travailleurs américains, écrit James P. Cannon, sont assez puissants pour renverser la structure du capitalisme ici et pour soulever le monde entier en se dressant. » À la veille de la deuxième guerre mondiale, un fondateur du mouvement communiste aux États-Unis et un dirigeant de l'Internationale communiste du temps de Lénine défend le programme du bolchevisme et ses normes de construction du parti. 5 $ US. Aussi en anglais, espagnol et farsi.

WWW.PATHFINDERPRESS.COM

**ANNEXE**

# CRISE, PROSPÉRITÉ ET RÉVOLUTION

## RAPPORTS DE V. I. LÉNINE ET LÉON TROTSKY, 1921

Cette annexe au « Long hiver chaud du capitalisme a commencé » comprend des rapports des dirigeants bolcheviques V. I. Lénine et Léon Trotsky débattus et adoptés par le troisième congrès de l'Internationale communiste, tenu à Moscou en 1921. Dans la rubrique « Dans ce numéro » au début de la revue, Jack Barnes explique les raisons pour lesquelles les rédacteurs de *Nouvelle Internationale* ont trouvé utile de les inclure en annexe.

De larges extraits du rapport de 1921 de Trotsky sont publiés ici. La traduction qui suit a été faite à partir de la traduction en anglais parue dans le douzième numéro de la revue *New International*. Elle incorpore des sections du rapport de Trotsky traduites en français il y a de nombreuses décennies. La traduction complète du rapport en anglais a été effectuée par John C. Wright et publiée pour la première fois à la fin de la deuxième guerre mondiale dans *The First Five Years of the Communist International* [Les cinq premières années de l'Internationale communiste] des éditions Pathfinder. Cette traduction a été vérifiée et corrigée auprès de l'original en russe pour la revue *New International*.

La traduction en français du rapport de Lénine, parue dans le tome 22 de ses *Oeuvres complètes*, incorpore des corrections apportées à la traduction en anglais publiée dans *New International* à partir de l'original en russe.

La publication de ces deux rapports de 1921 s'ajoute à un ensemble de documents connexes publiés par les éditions Pathfinder, en particulier une lettre de 1923 de Trotsky intitulée « La courbe du développement capitaliste » publiée dans le cinquième numéro de *Nouvelle Internationale*. De plus, la brochure *Europe and America: Two Speeches on Imperialism* [Europe et Amérique : deux discours sur l'impérialisme] contient deux discours de Trotsky de 1924 et 1926.

# LA CRISE ÉCONOMIQUE MONDIALE ET LES TÂCHES DES COMMUNISTES

*Léon Trotsky*

*23 juin 1921*

## 1917-1921

AVEC LA GUERRE IMPÉRIALISTE, nous sommes entrés dans l'époque de la révolution, c'est-à-dire une époque pendant laquelle les piliers mêmes de l'équilibre capitaliste sont ébranlés et s'effondrent. L'équilibre capitaliste est un phénomène extrêmement complexe. Le capitalisme produit cet équilibre, le perturbe, le reconstruit pour le perturber à nouveau, tout en étendant les limites de sa domination. Dans le domaine économique, ces bouleversements et rétablissements constants de l'équilibre prennent la forme de crises et de booms économiques. Dans le domaine des relations entre les classes, la perturbation de l'équilibre prend la forme de grèves, de lock out, de lutte révolutionnaire. Dans le domaine des relations entre États, la rupture de l'équilibre, c'est la guerre tout court ou bien, sous une forme plus faible, la guerre des tarifs douaniers, la guerre économique ou le blocus. Le capitalisme a ainsi un équilibre dynamique, un équilibre qui est toujours en train de se rompre ou de se rétablir. Mais en même temps, cet équilibre est très résistant, la meilleure preuve en étant que le monde capitaliste ne s'est pas encore écroulé.

La dernière guerre impérialiste constitue un événement que nous avons considéré avec raison comme un coup colossal, inégalé dans l'histoire, porté à l'équilibre du monde capitaliste. L'époque des plus grands mouvements de masse et luttes révolutionnaires a en effet surgi de la guerre. Maillon le plus faible de la chaîne capitaliste, la Russie a été la première à perdre son équilibre et la première à entrer dans la voie de la révolution en 1917, au mois de février.

Notre révolution de février a eu de grandes répercussions parmi les masses travailleuses d'Angleterre. L'année 1917 a été en Angleterre l'année des plus grandes grèves combatives, pendant lesquelles le prolétariat anglais a réussi à freiner le processus d'abaissement du niveau de vie des masses laborieuses provoqué par la guerre [1]. En octobre 1917, la classe ouvrière de Russie a pris le pouvoir. Les grèves combatives se sont étendues à l'ensemble du monde capitaliste en commençant par les pays neutres. En automne 1918, le Japon a passé par une zone d'émeutes « du riz » tumultueuses auxquelles ont participé, d'après certaines données, jusqu'à 25 pour cent de la population du pays et qui se sont heurtées à une cruelle répression de la part du gouvernement du

---

1. En mai 1917, les travailleurs de la métallurgie et d'autres industries ont lancé en Angleterre une vague de grèves contre la montée des prix de la nourriture et la détérioration, exacerbée par la guerre, d'autres conditions sociales et économiques. Incapables de vaincre ces grèves par des arrestations, les employeurs et leur gouvernement ont fait quelques concessions aux revendications des grévistes. Environ 872 000 travailleurs ont participé aux grèves de 1917 en Angleterre et plus de 1 100 000 l'année suivante.

mikado [2]. En janvier 1918, des grèves de masse ont eu lieu en Allemagne. À la fin de 1918, après la débâcle du militarisme allemand, des révolutions ont eu lieu en Allemagne et en Autriche-Hongrie [3]. Le mouvement révolutionnaire continue à prendre de l'ampleur.

L'année la plus critique pour le capitalisme, du moins pour le capitalisme européen, arrive : l'année 1919. En

---

2. À l'été de 1918, des révoltes contre la montée en flèche du prix du riz ont déferlé sur le Japon. Le régime du mikado, l'empereur, a répondu avec une répression brutale, tuant plus de cent travailleurs et emprisonnant des milliers d'autres. Le cabinet de l'empereur est tombé à la suite de la rébellion.

3. Une révolte de marins en octobre 1918 a amorcé dans toute l'Allemagne une vague d'actions révolutionnaires qui a renversé la monarchie des Hohenzollern et conduit à l'établissement de conseils de travailleurs et de soldats. Le Parti social-démocrate, qui avait appuyé l'effort de guerre du régime impérialiste allemand, est intervenu pour former un gouvernement avec un parti centriste, le Parti social-démocrate indépendant. Le régime était dirigé par Friedrich Ebert. Tout en reconnaissant formellement les conseils de travailleurs et de soldats comme la base du pouvoir gouvernemental, les sociaux-démocrates ont gouverné dans les faits de façon à stabiliser le pouvoir bourgeois en utilisant l'appareil d'État hérité de la monarchie. En janvier 1919, le nouveau gouvernement a lancé contre le mouvement ouvrier en ascension des unités militaires dirigées par des officiers de droite, les « Freikorps », dans un régime de terreur qui a mené à l'assassinat de centaines de personnes, dont les dirigeants révolutionnaires Rosa Luxemburg et Karl Liebknecht. Les sociaux-démocrates se sont alors ouvertement joints aux partis bourgeois pour constituer un régime de coalition.

Des soulèvements de travailleurs dans tout l'empire austro-hongrois en 1918 ont conduit à l'effondrement de la monarchie au mois de novembre de la même année, à l'établissement de gouvernements indépendants en Tchécoslovaquie, en Hongrie et dans les Balkans, ainsi qu'à la formation d'un régime dominé par les sociaux-démocrates en Autriche même.

mars 1919, une république des soviets est constituée en Hongrie [4]. En janvier et mars 1919, de violents combats ont éclaté en Allemagne entre les travailleurs révolutionnaires et la république bourgeoise. En France pendant la démobilisation, il y a de la tension dans l'air, mais les illusions de la victoire et les espoirs d'en récolter les fruits d'or sont encore trop puissants. Ici la lutte ne commence même pas à se rapprocher des proportions qu'elle atteint dans les pays vaincus. Aux États-Unis, vers la fin de 1919, les grèves acquièrent une ampleur formidable englobant cheminots, mineurs, métallurgistes, etc. Le gouvernement [du président Woodrow] Wilson lance une répression sauvage contre la classe ouvrière [5].

---

4. La direction inexpérimentée du Parti communiste dans le gouvernement révolutionnaire de Hongrie, qui venait d'acquérir son indépendance, a pris la décision fatale de s'unir dans un même parti avec les organisations sociales-démocrates réformistes et centristes du pays. Le gouvernement a aussi tenté d'avancer rapidement vers l'établissement de fermes d'État collectivisées, sans tenir compte du désir des paysans pauvres et moyens de posséder un lopin de terre à cultiver. Sa direction gauchiste a refusé d'effectuer une réforme agraire radicale comme l'avaient fait les bolcheviks en Russie. Confronté à une rébellion à la campagne et au sabotage ouvert de la part du centre et de l'aile droite du nouveau parti, le gouvernement révolutionnaire a été renversé après 133 jours. Des milliers de personnes, y compris de nombreux Juifs, ont péri pendant la période de terreur blanche contre-révolutionnaire qui a suivi en Hongrie.

5. En 1919, une vague de grèves de travailleurs du textile, de mineurs de cuivre, de travailleurs des chantiers navals et d'autres industries a culminé en une grève de 365 000 métallurgistes dans dix États à la mi-septembre et en une grève d'un demi-million de mineurs de charbon au début de novembre. Avec

Au printemps 1920 en Allemagne, une tentative d'installer la contre-révolution par le putsch de Kapp mobilise la classe ouvrière et la pousse au combat. Le mouvement intense mais désordonné des travailleurs allemands est encore une fois écrasé impitoyablement par la république d'Ebert qu'ils venaient de sauver[6]. En France, la situation politique atteint son intensité maximale au mois de mai de l'an dernier, lors de la proclamation de la grève générale qui, soit dit en passant, s'est révélée loin d'être générale. Elle a été mal préparée et

l'appui des gouvernements fédéral et des États, les patrons de l'industrie sidérurgique ont entrepris de briser les grèves, tuant 18 travailleurs et en blessant beaucoup d'autres. Les mineurs de charbon sont retournés au travail à la mi-novembre, après avoir gagné quelques-unes de leurs revendications salariales mais sans avoir réussi à réduire leurs heures de travail. Mal dirigés par les officiers de plusieurs syndicats de métier dans l'acier et trahis par les officiers des syndicats de métier des chemins de fer, les métallurgistes ont vu leur lutte se terminer par une défaite en janvier 1920.

En 1919 et en 1920 aux États-Unis, le gouvernement a lancé une vague de descentes policières qui ont mené à l'arrestation de milliers de travailleurs accusés d'activité communiste et à la déportation de centaines d'entre eux. Ces attaques, organisées par le procureur general des États-Unis A. Mitchell Palmer, sont connues comme les rafles de Palmer. Pendant plusieurs années à la suite de ces descentes, les organisations communistes aux États-Unis ont été forcées à la clandestinité.

6. En mars 1920, les travailleurs ont organisé une grève générale massive en Allemagne pour empêcher un coup d'État mené par le politicien de droite Wolfgang Kapp. Au lendemain de ce coup raté, le gouvernement dirigé par les sociaux-démocrates qui avait été sauvé par l'action des travailleurs a accentué ses attaques contre la classe ouvrière et le mouvement ouvrier révolutionnaire.

trahie par les chefs opportunistes qui ne voulaient pas la grève sans oser l'avouer [7][...].

En août, la marche de l'armée rouge sur Varsovie, qui constitue aussi une partie de la lutte révolutionnaire internationale, subit un échec [8]. En septembre, les

---

7. En mai 1920, craignant la montée de la combativité dans les rangs de leur organisation, les officiers de la Confédération générale du travail en France qui pratiquaient la collaboration de classe ont lancé un appel peu enthousiaste à une grève générale et à des grèves tournantes de solidarité, pour appuyer les cheminots qui avaient entrepris une grève pour obtenir la réintégration de syndicalistes licenciés. Face à l'arrestation de dirigeants syndicaux et aux menaces du gouvernement de prendre des mesures légales contre la CGT, les officiers ont mis fin à la grève à la fin mai, infligeant ainsi un coup démoralisateur au mouvement ouvrier. Le nombre de membres des syndicats a chuté de 2,5 millions au début de 1920 à moins d'un million au printemps de 1921.

8. En avril 1920, après avoir refusé l'offre de paix du gouvernement soviétique qui comprenait des concessions territoriales importantes de la part du gouvernement des travailleurs et des agriculteurs, le gouvernement capitaliste de Pologne a envahi la Russie soviétique. L'attaque a été menée avec la participation directe d'officiers français et l'appui militaire du capital financier britannique et U.S. Pendant que l'armée rouge répondait à cet assaut, le gouvernement soviétique a lancé un appel aux travailleurs et paysans polonais pour qu'ils se joignent à une lutte commune contre les propriétaires fonciers et les capitalistes du pays et contre leurs alliés impérialistes. En juillet, quand les troupes soviétiques sont entrées en Pologne et ont commencé à avancer sur Varsovie, les communistes polonais ont établi un comité révolutionnaire derrière les lignes de l'armée rouge.

L'avance de l'armée rouge a éveillé les craintes des dirigeants bourgeois à travers l'Europe. Elle a stimulé des éléments de résistance parmi les paysans et les travailleurs en Allemagne qui souffraient des conséquences de l'asservissement que représentait la

travailleurs italiens, prenant au sérieux l'agitation révolutionnaire purement verbale du Parti socialiste, s'emparent d'usines et de fabriques, mais sont trahis honteusement par le parti, subissent une défaite sur toute la ligne et sont soumis alors à une contre-offensive implacable de

---

dette imposée à titre de « réparations » selon les termes du traité de Versailles par les vainqueurs impérialistes de la première guerre mondiale. Quand les dirigeants britanniques ont menacé de prendre des mesures militaires contre la Russie soviétique, les travailleurs du Royaume-Uni ont mis sur pied à l'échelle du pays des comités d'action qui ont freiné Londres. Mais à la fin de l'été, les troupes de l'armée rouge avaient été refoulées par l'armée polonaise.

Évaluant la situation en octobre 1920, Lénine a dit : « Les forces nous ont manqué, nous n'avons pu prendre Varsovie et porter le coup de grâce aux propriétaires fonciers polonais, aux gardes blancs et aux capitalistes. Mais notre armée avait montré à l'univers entier que le traité de Versailles n'est pas aussi puissant qu'on le dit, lui qui condamne pour des dizaines d'années des centaines de millions d'hommes à payer [...] de quoi enrichir les impérialistes français, anglais et autres. [Quand Londres a envoyé un communiqué au gouvernement soviétique menaçant d'utiliser sa flotte pour attaquer Petrograd], le lendemain de l'envoi de ce télégramme, des meetings et des réunions ont eu lieu dans toute la Grande-Bretagne et l'on a vu surgir, comme s'ils sortaient de terre, des « comités d'action. » Les ouvriers se sont unis. [...] Voilà pourquoi cette guerre contre la Pologne s'est terminée comme aucun des États capitalistes ne s'y attendait. » (« Discours à la conférence des présidents des comités exécutifs des districts, cantons et villages de la province de Moscou, » Lénine, *Oeuvres complètes*, tome 31, p. 338-341.)

En mars 1921, les gouvernements soviétique et polonais ont signé un accord de paix, dont les termes étaient plus favorables à la république des travailleurs et des agriculteurs que ceux que celle-ci avait offerts à Varsovie l'année précédente.

la part de la réaction unifiée [9]. En décembre, une grève révolutionnaire de masse a lieu en Tchécoslovaquie. Enfin, au début de la présente année, des luttes révolutionnaires avec leur nombre très élevé de victimes éclatent dans le centre de l'Allemagne ; l'Angleterre assiste à la reprise de la grève opiniâtre des mineurs, qui n'est toujours pas terminée, tandis qu'une grève générale éclate en Norvège [10].

---

9. En septembre 1920, environ 600 000 travailleurs ont occupé les usines à travers l'Italie en réponse à une tentative de lock-out de la part des employeurs. La vague d'occupations a coïncidé avec une montée des luttes des paysans et des travailleurs agricoles la même année. Mais au lieu d'utiliser cette situation pré-révolutionnaire pour préparer les travailleurs et les paysans à prendre le pouvoir, la direction de collaboration de classe du Parti socialiste et des syndicats dirigés par le PS a démobilisé la lutte, ouvrant la porte aux représailles sauvages des employeurs et des bandes fascistes en ascension que dirigeait Benito Mussolini. À la suite de cette défaite, le mouvement dirigé par Mussolini a pris le pouvoir en 1922 et écrasé le mouvement ouvrier en Italie au cours des années suivantes.

10. En 1920, les mineurs de charbon syndiqués de Grande-Bretagne ont organisé une courte grève qui a permis d'obtenir des hausses salariales. En mars 1921, le gouvernement a annoncé qu'il rendait à leurs propriétaires capitalistes les mines qui avaient été sous son contrôle depuis la première guerre mondiale. Les propriétaires ont proposé une entente qui non seulement abaissait les salaires, mais éliminait l'échelle de salaires commune en vigueur dans l'industrie pour imposer aux mineurs des salaires liés aux profits des employeurs individuels. Quand les mineurs ont rejeté cette proposition, les compagnies de charbon ont imposé un lock-out le 1$^{er}$ avril. Les mineurs ont subi un dur coup quand les officiers des syndicats des cheminots et des travailleurs du transport ont annulé une grève de solidarité prévue pour le 15 avril et ont tourné le dos à la

Lorsque, immédiatement après la guerre, nous avons observé le développement du mouvement révolutionnaire, il pouvait sembler à plusieurs d'entre nous, avec d'amples justifications historiques, que ce mouvement chaque jour plus étendu et plus fort aboutirait directement à la prise du pouvoir par la classe ouvrière. Près de trois ans se sont cependant écoulés depuis la guerre. Dans le monde entier, avec la seule exception de la Russie, le pouvoir reste entre les mains de la bourgeoisie. Dans l'intervalle bien sûr, le monde capitaliste n'est pas resté immuable. Il a changé. L'Europe et le monde entier ont traversé une période de démobilisation d'après-guerre, une période extrêmement grave et dangereuse pour la bourgeoisie — période de démobilisation des êtres humains et de démobilisation des choses, c'est-à-dire de l'industrie — une période marquée par un boom sauvage de l'activité commerciale d'après-guerre suivi d'une crise qui n'est pas encore terminée.

Et maintenant les questions suivantes se posent à nous dans toute leur ampleur : la situation actuelle évolue-t-elle, même en ce moment, dans la direction de la révolution ? Ou bien faut-il admettre que le capitalisme a réussi à surmonter les difficultés créées par la guerre ? Et s'il n'a pas déjà rétabli l'équilibre capitaliste sur de nouvelles bases d'après-guerre, est-il en train de rétablir cet équilibre ou sur le point d'y arriver ?

**La bourgeoisie prend de l'assurance**

Si avant d'analyser les racines économiques de cette question nous l'étudions d'un point de vue purement politique, force nous sera de constater que toute une série de

---

lutte. Les mineurs ont été contraints de retourner au travail en juillet 1921 avec des salaires réduits de presque moitié.

signes, de faits et de déclarations témoignent du fait que la bourgeoisie est devenue plus forte et plus stable en tant que classe dirigeante — ou du moins qu'elle se croit telle. En 1919, la bourgeoisie européenne était en plein désarroi. C'était l'époque de la panique, l'époque de la peur véritablement folle du bolchevisme, qui se pointait alors comme une apparition extrêmement nébuleuse et de ce fait d'autant plus terrifiante, et qu'on dépeignait sur les affiches parisiennes sous les traits d'un meurtrier serrant un couteau entre les dents, et ainsi de suite. En réalité, ce spectre du bolchevisme au couteau personnifiait la peur de la bourgeoisie européenne d'être châtiée pour ses propres crimes de guerre. La bourgeoisie savait en tout cas à quel point les résultats de la guerre ne répondaient pas aux promesses qu'elle avait faites. Elle connaissait exactement l'étendue des sacrifices en vies et en ressources. Elle craignait d'avoir à rendre des comptes.

L'année 1919 a été sans aucun doute l'année la plus critique pour la bourgeoisie. En 1920 et 1921, on observe une montée graduelle de la confiance de la bourgeoisie et avec ce changement une consolidation indéniable de son appareil d'État qui, immédiatement après la guerre, s'était trouvé au bord de la désintégration dans différents pays, par exemple en Italie. Ce regain d'aplomb de la part de la bourgeoisie a pris sa forme la plus frappante en Italie après la lâche trahison du Parti socialiste au mois de septembre. La bourgeoisie avait cru faire face à des brigands et assassins horribles ; elle a plutôt trouvé... des poltrons. [...]

C<small>ELA A EU POUR EFFET</small> de modifier la situation objective des partis sociaux-démocrates par rapport à l'État et aux partis bourgeois. Partout les sociaux-démocrates ont été chassés du gouvernement. S'ils sont encore appelés au gouvernement, ce n'est que temporairement et sous l'effet d'une pression externe, comme ça a été le cas en Allemagne. Le Parti indépendant [social-démocrate d'Allemagne] a effectué un virage complet vers la droite, également sous l'impact direct ou indirect de la nouvelle situation, dont il tend à exagérer grandement la signification. Les indépendants de tous les pays et les sociaux-démocrates de tous les pays, qui semblaient tellement différents il y a un an ou un an et demi, se sont aujourd'hui rapprochés avec la coopération d'Amsterdam [11].

Il est absolument indéniable que la bourgeoisie a repris confiance en tant que classe ; également indéniable est la réelle consolidation de son appareil d'État policier après la guerre. Mais tout important qu'il soit, à lui seul ce fait ne règle nullement la question et nos ennemis sont en tout cas trop pressés d'en tirer la conclusion que notre programme est un échec total. Assurément, nous avions espéré que la bourgeoisie serait renversée en 1919. Mais nous n'en étions pas sûrs et ce n'est pas en vue de cette échéance précise que nous avons élaboré et fondé notre programme d'action. Quand Herr Otto Bauer et d'autres théoriciens de la Deuxième Internationale et de l'Internationale deux et demie disent que nos prédictions se sont avérées fausses, quelqu'un pourrait penser qu'il s'agissait de prédire un quelconque phénomène astronomique [12]. C'est comme si nous

---

11. La Fédération internationale des syndicats, que dirigeaient les sociaux-démocrates, était connue comme l'Internationale d'Amsterdam, où elle avait son siège.

12. Auteur de nombreux textes antimarxistes sur la question nationale, Otto Bauer était un dirigeant du Parti social-démocrate

nous étions trompés dans un calcul mathématique sur la date précise à laquelle une éclipse solaire devait avoir lieu et qu'en conséquence nous étions apparus comme de mauvais astronomes.

Mais il ne s'agit nullement de cela en réalité : nous n'avons pas prédit une éclipse solaire, c'est-à-dire un phénomène en dehors de notre volonté et entièrement indépendant de nos actions. Il s'agissait d'un événement historique qui peut arriver et qui arrivera avec notre participation. Lorsque nous parlions de la révolution produite par la guerre mondiale, cela signifiait que nous cherchions et que nous cherchons encore à utiliser les conséquences de la guerre mondiale pour accélérer la révolution par tous les moyens possibles. Si la révolution n'a pas eu lieu jusqu'à ce jour dans le monde entier ou du moins en Europe, cela ne signifie nullement que « l'Internationale communiste a fait faillite, » parce que le programme de l'Internationale communiste ne s'appuie pas sur des données astronomiques. Tout communiste qui a approfondi le moindrement ses idées comprend cela. Mais comme la révolution n'a pas suivi immédiatement la guerre, il est tout à fait évident que la bourgeoisie a profité du moment de répit qu'on lui a accordé, sinon pour surmonter et éliminer les conséquences les plus terribles et les plus épouvantables de la guerre, du moins pour les camoufler et les rapiécer.

---

autrichien. À la fin de la première guerre mondiale, avec la chute de la monarchie des Habsbourg, Otto Bauer a été nommé ministre des affaires étrangères du gouvernement capitaliste d'Autriche, un poste qu'il a occupé jusqu'à sa démission en 1919. En 1921, il a aidé à former l'Internationale centriste « deux et demie, » basée à Vienne, qui s'est réunifiée à la Deuxième Internationale deux ans plus tard, en 1923.

A-t-elle réussi ? En partie, oui. Dans quelle mesure ? C'est là le fond de la question, qui touche le rétablissement de l'équilibre capitaliste.

**L'équilibre mondial a-t-il été rétabli ?**

Que signifie l'équilibre capitaliste, dont le menchevisme international parle aujourd'hui avec une belle assurance [13] ? Les sociaux-démocrates quant à eux ne fournissent aucune analyse de ce concept d'équilibre. Ils ne distinguent pas ses différents éléments et ne fournissent aucune explication claire. L'équilibre du capitalisme est défini par des faits, des phénomènes et des facteurs multiples : certains, principaux, d'autres de deuxième ordre et d'autres enfin de troisième ordre. Le capitalisme est un phénomène mondial. Le capitalisme est arrivé à englober l'ensemble de la terre. On l'a vu de la façon la plus frappante pendant la guerre et le blocus, quand un pays privé de marché produisait en surplus, pendant qu'un autre qui avait besoin de marchandises ne pouvait les obtenir. Et en ce moment

---

13. Au congrès de 1903 du Parti ouvrier social-démocrate de Russie, le mouvement s'est divisé en deux ailes : les bolcheviks (qui signifie « majorité » en russe) dirigés par V. I. Lénine et les mencheviks (« minorité » en russe). Pendant la première guerre mondiale, les mencheviks ont rejeté l'orientation prolétarienne internationaliste tracée par Lénine et se sont opposés en octobre 1917 à la conquête du pouvoir par les travailleurs et les paysans dirigés par les bolcheviks. À la suite de la révolution d'octobre, la majorité de la direction menchevique s'est ralliée aux capitalistes et propriétaires fonciers de Russie, ainsi qu'aux gouvernements impérialistes d'Europe et des États-Unis, dans la guerre civile et les autres initiatives contre-révolutionnaires visant à renverser la république soviétique. En agissant ainsi, elle a reçu l'appui de la direction de la Deuxième Internationale, que les bolcheviks en sont venus à décrire comme le « menchevisme international. »

même, cette interdépendance du marché mondial désarticulé se manifeste ici et partout ailleurs.

Le capitalisme à l'étape qu'il a atteinte avant la guerre se fonde sur une division internationale du travail et sur l'échange mondial des produits. L'Amérique doit produire une certaine quantité de céréales pour l'Europe. La France doit produire une certaine quantité d'articles de luxe pour l'Amérique. L'Allemagne doit confectionner un certain nombre de biens de consommation à bon marché pour la France. Cette division du travail à son tour n'est pas constante, fixée une fois pour toutes. Elle prend forme historiquement ; elle est constamment perturbée par des crises et la concurrence, sans parler des guerres de tarifs douaniers. Et elle se rétablit de façon incessante, uniquement pour être bouleversée à nouveau. Mais en général, l'économie mondiale s'appuie sur une division plus petite ou plus grande de la production de biens complémentaires entre les différents pays. C'est cette division mondiale du travail qui a été rompue à sa racine par la guerre. A-t-elle été rétablie, oui ou non ? C'est un aspect de la question.

Dans chaque pays, l'agriculture fournit à l'industrie des objets de première nécessité pour les travailleurs et des biens servant à la production (matières premières). De son côté, l'industrie fournit à la campagne des biens d'équipement ménagers, des produits de consommation et ce qui est nécessaire à la production agricole. Ici aussi, une certaine réciprocité s'établit. Enfin, à l'intérieur de l'industrie elle-même, il y a la fabrication des moyens de production et celle des objets de consommation. Et entre ces deux secteurs principaux de l'industrie s'établit un certain rapport, qui est continuellement bouleversé pour se rétablir ensuite sur des bases nouvelles. La guerre a considérablement perturbé toutes ces relations et tous ces rapports, si ce n'est pour la simple raison que pendant la guerre l'industrie de l'Europe et, dans une grande mesure, celles de l'Amérique et du Japon ne produisaient pas tant des biens de consommation et des moyens de production que des moyens de destruction. Dans la mesure où on continuait à fabriquer des biens de consommation, ces derniers étaient employés non par les travailleurs qui produisaient mais par ceux qui détruisaient, les soldats des armées impérialistes. Eh bien, cette relation harmonieuse perturbée entre la ville et la campagne, entre les différentes branches de l'industrie dans chaque pays, a-t-elle été rétablie, oui ou non ?

Et puis, il faut encore considérer l'équilibre de classe sur lequel s'appuie l'équilibre économique. Dans la période d'avant-guerre, les rapports internationaux étaient marqués par un état qu'on a décrit comme une trêve armée. Mais pas seulement à ce niveau, car entre la bourgeoisie et le prolétariat régnait également en grande partie une trêve armée, maintenue par un système d'accords salariaux collectifs conclus entre les syndicats centralisés et le capital industriel de plus en plus centralisé. Cet équilibre a aussi été entièrement rompu par la guerre et c'est ce qui a provoqué le mouvement de grèves colossal à travers le monde. L'équilibre relatif des classes dans la société bourgeoise, sans lequel toute production devient inconcevable, est-il rétabli, oui ou non ? Et s'il l'est, sur quelles bases ?

L'équilibre de classe est étroitement lié à l'équilibre politique. Pendant la guerre et même avant la guerre, la bourgeoisie a maintenu ses rouages en équilibre — bien que cela nous ait échappé à l'époque — grâce à l'aide des sociaux-démocrates, les sociaux-patriotes, qui constituaient l'agence la plus importante de la bourgeoisie et qui ont maintenu la classe ouvrière dans les limites de l'équilibre bourgeois. C'est uniquement grâce à cela que la bourgeoisie a pu s'aventurer dans la guerre. A-t-elle reconstitué à présent l'équilibre de son système politique ? Dans quelle mesure les sociaux-démocrates ont-ils conservé ou laissé se dissiper leur influence sur les masses et pendant combien de temps encore pourront-ils jouer leur rôle de gardiens de la bourgeoisie ?

Vient ensuite la question de l'équilibre international, c'est-à-dire de la coexistence à l'échelle mondiale des États capitalistes, coexistence sans laquelle la reconstruction de l'économie capitaliste devient évidemment impossible. L'équilibre a-t-il été atteint dans ce domaine, oui ou non ? [...]

**Boom économique et crise**

Les économistes bourgeois et réformistes, qui ont un intérêt idéologique à embellir le triste état du capitalisme, disent qu'en soi la crise actuelle ne prouve absolument rien. Au contraire, c'est un phénomène normal. Nous avons assisté après la guerre à un boom industriel et maintenant nous assistons à une crise. Il s'ensuit que le capitalisme vit et s'épanouit.

En effet, le capitalisme vit de crises et de brusques reprises, tout comme l'être humain vit en inspirant et en expirant. Il y a d'abord une montée en flèche de l'industrie, ensuite un temps d'arrêt, puis une crise, suivie d'un temps d'arrêt dans la crise elle-même, après quoi une amélioration, une nouvelle prospérité, encore un temps d'arrêt et ainsi de suite.

Crise et prospérité se mêlent à toutes les phases transitoires pour constituer un cycle ou l'un des grands cercles du développement industriel. Chaque cycle dure de huit à neuf ans ou dix à onze ans. En raison de ses contradictions intérieures, le capitalisme ne se développe pas en ligne droite, mais en zigzag, avec des hauts et des bas. C'est ce qui permet aux défenseurs du capitalisme de faire l'affirmation suivante : puisque nous observons après la guerre une alternance de booms économiques et de crises, il s'ensuit que tout va pour le mieux dans le meilleur des mondes capitalistes.

Cependant, la réalité est toute autre. Le fait que le capitalisme continue à osciller cycliquement après la guerre signifie tout simplement qu'il n'est pas encore mort et que nous n'avons pas affaire à un cadavre. Tant que le capitalisme n'aura pas été renversé par la révolution prolétarienne, il continuera de vivre par cycles, s'élançant vers le haut, puis vers le bas. Les crises et les périodes de prospérité sont inhérentes au capitalisme depuis sa naissance ; elles l'accompagneront dans sa tombe. Mais pour déterminer l'âge du capitalisme et son état général, pour établir s'il est encore en train de se développer, s'il a atteint son âge mûr ou s'il décline, il faut d'abord poser un diagnostic sur le caractère des cycles en question, tout comme on pose un diagnostic sur l'état de l'organisme humain d'après la façon dont il respire : tranquillement ou en haletant, de façon profonde ou superficielle, etc.

Camarades, on peut résumer le fond de la question de la façon suivante : prenons le développement du capitalisme (la croissance de la production de charbon, de tissus, de fonte, d'acier, le commerce extérieur, etc.) et représentons-le par une courbe. Si par les inflexions de cette courbe nous avons bien représenté la marche réelle du développement économique, nous nous apercevrons que la courbe ne *s'élève* pas dans un arc ininterrompu, mais qu'elle zigzague par boucles montantes ou descendantes, qui correspondent aux différentes reprises et aux crises. Par conséquent, la courbe du développement économique est un amalgame de deux mouvements : un mouvement primaire, qui exprime la croissance générale du capitalisme, un autre secondaire, qui consiste en oscillations périodiques constantes correspondant aux différents cycles industriels.

En janvier de cette année, le *Times* de Londres a publié un tableau couvrant une période de 138 ans, de la guerre d'indépendance des treize colonies américaines jusqu'à aujourd'hui. Seize cycles se sont écoulés pendant cet intervalle, c'est-à-dire seize crises et seize phases de prospérité. [...] Si nous étudions plus attentivement la courbe de développement, nous verrons qu'elle comprend cinq segments, cinq périodes différentes et distinctes. De 1781 à 1851, le développement est très lent, on peut difficilement y observer le moindre mouvement. On trouve qu'en 70 ans le commerce international est passé de 2 £ par habitant à seulement 5 £. Après la révolution de 1848, qui a eu pour effet d'étendre le cadre du marché européen, un point de rupture se produit. De 1851 à 1873, la courbe de développement monte en flèche. En 22 ans, le commerce international monte de 5 £ par habitant à 21 £ et la quantité de fer monte pendant la même période de 4,5 à 13 kilogrammes par personne. Puis, à partir de 1873, une époque de dépression s'installe. De 1873 jusqu'à environ 1894, on note une période de stagnation du commerce anglais (même en tenant compte de l'intérêt sur le capital investi dans des entreprises étrangères) ; celui-ci tombe de 21 £ à 17,4 £ par habitant — en 22 ans. Une autre période de prospérité survient alors, qui dure jusqu'en 1913. Le commerce international monte de 17 £ à 30 £ par habitant. C'est finalement en 1914 que commence la cinquième période : la période de destruction de l'économie capitaliste.

De quelle façon les fluctuations cycliques se fondent-elles dans le mouvement primaire de la courbe de développement capitaliste ? Très simplement. Pendant les périodes de développement rapide du capitalisme, les crises sont courtes et ont un caractère superficiel tandis que les périodes de prospérité sont prolongées et ont de grandes retombées. Pendant les périodes de déclin capitaliste, les crises durent longtemps et les reprises sont brèves, superficielles et ont un caractère spéculatif. Aux heures de stagnation, les oscillations se produisent autour d'un même niveau.

Cela signifie uniquement qu'il est nécessaire de déterminer l'état général de l'organisme capitaliste par sa façon particulière de respirer et son rythme cardiaque.

**Le boom d'après-guerre**

Une situation économique imprécise est apparue aussitôt après la guerre. Mais à partir du printemps de 1919, un brusque redressement a commencé : les marchés boursiers se sont réactivés, les prix ont bondi comme une colonne de mercure plongée dans l'eau bouillante, la spéculation s'est mise à tourbillonner comme dans un bain bouillonnant. Et l'industrie ? Dans le centre, l'est et le sud-est de l'Europe, elle a continué à reculer. [...] En France, il y a eu une certaine amélioration, principalement grâce au pillage de l'Allemagne. En Angleterre, en partie stagnation, en partie effondrement sauf pour la flotte commerciale, dont le tonnage a augmenté dans la même proportion que le commerce réel a baissé. Par conséquent, la reprise en Europe a eu dans son ensemble un caractère semi-fictif et spéculatif, ce qui ne signifie pas le progrès, mais au contraire la poursuite d'une baisse de l'économie.

Aux États-Unis après la guerre, l'industrie a ralenti sa production militaire et a entamé sa reconversion de temps de paix. Il y a eu une remontée sensible dans les industries du pétrole, de l'automobile et des chantiers maritimes.

| Année | Pétrole en millions de barils | Automobiles en unités | Construction de navires en milliers de tonnes |
|---|---|---|---|
| 1918 | 356 | 1 153 000 | 3 033 |
| 1919 | 378 | 1 974 000 | 4 075 |
| 1920 | 442 | 2 350 000 | 2 746 |

Dans sa brochure de grande valeur, le camarade Varga observe avec justesse [14] :

> Le fait que le redressement d'après-guerre ait eu un caractère spéculatif se révèle de la façon la plus claire par l'exemple de l'Allemagne. Pendant que les prix devenaient sept fois plus élevés en 18 mois, l'industrie de l'Allemagne continuait de reculer. [...] Sa conjoncture économique favorisait les ventes de liquidation de stock : le restant de ses réserves de marchandises sur le marché intérieur était écoulé à l'étranger à des prix extraordinairement bas.

Les prix ont atteint leurs plus hauts niveaux en Allemagne où l'industrie continuait à s'enfoncer de plus en plus. Les prix ont augmenté le moins aux États-Unis où

---

14. Eugen Varga était un communiste de Hongrie qui a fait partie du gouvernement des travailleurs et des agriculteurs dans ce pays en 1919 et qui a par la suite écrit des articles sur des questions économiques pour des publications de l'Internationale communiste.

l'industrie continue de se relever. La France et l'Angleterre se retrouvent entre l'Allemagne et les États-Unis.

Comment expliquer ces faits et le boom lui-même ? En premier lieu, par des causes économiques : après la guerre, les liens internationaux ont été renoués, quoique dans des proportions extrêmement restreintes, et il y a eu une demande universelle pour tout type de marchandises. En deuxième lieu, par des causes politico-financières : les gouvernements européens craignaient la crise qui devait suivre la guerre et ont pris toutes les mesures nécessaires pour soutenir pendant la période de démobilisation le boom artificiel créé par la guerre. Les gouvernements ont continué à mettre en circulation de grandes quantités de papier-monnaie, ils ont émis de nouveaux emprunts et réglementé les bénéfices, les salaires et le prix du pain. Ils ont ainsi subventionné une part des revenus des travailleurs démobilisés en puisant dans les fonds nationaux de base et ils ont créé ainsi une reprise économique artificielle dans le pays. De cette façon, pendant tout ce temps, le capital fictif a continué de croître, surtout dans les pays où l'industrie restait dans le marasme.

Cependant, le boom fictif d'après-guerre a eu des conséquences politiques sérieuses. Non sans raison, on peut dire qu'il a sauvé la bourgeoisie. Si les travailleurs démobilisés avaient eu dès le début à souffrir du chômage, d'un niveau de vie inférieur même à celui d'avant-guerre, les conséquences auraient pu être fatales pour la bourgeoisie. Le professeur anglais Edwin Cannan a écrit à ce sujet dans une revue de fin d'année du *Guardian* de Manchester que « l'impatience d'hommes qui reviennent du champ de bataille est très dangereuse. » Il a poursuivi en expliquant très judicieusement cette transition réussie à travers la période d'après-guerre la plus grave, en 1919, par le fait que le gouvernement et la bourgeoisie avaient réussi par leurs efforts conjoints à repousser et retarder la crise en créant une prospérité artificielle au moyen d'une destruction plus grande encore du capital fondamental de l'Europe. « Si, dit Cannan, la situation économique au mois de janvier 1919 avait été la même qu'en 1921, l'Europe occidentale aurait pu être plongée dans le chaos. »

La violente fièvre de la guerre a été prolongée encore d'un an et demi et la crise n'a éclaté qu'une fois que la masse des travailleurs et des paysans démobilisés avait déjà été plus ou moins bien casée chacun dans sa petite cellule.

## La crise actuelle

Ayant surmonté la démobilisation et résisté à la première attaque des masses ouvrières, la bourgeoisie a émergé de son état de confusion, d'inquiétude et même de panique et a repris confiance. Elle a commencé à être sujette à une hallucination selon laquelle une époque de très grande prospérité serait enfin arrivée, qui ne finirait jamais. D'éminents représentants de la politique et des finances anglaises ont proposé de conclure un emprunt international de deux milliards de livres pour les travaux de reconstruction. On croyait qu'une pluie d'or allait se déverser sur l'Europe et créer le bien-être général. De cette façon, la dévastation de l'Europe, la ruine de ses villes et de ses villages, se transmutait en richesse grâce à des chiffres d'un emprunt fabuleux, qui n'étaient en fait eux-mêmes que l'ombre gigantesque de la plus grande misère. Mais la réalité a obligé la bourgeoisie à bien vite abandonner son monde de rêve. J'ai déjà raconté de quelle façon la crise a commencé au Japon (au mois de mars), aux États-Unis (au mois d'avril), est ensuite passée en Angleterre, en France, en Italie et, dans la seconde moitié de l'année, s'est étendue au monde entier. De toute la première partie de ma présentation, on peut clairement voir que nous n'assistons pas en ce moment à de simples fluctuations dans un cycle industriel récurrent, mais à une période de châtiment pour tous les ravages et tout le gaspillage de l'époque de la guerre et de l'après-guerre.

En 1913, les importations nettes de tous les pays atteignaient de 65 à 70 milliards de marks-or. Dans cette somme, la part de la Russie était de 2 milliards et demi, celle de l'Autriche-Hongrie de 3 milliards, celle des Balkans de 1 milliard, celle de l'Allemagne de 11 milliards de marks-or. Ainsi les importations de l'Europe centrale et orientale constituaient un peu plus du quart de celles du monde entier. Actuellement, tous ces pays importent moins d'un cinquième de ce qu'ils importaient avant la guerre. Ce dernier chiffre à lui seul caractérise suffisamment le pouvoir d'achat de l'Europe d'aujourd'hui.

L'Europe a décliné, son appareil productif s'est considérablement contracté depuis l'avant-guerre. Le centre de gravité économique s'est déplacé en Amérique, non par une évolution graduelle, mais par l'exploitation par l'Amérique du marché de guerre européen et par l'exclusion de l'Europe du marché mondial.

L'Amérique a obtenu de cette façon la possibilité de faire l'expérience d'une courte période de très grande floraison. Il s'agit cependant d'un phénomène qui ne pourra pas se reproduire puisque la régression de l'Europe a créé pour l'Amérique un marché absolument artificiel qui ne peut aujourd'hui être remplacé par aucun autre. Après avoir joué ce rôle, l'Europe a perdu complètement toute capacité de répéter quoi que ce soit du genre. Avant la guerre, le marché européen absorbait plus de la moitié, près de 60 pour cent, de toutes les exportations de l'industrie américaine. Au cours de la guerre, l'Europe est devenue encore plus importante pour l'Amérique, dans la mesure où les importations de l'Europe ont presque triplé par rapport aux jours d'avant la guerre. Mais l'Europe est sortie de la guerre comme un continent considérablement appauvri, qui se retrouve complètement privée de toute possibilité d'obtenir des biens de l'Amérique par manque d'équivalents sous forme d'or ou d'autres marchandises. C'est précisément cette situation qui explique la crise qui a commencé au Japon et en Amérique.

Une conjoncture brève et hautement favorable, qui a duré presque deux ans, a été suivie d'une crise absolument véritable, dont la signification pour l'Europe peut se résumer ainsi : « Vous êtes pauvres, vous devez vivre selon vos moyens. Vous n'êtes plus en mesure d'importer d'Amérique les marchandises dont vous avez besoin. » Pour l'Amérique, la même crise a la signification suivante : « Vous vous êtes enrichis parce que vous vous êtes retrouvés dans une situation qui vous a permis de siphonner la richesse de l'Europe. Ceci a duré quatre, cinq ou six ans, aussi longtemps qu'a duré la guerre. Mais cette situation d'opulence tire maintenant à sa fin. »

Certains pays sont complètement ruinés, leur appareil productif doit être reconstruit à nouveau. Il faut rétablir la division du travail au sein de chaque peuple. Les économies de la France et de l'Allemagne continuent à fonctionner de manière mécanique grâce à l'élan qu'elles avaient avant et pendant la guerre. L'Allemagne doit cependant prendre du recul pour introduire de l'harmonie et de l'ordre au sein de son appareil économique. Et tout comme il était nécessaire pendant la guerre d'organiser l'économie de façon à atténuer les privations qui en résultaient, l'Allemagne doit aujourd'hui poursuivre exactement la même politique, à moins que la révolution n'intervienne. Si les événements continuent d'évoluer dans le sens actuel, il sera nécessaire d'introduire une organisation dans la vie économique du pays et d'établir d'abord et avant tout l'équilibre requis entre les moyens de production et les moyens de consommation. En d'autres mots, la corrélation correcte et nécessaire sera créée par le biais de nouvelles guerres et de toutes sortes de mesures palliatives, à moins que n'éclate la révolution.

Exactement la même chose s'applique à la France et à l'Europe dans son ensemble tant que se poursuit cette période de régression dans la vie économique, une période dans laquelle les pays capitalistes ont tendance à sombrer au niveau de ceux qui ont souffert le plus et qui sont devenus les plus pauvres. Pendant ce processus de nivellement, l'Amérique devra abandonner toute idée de maintenir à leurs niveaux antérieurs ses plus grands et ses plus importants marchés. Et cela signifie que la crise mentionnée plus haut n'est pas une crise transitoire normale pour l'Amérique, mais le début d'une époque prolongée de dépression.

Revenons à notre graphique où sont définies les différentes périodes : d'abord l'époque de stagnation qui a duré 70 ans, puis l'époque de prospérité de 1851 à 1873. Ces 22 années d'expansion tumultueuse ont été marquées par deux crises et deux périodes conjoncturelles favorables. En outre ces deux conjonctures étaient réellement favorables, tandis que les crises avaient un caractère très faible. Ensuite, de 1873 jusqu'au milieu des années 1890, la stagnation a repris le dessus ou, à tout le moins, le développement a extrêmement ralenti. Puis à nouveau, une période d'expansion sans précédent. Tout cela est un processus d'adaptation, un processus de nivellement. Quand le capitalisme dans n'importe quel pays arrive à saturation de tel ou tel marché, il est forcé d'en chercher d'autres. Ce sont des événements historiques majeurs, tels que des crises économiques ou des révolutions qui détermineront si pendant de telles périodes, nous avons affaire à la stagnation, à des booms ou à des régressions. Telles sont les principales caractéristiques du développement capitaliste.

En ce moment, le capitalisme est entré dans une période de dépression profonde et prolongée. À proprement parler, cette époque aurait dû commencer — dans la mesure où l'on peut prophétiser après coup — dès 1913 lorsque le marché mondial, à la suite de 20 années de développement tumultueux, était déjà devenu inadéquat pour le développement du capitalisme allemand, anglais et nord-américain. Ces géants du développement capitaliste en ont pleinement tenu compte. Ils se sont dit : pour éviter cette dépression qui persistera pendant de nombreuses années, nous créerons une crise aiguë de guerre, nous détruirons notre rival et nous accéderons à une domination incontestée du marché mondial qui est devenu trop étroit. Mais la guerre a duré beaucoup trop longtemps, ce qui a provoqué une crise non seulement aiguë mais prolongée. Elle a complètement détruit l'appareil économique capitaliste de l'Europe, facilitant ainsi le développement fébrile de l'Amérique. Mais après avoir épuisé l'Europe, la guerre a également conduit à long terme l'Amérique dans une grande crise. Une fois de plus, nous sommes témoins de la dépression même à laquelle ils avaient tenté d'échapper, mais qui s'est grandement intensifiée à cause de l'appauvrissement de l'Europe.

Et donc, quelles sont les perspectives économiques immédiates ?

Il est tout à fait évident que l'Amérique devra subir une réduction, puisque le marché de guerre européen est perdu à jamais. D'autre part, l'Europe devra également s'abaisser au niveau des régions et des branches d'industrie les plus arriérées, c'est-à-dire les plus ruinées. Cela entraînera un nivellement à rebours et conséquemment une crise prolongée : dans certaines branches de l'économie et dans certains pays, la stagnation ; dans d'autres, un faible développement. Les oscillations cycliques continueront, mais en général la courbe du développement capitaliste s'arquera non pas vers le haut, mais vers le bas.

**Crise, prospérité et révolution**

La relation réciproque entre prospérité et crise dans l'économie et le développement de la révolution est d'un grand intérêt pour nous, non seulement sur le plan théorique, mais avant tout pratique. Beaucoup d'entre vous se rappelleront qu'en 1851, alors que la prospérité était à son apogée, Marx et Engels écrivaient qu'il fallait désormais reconnaître que la révolution de 1848 était terminée ou, en tout cas, qu'elle s'était interrompue jusqu'à la prochaine crise. Engels a écrit que si la crise de 1847 avait été la mère de la révolution, le relèvement de 1849-1851 avait été la mère de la contre-révolution triomphante [15].

---

15. Trotsky fait ici référence à l'introduction de 1895 de Friedrich Engels à *Les luttes de classes en France, 1848-1850*, écrit par Karl Marx en 1850. Engels y a rappelé le point de Marx selon lequel « la crise commerciale mondiale de 1847 avait été la véritable mère des révolutions de février et de mars [en France et en Allemagne] et que la prospérité industrielle, revenue peu à peu dès le milieu de 1848 et parvenue à son apogée en 1849 et 1850, a été la force vivifiante où la réaction européenne a puisé une nouvelle vigueur. » Engels a ajouté qu'après avoir tiré les conclusions politiques de ce changement, Marx avait écrit à l'époque : « Une nouvelle révolution n'est possible qu'à la suite d'une nouvelle crise. Mais elle est aussi sûre que celle-ci. » (Friedrich

Toutefois, il serait très unilatéral et complètement erroné d'interpréter ces jugements dans le sens qu'une crise provoque toujours une action révolutionnaire alors qu'un relèvement au contraire apaise la classe ouvrière. La révolution de 1848 n'est pas née de la crise. Cette dernière ne lui a donné qu'une dernière impulsion. La révolution s'est essentiellement développée à partir des contradictions entre les besoins du développement capitaliste et les entraves du système social et étatique semi-féodal. Partielle et irrésolue, la révolution de 1848 a cependant balayé les dernières traces du régime de servage et de guildes et a élargi ainsi le cadre du développement capitaliste. Dans ces conditions et dans ces conditions seulement, le relèvement de 1851 a marqué le début d'une période entière de prospérité capitaliste, qui s'est prolongée jusqu'en 1873.

Lorsqu'on cite Engels, il est très dangereux de négliger ces faits essentiels. Parce que c'est précisément après 1850, lorsque Marx et Engels ont fait leurs observations, que s'est installée une situation qui n'était ni normale ni régulière, une ère de *Sturm und Drang* capitaliste dont le terrain avait été préparé par la révolution de 1848. Ce point est d'une importance décisive ici. Cette époque de « tempête et de tension » pendant laquelle la prospérité et la conjoncture favorable étaient très fortes alors que la crise était simplement superficielle et de courte durée, c'est précisément cette période qui s'est terminée avec la révolution. Ce qui est en jeu ici, ce n'est pas si une amélioration de la conjoncture est possible, mais si les variations de la conjoncture s'effectuent selon une

---

Engels, « Introduction de Friedrich Engels à l'édition de 1895 de *Les luttes de classes en France,* » Marx et Engels, *Oeuvres choisies*, tome 1, Moscou, éditions du Progrès, 1978, p. 195-196.)

courbe ascendante ou descendante. C'est l'aspect le plus important de toute la question. Peut-on attendre le même résultat du redressement économique de 1919-1920 ? En aucune manière. L'élargissement du cadre du développement capitaliste n'a même pas été impliqué ici. Ceci veut-il dire qu'un nouveau relèvement commercial et industriel est exclu dans l'avenir, même un avenir plus ou moins rapproché ? Pas du tout ! J'ai déjà dit qu'aussi longtemps que le capitalisme reste en vie, il continue d'inspirer et d'expirer. Mais à l'époque dans laquelle nous sommes entrés, l'époque du châtiment pour la saignée et la destruction des ressources causées par la guerre, l'époque du nivellement *à rebours*, tout relèvement ne peut être que superficiel et de caractère essentiellement spéculatif, tandis que les crises deviennent de plus en plus longues et profondes.

LE DÉVELOPPEMENT HISTORIQUE n'a pas conduit à la dictature prolétarienne victorieuse en Europe centrale et occidentale. Mais tenter de conclure de cela, comme le font les réformistes, que l'équilibre économique du monde capitaliste a été subrepticement rétabli est le mensonge à la fois le plus éhonté et le plus stupide. [...]

Ce mouvement à rebours bien entendu ne se maintiendra pas interminablement à un rythme constant. Cela est absolument exclu. L'organisme capitaliste aura nécessairement un moment de répit. Mais il est encore trop tôt pour conclure à la prospérité du simple fait qu'il inhalera un peu d'air frais et qu'une certaine amélioration se produira. Une nouvelle phase s'installera quand ils tenteront de surmonter la contradiction entre la surproduction de richesses fictives et l'appauvrissement sous-jacent. Après quoi les crises violentes de l'organisme capitaliste se poursuivront. Comme on l'a déjà mentionné, tout cela nous donne l'image d'une dépression économique profonde.

Sur la base de cette dépression économique, la bourgeoisie sera obligée d'exercer une pression de plus en plus grande sur la classe ouvrière. On peut déjà le voir dans les diminutions de salaires qui ont commencé dans les pays capitalistes vigoureux : en Amérique, en Angleterre et ensuite dans toute l'Europe. Cela mène à de grandes luttes salariales. Notre tâche consiste à élargir ces luttes en nous appuyant sur une compréhension claire de la situation économique. Cela est assez évident. Mais on pourrait nous demander si les grandes luttes salariales, dont la grève des mineurs en Angleterre fournit un exemple classique, conduiront automatiquement à la révolution mondiale, à la guerre civile finale et à la lutte pour la conquête du pouvoir politique. Poser ainsi la question n'est cependant pas marxiste. Nous n'avons pas de garantie automatique de développement. Mais quand la crise fera place à une conjoncture transitoire favorable, quelle conséquence cela aura-t-il sur notre développement ? De nombreux camarades disent que si une amélioration se produisait pendant cette période, elle serait fatale pour notre révolution. Non, en aucun cas. Il n'y a en général aucune dépendance automatique du mouvement révolutionnaire prolétarien par rapport à une crise. Il n'y a qu'une interaction dialectique. Il est essentiel de comprendre cela.

Examinons les conditions en Russie. La révolution de 1905 a été battue. Les ouvriers ont subi de grands sacrifices. Les derniers grands soubresauts révolutionnaires ont eu lieu en 1906 et 1907 et dès l'automne de 1907 une grande crise mondiale a éclaté. Le signal en a été donné par le vendredi noir de Wall Street. Au cours des années 1907, 1908 et 1909, la crise la plus effroyable a sévi également en Russie. Elle y a totalement anéanti le mouvement, parce que les travailleurs avaient tant souffert au cours de la lutte que cette dépression ne pouvait avoir pour effet que de les décourager. Nous nous sommes beaucoup querellés pour savoir ce qui conduirait à la révolution : une crise ou une conjoncture favorable ?

Beaucoup parmi nous défendaient alors le point de vue que le mouvement révolutionnaire russe ne pourrait se régénérer que par une conjoncture économique favorable. Et c'est ce qui est arrivé. Au cours des années 1910, 1911 et 1912, il y a eu une amélioration de notre situation économique et une conjoncture favorable qui a eu pour effet de rassembler les travailleurs démoralisés et affaiblis, qui avaient perdu courage. Ils ont compris à nouveau leur importance dans la production et sont passés à l'offensive, d'abord sur le terrain économique et ensuite également sur le terrain politique.

À la veille de la guerre, grâce à cette période de prospérité, la classe ouvrière s'était renforcée au point qu'elle a été capable de passer à un assaut direct. Et si aujourd'hui, dans une période d'épuisement extrême de la classe ouvrière produit par la crise et la lutte continuelle, nous n'arrivons pas à remporter la victoire, ce qui est possible, alors un changement de la conjoncture et une montée du niveau de vie n'aurait pas un effet nocif sur la révolution, mais serait au contraire très favorable. Un tel changement ne pourrait se révéler nocif que dans une situation où cette conjoncture favorable marquerait le début d'une longue période de prospérité. Mais une longue période de prospérité signifierait qu'on a réussi à obtenir un élargissement du marché, ce qui est absolument exclu.

Parce qu'après tout, l'économie capitaliste couvre déjà l'ensemble de la terre. L'appauvrissement de l'Europe et la renaissance somptueuse de l'Amérique sur la base de l'énorme marché de guerre confirment la conclusion que cette prospérité ne peut être restaurée par le développement capitaliste de la Chine, de la Sibérie, de l'Amérique du Sud et d'autres pays où le capitalisme américain bien entendu cherche et crée des débouchés pour ses produits mais à une échelle qui n'a rien de comparable à l'Europe. Il s'ensuit que nous sommes à la veille d'une période de dépression, ce qui est un fait incontestable.

Dans une telle perspective, une atténuation de la crise ne signifierait pas un coup mortel à la révolution mais permettrait à la classe ouvrière de se donner un moment de répit, pendant lequel elle pourrait entreprendre de réorganiser ses rangs pour pouvoir ensuite passer à l'attaque sur des bases plus solides. C'est une des possibilités. Il y a une autre possibilité : de crise grave, la crise peut devenir une crise chronique, elle peut s'intensifier et durer de nombreuses années. Tout cela n'est pas exclu. Dans une telle situation, il serait toujours possible pour la classe ouvrière de rassembler ses dernières forces et, après avoir appris par l'expérience, de conquérir le pouvoir d'État dans les pays capitalistes les plus importants. La seule chose exclue, c'est la restauration automatique de l'équilibre capitaliste sur de nouvelles bases et un redressement du capitalisme dans les prochaines années. Ceci est absolument impossible dans les conditions de stagnation économique moderne. [...]

Si nous admettons — et admettons-le pour l'instant — que la classe ouvrière n'arrive pas à se soulever dans une lutte révolutionnaire et permette à la bourgeoisie de diriger la destinée du monde pendant de longues années, disons pendant 20 ou 30 ans, alors un certain équilibre nouveau s'établira certainement. L'Europe passera violemment en marche arrière. Des millions de travailleurs européens mourront en raison du chômage et de la faim. Les États-Unis seront obligés de se réorienter sur le marché mondial, de convertir leur industrie *et de subir des limitations pendant de longues années*. Après quoi, à la suite de l'établissement dans la douleur d'une nouvelle division mondiale du travail pendant 15, 20 ou 25 ans, une nouvelle époque de relèvement capitaliste pourrait peut-être commencer.

Mais tout ce raisonnement est extrêmement abstrait et n'envisage qu'un côté de la question. Les choses apparaissent ici comme si le prolétariat avait cessé de lutter. *Cependant, on ne peut même pas soulever une telle possibilité, ne serait-ce qu'en raison du fait que les contradictions de classe se sont aggravées à un point extrême précisément au cours des années récentes.* […]

Chaque mesure à laquelle le capitalisme est acculé pour faire un pas vers le rétablissement de son équilibre — chacune de ces mesures acquiert immédiatement une importance décisive pour l'équilibre social, tend de plus en plus à le miner et pousse de manière de plus en plus puissante la classe ouvrière à lutter. La première tâche pour atteindre l'équilibre consiste à mettre de l'ordre dans l'appareil productif. Mais pour y arriver, il est essentiel d'accumuler du capital. Pour rendre une telle accumulation possible, il est cependant nécessaire d'élever la productivité du travail. Comment ? En augmentant et intensifiant l'exploitation de la classe ouvrière, puisque la chute de la productivité de la force de travail pendant ces trois années d'après-guerre est un fait bien connu.

Pour rétablir l'économie mondiale sur des bases capitalistes, il est indispensable d'établir à nouveau un équivalent mondial, l'étalon-or. Sans lui l'économie capitaliste ne peut exister, puisqu'il ne peut y avoir de production quand les prix exécutent une danse macabre, doublant en un seul mois comme cela se produit en Allemagne sous l'effet des fluctuations de la monnaie allemande. Un capitaliste ne s'intéresse pas à la production. Parce qu'il est attiré en premier lieu par la spéculation, qui le tente par des profits beaucoup plus considérables que ceux que peut fournir une industrie qui se développe lentement. Que signifie la stabilisation de la monnaie ? Pour la France et l'Allemagne, cela signifie de déclarer que l'État est en faillite. Mais déclarer un État insolvable, c'est encourir un vaste déplacement des relations de propriété au sein de la nation. Et les États qui se sont déclarés en faillite sont devenus l'arène d'une nouvelle lutte pour la distribution de la nouvelle richesse nationale, ce qui marque un pas important vers l'intensification de la lutte des classes. Cela signifie en même temps renoncer à l'équilibre social et politique, ce qui veut dire une impulsion révolutionnaire.

Cependant, déclarer une faillite d'État ne permet pas de passer immédiatement à la restauration de l'équilibre. Cela doit en outre être suivi d'un allongement de la semaine de travail, de l'abrogation de la journée de huit heures et d'une exploitation plus intensive. Bien entendu, ceci exige de surmonter la résistance de la classe ouvrière. En résumé, pour parler en termes théoriques et abstraits, la restauration de l'équilibre capitaliste est possible. Mais elle ne se produit pas dans un vide politique et social, elle ne peut se réaliser qu'à travers les classes. Chaque pas, aussi petit soit-il, vers la restauration de l'équilibre dans la vie économique est un coup à l'équilibre social instable sur lequel messieurs les capitalistes continuent encore de s'appuyer. Et cela est la chose la plus importante.

**L'aggravation des contradictions sociales**

Le développement économique n'est donc pas un processus automatique. La question ne se réduit pas aux fondations productives de la société. Sur ces bases vivent et travaillent des êtres humains et c'est par ces êtres humains que le développement s'accomplit. Qu'est-il donc arrivé dans le domaine des relations entre les êtres humains ou, plus précisément, entre les classes ?

Nous avons vu que l'Allemagne et d'autres pays d'Europe ont été rejetés 20 ou 30 ans en arrière en ce qui concerne leur niveau économique. Mais ont-ils reculé en même temps aussi du point de vue social, dans un sens de classe ? Pas du tout. Les classes en Allemagne, le nombre des travailleurs et leur concentration, la concentration du capital et son niveau d'organisation, tout cela s'était développé avant la guerre, surtout grâce à la prospérité des 20 années précédentes (1894-1913). Et ce développement s'est accentué encore davantage par la suite : pendant la guerre, grâce à l'intervention de l'État ; et après la guerre, à cause de la fièvre spéculative et de la concentration croissante du capital.

Nous avons donc deux processus de développement. La richesse nationale et le revenu national continuent de diminuer *tandis que le développement des classes continue non pas à régresser mais à progresser*. De plus en plus de personnes sont prolétarisées, le capital se concentre dans un nombre de mains de plus en plus petit, les banques ne cessent de fusionner, les entreprises industrielles se concentrent en trusts. Par conséquent, la lutte de classe devient inévitablement plus aiguë par suite de la baisse du revenu national.

C'est là que se trouve le noeud de la question. Plus la base matérielle se réduit sous leurs pieds, plus les classes et les groupes doivent lutter avec acharnement pour leur part de ce revenu national. Nous ne devons pas perdre ce fait de vue un seul instant. Si l'Europe a reculé de 30 ans par rapport à sa richesse nationale, cela ne veut nullement dire qu'elle a rajeuni de 30 ans. Au contraire, d'un point de vue de classe, elle a vieilli de 30 ans.

**La paysannerie**

Pendant la première période de la guerre, on a dit et on a écrit que la guerre profitait aux paysans de toute l'Europe. Et en effet, l'État avait un extrême besoin de pain et de viande pour l'armée. C'est pourquoi on payait des prix fous qui ne cessaient d'augmenter et les paysans se bourraient les poches de papier-monnaie. Avec ce papier-monnaie, qui se dépréciait continuellement, les paysans remboursaient les dettes qu'ils avaient contractées auparavant quand la monnaie était au pair. Évidemment, c'était pour eux une opération très avantageuse.

Les économistes bourgeois ont pensé que la prospérité de l'économie paysanne assurerait la stabilité du capitalisme après la guerre. Mais ils ont mal calculé. Les paysans ont purgé leurs hypothèques mais l'économie agricole ne consiste pas seulement à payer ses dettes aux banquiers. Elle consiste d'abord à travailler la terre, à la fertiliser, à obtenir l'outillage et de bonnes semences, à apporter des améliorations techniques, etc. Ceci soit n'a pas du tout été fait, soit a coûté un argent fou. D'autre part, la main-d'oeuvre manquait, l'agriculture déclinait et, après un début de prospérité semi-fictive, les paysans ont commencé à faire face à la ruine.

On peut observer ce phénomène à des degrés divers dans toute l'Europe. Mais on peut aussi l'observer de manière aiguë en Amérique. Les agriculteurs américains, canadiens, australiens et sud-américains ont souffert terriblement quand on a appris que l'Europe ruinée n'était plus capable d'acheter leurs céréales. Le prix des céréales a baissé. Parmi les agriculteurs du monde entier, on peut observer de l'agitation et du mécontentement.

*Et c'est ainsi que le paysan cesse d'être un des points d'appui de la loi et de l'ordre. Avant même que la classe ouvrière crée la possibilité d'attirer vers elle dans la lutte au moins une partie des paysans (les échelons les plus bas), d'en neutraliser une autre partie (les paysans moyens) et d'en isoler et paralyser le sommet (les koulaks, les paysans bien nantis).*

## Le nouvel état moyen

Les réformistes avaient beaucoup compté sur l'état dit moyen. Les ingénieurs, les techniciens, les médecins, les avocats, les comptables, les fonctionnaires, aussi bien de la société civile que du gouvernement, et ainsi de suite, forment tous une couche semi-conservatrice qui se situe entre le capital et le travail et qui doit selon les réformistes réconcilier les deux côtés, tout en dirigeant et soutenant en même temps les régimes démocratiques.

Pendant et après la guerre, cette classe a souffert même plus que la classe ouvrière, c'est-à-dire que son niveau de vie a baissé plus que celui de la classe ouvrière. La cause principale en est la diminution du pouvoir d'achat de l'argent, la dépréciation du papier-monnaie. Dans tous les pays d'Europe, cela a donné lieu à un grand mécontentement parmi les couches inférieures et même moyennes des fonctionnaires et de l'intelligentsia technologique. En Italie, par exemple, les fonctionnaires sont engagés en ce moment même dans une dure grève. Bien entendu les fonctionnaires employés par le gouvernement ou des institutions civiles, les employés de banque, etc., ne sont pas devenus une classe prolétarienne, mais ils ont perdu leur ancien caractère conservateur. Ils ne soutiennent pas l'État autant qu'ils ébranlent et sapent son appareil par leur mécontentement et leurs protestations.

Les liens étroits qu'elle entretient avec la petite et la moyenne bourgeoisie commerciale et industrielle — qui se sentent délaissées de leur juste part — ont pour effet d'aggraver encore davantage le mécontentement de l'intelligentsia bourgeoise. La bourgeoisie monopoliste continue de se vautrer dans la richesse, malgré la ruine du pays. Elle s'arroge une part de plus en plus grande du revenu national décroissant. La bourgeoisie non monopoliste et le nouvel état moyen déclinent, aussi bien absolument que relativement.

En ce qui concerne le prolétariat, il est bien probable que, malgré l'abaissement de son niveau de vie, sa part commune du revenu national décroissant est plus grande actuellement qu'avant la guerre. Le capital monopoliste cherche à sabrer la part du travailleur en la ramenant à ses dimensions d'avant-guerre. Quant au travailleur, il ne prend pas comme point de départ les tableaux statistiques mais plutôt son niveau de vie réduit et il s'efforce d'augmenter sa part du revenu national. *Ainsi, les paysans sont mécontents du déclin de l'économie ; l'intelligentsia s'appauvrit et décline ; la petite et la moyenne bourgeoisies sont ruinées et mécontentes. La lutte de classe s'aiguise.*

**Les relations internationales**

Les relations internationales jouent évidemment un rôle très important dans la vie du monde capitaliste. Ce dernier se l'est fait rappeler trop clairement pendant la guerre mondiale. En ce moment, lorsque nous nous posons la question de savoir s'il est possible ou impossible pour le capitalisme de rétablir son équilibre mondial, nous devons noter les conditions internationales dans lesquelles ce travail de reconstruction se produit. Il n'est pas difficile de vérifier que les relations internationales sont devenues beaucoup plus tendues et beaucoup moins compatibles avec une évolution « paisible » du capitalisme qu'avant la guerre.

Pourquoi la guerre a-t-elle éclaté ? Parce que les forces productives se sont retrouvées trop comprimées dans le cadre des États capitalistes les plus puissants. La tendance interne du capital impérialiste est de supprimer les frontières politiques et de s'emparer de la terre entière, de supprimer les tarifs douaniers et les autres barrières qui limitent le développement des forces productrices. Telles sont les bases économiques de l'impérialisme et la cause première de la guerre. Et qu'en est-il résulté ? L'Europe est actuellement plus riche en frontières et en barrières douanières que jamais auparavant. Et toute une galaxie de petits États s'est constituée. Une douzaine de lignes douanières traversent aujourd'hui les territoires de l'ancien empire austro-hongrois. L'Anglais Keynes a appelé l'Europe une maison de fous [16]. Et en effet, du point de vue du développement économique, tout ce particularisme de petits États repliés sur eux-mêmes, avec leurs systèmes douaniers et tout le reste, représente un ana-

---

16. Éminent économiste anglais, John Maynard Keynes a servi comme conseiller du premier ministre David Lloyd George à la conférence de paix de Versailles en 1919, à la suite de la première guerre mondiale. Convaincu que les dizaines de milliards exigés de l'Allemagne en réparation et le poids des autres dettes imposées par les vainqueurs entraîneraient la « dévastation de l'Europe, » Keynes a démissionné de ce poste. Plus tard la même année, il a écrit la brochure très largement publicisée *The Economic Consequences of the Peace* [Les conséquences économiques de la paix], à laquelle se réfère ici Trotsky.

chronisme monstrueux, comme une incursion folle du moyen âge dans le vingtième siècle. Au moment où la péninsule balkanique est rejetée dans la barbarie, l'Europe se balkanise.

Les relations entre l'Allemagne et la France ont milité jusqu'à maintenant contre la possibilité de tout équilibre européen. La France est obligée de piller et de violer l'Allemagne pour maintenir son propre équilibre de classe, qui n'est plus proportionné à la base réduite de l'économie française. L'Allemagne ne peut pas rester et ne restera pas l'objet de ce pillage. En ce moment il est vrai, un accord a été réalisé. L'Allemagne s'est engagée à verser annuellement deux milliards de marks-or et, en outre, 26 pour cent de ses exportations. Cette affaire représente une victoire de la politique anglaise qui veut empêcher l'occupation de la Ruhr par la France [17]. La plus grande partie du minerai de fer européen se trouve aujourd'hui entre les mains de la France ; la majeure partie du charbon entre les mains de l'Allemagne. La combinaison du minerai de fer français et du charbon allemand constitue la condition primordiale de la renaissance de l'économie européenne, mais une pareille combinaison, inconditionnellement essentielle au développement économique, se trouve en même temps à être un danger mortel pour le capitalisme anglais. C'est pourquoi tous les efforts de Londres tendent à empêcher tout rapprochement, belliqueux ou pacifique, entre le minerai

---

17. Tel que l'autorisait le traité de Versailles, le gouvernement impérialiste français menaçait d'occuper la vallée de la Ruhr, le coeur industriel de l'Allemagne, si Berlin prenait du retard dans ses paiements de réparation. Paris a mis ses menaces à exécution en janvier 1923, en collaboration avec le gouvernement de la Belgique.

français et le charbon allemand. Mais ceci conduit à un durcissement encore plus grand de l'antagonisme entre l'Angleterre et la France. La France a provisoirement accepté le compromis, d'autant plus que son appareil de production désorganisé est incapable d'assimiler même le charbon que l'Allemagne est à présent obligée de lui fournir par la force. Mais cela ne veut nullement dire que le problème de la Ruhr soit résolu définitivement. Le premier manquement de l'Allemagne à ses obligations de réparation remettra fatalement sur le tapis la question du sort de la Ruhr.

La croissance au cours de la dernière année de l'influence de la France en Europe, et jusqu'à un certain point dans le monde entier, s'explique non par le renforcement de la puissance française mais par l'affaiblissement progressif évident de l'Angleterre.

LA GRANDE-BRETAGNE A VAINCU l'Allemagne. C'est la plus grande question résolue par la dernière guerre. Et cette guerre a essentiellement été une guerre non pas mondiale mais européenne, même si la lutte entre les deux États européens les plus puissants, c'est-à-dire l'Angleterre et l'Allemagne, a été réglée avec la participation des forces et des ressources du monde entier. L'Angleterre a vaincu l'Allemagne. À l'heure actuelle cependant, l'Angleterre est beaucoup plus faible sur le marché mondial et généralement dans la situation mondiale qu'elle ne l'était avant la guerre. Les États-Unis se sont renforcés aux dépens de l'Angleterre beaucoup plus que l'Angleterre ne l'a fait au détriment de l'Allemagne.

L'Amérique bat en brèche l'Angleterre, d'abord par le caractère plus rationalisé et plus progressif de son industrie. La productivité d'un travailleur américain est de

150 pour cent supérieure à celle d'un travailleur anglais. Autrement dit, grâce à une industrie plus parfaitement outillée, deux travailleurs américains produisent autant que cinq travailleurs anglais. Ce fait seul, établi par des recherches statistiques anglaises, prouve que l'Angleterre, dans une lutte avec l'Amérique, est condamnée d'avance et cela suffit pour pousser l'Angleterre à la guerre avec l'Amérique tant que la flotte anglaise conserve la suprématie des océans.

L<small>E CHARBON AMÉRICAIN</small> évince le charbon anglais dans le monde entier et même en Europe. Et pourtant le commerce mondial de l'Angleterre était basé avant tout sur ses exportations de charbon. De plus, le pétrole devient actuellement un facteur décisif pour l'industrie et la défense : non seulement il fait fonctionner les automobiles, les tracteurs, les sous-marins, les avions, mais il est grandement supérieur au charbon même pour les grands navires de haute mer. Jusqu'à 70 pour cent du pétrole utilisé dans le monde provient de l'intérieur des frontières des États-Unis. Ainsi, en cas de guerre, tout ce pétrole serait à la disposition du gouvernement de Washington. En outre, l'Amérique dispose du pétrole mexicain qui fournit jusqu'à 12 pour cent de la production mondiale. Certes, les Américains accusent l'Angleterre de s'être accaparée, en dehors des frontières des États-Unis, de près de 90 pour cent des sources mondiales de pétrole et d'en refuser l'accès aux Américains, tandis que les sources américaines pourraient se tarir dans les prochaines années. Cependant, tous ces calculs géologiques et statistiques sont assez arbitraires et douteux. Ils sont effectués sur commande afin de justifier les prétentions de l'Amérique sur le pétrole du Mexique, de la Mésopotamie, etc. Si toutefois le péril de l'épuisement des champs pétrolifères américains se confirmait, ce serait là une raison de plus pour précipiter la guerre entre les États-Unis et l'Angleterre.

L'endettement de l'Europe par rapport à l'Amérique est une question délicate. Cette dette s'élève en tout à 18 milliards de dollars. Les États-Unis peuvent toujours créer les difficultés les plus grandes au marché financier anglais en exigeant d'être remboursé. Comme on sait, l'Angleterre a même proposé à l'Amérique d'annuler les dettes anglaises en promettant à son tour d'annuler les dettes de l'Europe à l'Angleterre. Mais puisque l'Angleterre doit à l'Amérique beaucoup plus que les pays continentaux de l'Entente ne doivent à l'Angleterre, cette dernière aurait bénéficié d'une pareille transaction. L'Amérique a refusé. Les capitalistes yankees n'ont montré aucun empressement à financer de leurs propres fonds les préparatifs de la Grande-Bretagne d'une guerre avec les États-Unis.

L'alliance de l'Angleterre avec le Japon, qui lutte avec l'Amérique pour la suprématie sur le continent asiatique, a envenimé aussi d'une façon extrême les relations entre les États-Unis et l'Angleterre.

Mais au vu de toutes les circonstances énumérées, c'est la question de la marine qui présente le caractère le plus aigu. Lorsque le gouvernement Wilson s'est heurté à l'opposition de l'Angleterre sur les questions internationales, il a lancé un programme gigantesque de construction navale. Le gouvernement [du président Warren G.] Harding a repris le programme de son prédécesseur et l'exécute maintenant à toute vapeur. En 1924, la flotte des États-Unis sera non seulement plus puissante que la flotte anglaise, mais elle sera supérieure aux flottes de l'Angleterre et du Japon réunies, sinon par son tonnage du moins par sa puissance de feu.

Que signifie ceci du point de vue anglais ? Ceci signifie que d'ici 1924 l'Angleterre devra soit relever le défi et tenter de détruire la puissance militaire, navale et économique des États-Unis en profitant de sa supériorité actuelle, soit se convertir passivement en une puissance de deuxième ou de troisième ordre, en cédant définitivement aux États-Unis la domination des mers et des océans. Ainsi, le dernier massacre des peuples, qui a « résolu » à sa manière la question européenne, a pour la même raison posé dans toute son ampleur la question mondiale, à savoir : qui dominera le monde, l'Angleterre ou les États-Unis ? Les préparatifs d'une nouvelle guerre mondiale avancent à toute vapeur. Les dépenses pour l'armée et la marine ont augmenté énormément par rapport à celles d'avant-guerre. Le budget militaire anglais a triplé, celui de l'Amérique a augmenté de trois fois et demie.

Les contradictions entre l'Angleterre et l'Amérique se transforment en un processus automatique de prolifération, une progression automatique de plus en plus rapprochée du conflit sanglant de demain. Ici nous avons essentiellement affaire à un automatisme.

Le 1$^{er}$ janvier 1914, c'est-à-dire au moment où la « paix armée » subissait la pression la plus grande, il y avait environ 7 millions de soldats sous les armes dans le monde entier. Au début de cette année, il y avait 18 millions de soldats armés de baïonnettes. Le gros de ces armées pèse évidemment lourdement sur l'Europe épuisée.

C'est pourquoi le militarisme s'est accru. Tout cela constitue l'un des principaux obstacles au progrès économique. Le fardeau intolérable de la paix armée sur l'économie européenne a été l'une des principales causes de la guerre. Une fin horrible était préférable à une horreur sans fin. Mais il s'est avéré que cela n'est pas du tout une fin, que l'horreur *après* la fin est encore plus horrible qu'elle l'était avant la fin horrible, c'est-à-dire avant la dernière guerre.

La crise aiguë provoquée par le rétrécissement du marché mondial a pour effet d'aggraver énormément la lutte entre les États capitalistes en privant les relations internationales de toute forme de stabilité. Pas seulement l'Europe, mais le monde entier se transforme en maison de fous ! Dans ces conditions, il n'est guère nécessaire de parler de rétablissement de l'équilibre capitaliste.

**La classe ouvrière après la guerre**

Du point de vue de la révolution, en général et dans son ensemble, tout cela crée pour la classe ouvrière une situation très favorable et en même temps extrêmement complexe. Après tout, ce qui est devant nous, ce n'est pas un assaut chaotique et spontané dont on a vu la première étape en Europe en 1918-1919. Il nous semblait (et il y avait certaines raisons historiques pour ça) qu'à un moment où la bourgeoisie était désorganisée, un tel assaut pourrait se développer par vagues de plus en plus élevées, que la conscience des couches dirigeantes de la classe ouvrière pourrait se clarifier dans le processus et que le prolétariat pourrait ainsi prendre le pouvoir d'État dans un espace de un ou deux ans. C'était une possibilité historique. Mais elle ne s'est pas matérialisée.

L'histoire a accordé à la bourgeoise, avec l'aide de sa volonté bonne ou mauvaise, de ses ruses, de son expérience, de son organisation, de son instinct pour le pouvoir, un moment de répit relativement prolongé. Il n'y a pas eu de miracles. Ce qui a été détruit, incinéré ou ruiné n'est pas revenu à la vie. Mais la bourgeoisie s'est montrée tout à fait capable de se ressaisir dans ces conditions difficiles. Elle a rétabli son appareil d'État et réussi à utiliser la faiblesse de la classe ouvrière. Du point de vue des perspectives révolutionnaires, la situation s'est compliquée mais demeure favorable. C'est peut-être avec une plus grande assurance que nous pouvons dire aujourd'hui que dans son ensemble la situation est pleinement révolutionnaire. Mais la révolution n'est pas docile ou domestiquée au point de se laisser mettre en laisse comme on l'avait déjà imaginé. La révolution a ses propres fluctuations, ses propres crises et ses propres conjonctures favorables.

Immédiatement après la guerre, la bourgeoisie était désemparée et effrayée au plus haut point : les travailleurs, surtout ceux qui revenaient de l'armée, étaient d'humeur péremptoire. Mais la classe ouvrière dans son ensemble était désorientée et ne savait pas exactement comment la vie s'arrangerait après la guerre, quelles revendications elle devrait formuler et comment le faire, quelle voie suivre. [...] Comme nous l'avons vu au début de ce rapport, le mouvement avait pris un caractère extrêmement orageux. Mais la classe ouvrière était dépourvue d'une direction ferme. D'autre part, la bourgeoisie était prête à faire de très grandes concessions. Elle maintenait le régime financier et économique de guerre (emprunts, émission de papier-monnaie, monopole des céréales, assistance aux masses travailleuses sans emploi, etc.). En d'autres termes, la bourgeoisie dirigeante continuait à désorganiser la base économique et à détruire de plus en plus l'équilibre de la production et des finances pour soutenir l'équilibre entre les classes pendant la période la plus dangereuse. Jusqu'ici, elle a plus ou moins réussi à atteindre cet objectif.

La bourgeoisie agit en ce moment de manière à résoudre la question de la restauration de l'équilibre économique. Il ne s'agit plus ici de concessions temporaires ou de miettes accordées à la classe ouvrière, mais de mesures d'un caractère fondamental. Il faut reconstruire l'appareil productif désorganisé. Il faut stabiliser la monnaie car on ne peut imaginer le marché mondial sans un équivalent mondial universel et, par conséquent, on ne peut imaginer non plus sans un équivalent universel une industrie nationale « équilibrée » qui soit liée au marché mondial.

Pour rétablir l'appareil productif, il faut limiter le travail sur les biens de consommation et augmenter le travail sur les moyens de production. Il faut augmenter l'accumulation, c'est-à-dire intensifier le travail et réduire les salaires.

Pour stabiliser la monnaie, il faut non seulement refuser de payer des dettes intolérables mais améliorer aussi la balance commerciale, c'est-à-dire importer moins et exporter plus. Et pour y arriver, il faut consommer moins et produire plus, c'est-à-dire encore une fois réduire les salaires et intensifier le travail.

CHAQUE PAS VERS la reconstruction de l'économie capitaliste est lié à l'augmentation du taux d'exploitation. Par conséquent, il provoquera fatalement une résistance de la part de la classe ouvrière. Autrement dit, chaque effort de la bourgeoisie pour rétablir l'équilibre de la production, ou de la distribution, ou des finances d'État compromet fatalement l'équilibre instable entre les classes. Si pendant les deux premières années après la guerre la bourgeoisie était guidée avant tout, dans sa politique économique, par son désir d'apaiser le prolétariat même au prix de ruiner davantage son économie, aujourd'hui, au moment d'une crise sans précédent, elle a commencé à arranger sa situation économique en accroissant systématiquement la pression sur la classe ouvrière.

L'Angleterre nous fournit la meilleure illustration de comment cette pression engendre la résistance. Et la résistance de la classe ouvrière perturbe la stabilité économique et transforme tous les discours sur le rétablissement de l'équilibre en autant de phrases creuses.

Incontestablement, la lutte du prolétariat pour le pouvoir s'est prolongée. Nous n'avons pas eu droit à un assaut irrésistible, nous n'avons pas vu ces vagues qui grimpent toujours plus haut, qui roulent vers l'avant de manière ininterrompue jusqu'à ce que la dernière montée balaie le régime capitaliste.

Dans cette lutte nous avons observé des hauts et des bas, l'offensive et la défensive. Nous avons été loin d'être toujours habiles dans nos manoeuvres de classe. Deux raisons expliquent le caractère prolongé et inégal de la lutte : en premier lieu, la faiblesse des partis communistes, apparus seulement après la guerre, qui n'avaient ni l'expérience nécessaire, ni l'appareil nécessaire, ni l'influence suffisante et, ce qui est le plus important, qui ne savaient pas comment prêter suffisamment d'attention aux masses travailleuses. Toutefois, nous avons fait dans ce domaine un grand pas en avant au cours de ces dernières années. Les partis communistes se sont renforcés et développés. La deuxième raison, c'est la composition hétérogène de la classe ouvrière elle-même, telle qu'elle est sortie de la guerre.

Les moins ébranlés par la guerre ont été la bureaucratie du mouvement ouvrier, la bureaucratie des partis et des syndicats, ainsi que les parlementaires. Dans tous les pays, les États capitalistes ont accordé la plus grande attention et la plus grande sollicitude à cette superstructure, comprenant parfaitement que, sans elle, la classe ouvrière n'aurait pas pu être maintenue dans la soumission à travers les années d'effusion de sang. La bureaucratie du mouvement ouvrier a reçu toutes sortes de privilèges et est sortie de la guerre avec les mêmes habitudes de conservatisme bovin qu'elle avait en entrant dans la guerre, mais en étant plus discréditée et plus intimement liée aux États capitalistes respectifs. Accrochés par l'habitude à leurs organisations syndicales et politiques, en particulier en Allemagne, les travailleurs qualifiés de la vieille génération sont restés jusqu'à ce jour de façon générale le principal soutien de la bureaucratie du mouvement ouvrier. Mais leur inertie n'est nullement absolue.

LES TRAVAILLEURS QUI SONT passés par l'école de la guerre — et ils constituent l'essence de la classe ouvrière — ont introduit une nouvelle psychologie dans le prolétariat, de nouvelles habitudes et de nouvelles attitudes face aux questions de la lutte, aux questions de vie ou de mort. Ils sont prêts à résoudre les questions au moyen de la force, mais ils ont fermement appris de la guerre qu'une utilisation réussie de la force présuppose des tactiques et une stratégie correctes. Ces éléments iront au combat mais ils veulent une direction solide et une préparation sérieuse. De nombreuses catégories arriérées de travailleurs, y compris les travailleuses dont le nombre a grandi prodigieusement pendant la guerre, sont maintenant devenues en conséquence d'un tournant brusque dans leur conscience la section de la classe ouvrière la plus combative, bien que pas toujours celle qui a la plus grande conscience de classe. Enfin à l'extrême gauche, nous voyons la jeunesse ouvrière, qui a grandi pendant la guerre au milieu du grondement des batailles et des crises révolutionnaires et qui est destinée à occuper une grande place dans la lutte à venir.

Toutes ces masses prolétariennes extraordinairement accrues — les travailleurs vétérans et les travailleurs recrues, les travailleurs restés à l'arrière et ceux qui ont passé quelques années sous le feu — toutes ces masses, fortes de millions d'êtres, passent maintenant par l'école de la révolution, pas de la même façon et pas en même temps. Cela nous a été montré à nouveau dans le cas des événements de mars en Allemagne, où les travailleurs de l'Allemagne centrale, qui étaient les éléments les plus arriérés avant la guerre, étaient avides de se précipiter dans la lutte en mars, sans prendre le temps d'évaluer leurs chances de succès, tandis que les travailleurs de Berlin et ceux de la Saxe avaient acquis de l'expérience au cours de batailles révolutionnaires et étaient devenus plus prudents[18]. Il est indéniable que le cours général de

---

18. En mars 1921, au milieu d'une grève défensive de milliers de mineurs de charbon du centre de l'Allemagne, le Parti communiste allemand a lancé un appel à une insurrection nationale pour prendre le pouvoir. La direction du parti agissait sur la base de ce qu'elle appelait une « théorie de l'offensive, » aussi mise de l'avant par des gauchistes dans des partis affiliés à l'Internationale communiste en Italie et ailleurs en Europe. « L'action de mars » a été rapidement isolée et battue par le régime bourgeois en Allemagne, avec des centaines de militants ouvriers tués et des milliers emprisonnés. Le troisième congrès de l'Internationale communiste a fait le bilan de l'action et rejeté la « théorie de l'offensive. » Dans son discours au congrès en défense des tactiques de l'Internationale communiste, Lénine a dit que ça avait été une erreur « d'entamer en Allemagne des débats *sur la théorie* de l'offensive révolutionnaire, alors que l'offensive réelle n'avait pas été préparée. Les combats de mars sont quand même un grand pas en avant, malgré les erreurs

la lutte d'après-guerre et notamment l'offensive en cours du capitalisme fondent ensemble toutes les couches de la classe ouvrière, à la seule exception de son aristocratie privilégiée. Les partis communistes ont de plus en plus d'ouvertures pour établir un véritable front unique de la classe ouvrière.

**Les perspectives et les tâches immédiates**
La révolution a trois sources qui sont étroitement liées. La première source de la révolution, c'est le déclin de l'Europe. L'équilibre de classe en Europe était maintenu avant tout grâce à la position dominante de l'Angleterre sur le marché mondial. Aujourd'hui, l'Europe a complètement perdu cette position dominante et de manière irrémédiable. D'où l'inévitabilité de secousses révolutionnaires puissantes qui pourront se terminer soit par la victoire du prolétariat soit par une déchéance complète de l'Europe.

La deuxième source de la lutte révolutionnaire, ce sont les spasmes sévères qui secouent l'organisme économique tout entier des États-Unis : un boom sans précédent provoquée par la guerre européenne, suivie d'une crise cruelle née des répercussions prolongées de cette guerre. Dans ces conditions, le mouvement révolutionnaire du prolétariat américain peut acquérir le même tempo, inégalé dans l'histoire, que le développement économique des États-Unis au cours des dernières années.

La troisième source de lutte révolutionnaire, c'est l'industrialisation des colonies, avant tout de l'Inde. Ce sont

---

des dirigeants. [...] Si des centaines de milliers de personnes luttent contre une abjecte provocation des social-traîtres et de la bourgeoisie, c'est un véritable pas en avant. » (Lénine, *Oeuvres complètes*, tome 32, Moscou, éditions du Progrès, 1977, p. 503.)

les masses paysannes qui fournissent la base de la lutte de libération des colonies. Mais les paysans en lutte ont besoin de direction. Auparavant, cette direction était assurée par la bourgeoisie indigène. Cependant la lutte de cette dernière contre la domination impérialiste étrangère ne peut être ni soutenue ni énergique, puisque la bourgeoisie indigène est elle-même liée intimement au capital étranger et constitue en grande partie une agence du capital étranger. Seule l'ascension d'un prolétariat indigène assez nombreux et apte au combat peut fournir un axe véritable pour la révolution. Le prolétariat indien est certainement petit numériquement par rapport à l'ensemble de la population du pays. Mais ceux qui ont compris la signification du développement de la révolution en Russie ne manqueront jamais de tenir compte du fait que le rôle révolutionnaire du prolétariat dans les pays de l'Orient sera beaucoup plus important que sa force numérique réelle. Ceci s'applique non seulement aux pays purement coloniaux comme l'Inde ou semi-coloniaux comme la Chine, mais aussi au Japon où l'oppression capitaliste se mêle à l'absolutisme bureaucratique d'une caste féodale.

Par conséquent, aussi bien la situation mondiale que les perspectives de l'avenir ont un caractère profondément révolutionnaire.

Quand la bourgeoisie en est venue après la guerre à lancer des miettes à la classe ouvrière, les conciliateurs ont servilement transformé ces miettes en réformes (la journée de huit heures, l'assurance chômage, etc.) et découvert au milieu des ruines l'ère du réformisme. À présent, la bourgeoisie est passée à une contre-offensive sur toute la ligne et même le *Times* de Londres, un quotidien archi-capitaliste, commence à parler avec frayeur des bolcheviks capitalistes. L'époque actuelle est celle du contre-réformisme.

Le pacifiste anglais Norman Angell a appelé la guerre un mauvais calcul [19]. L'expérience de la dernière guerre a montré que, du point de vue de la comptabilité, le calcul était en effet mauvais. Après la guerre, on aurait pu croire qu'on était à la veille du triomphe du pacifisme et que la Société des nations en était la manifestation [20].

AUJOURD'HUI NOUS VOYONS que le calcul du pacifisme a été mauvais. Jamais encore, l'humanité capitaliste ne s'est préparée à une nouvelle guerre aussi frénétiquement qu'aujourd'hui. Les illusions dans la démocratie se dissipent même aux yeux des couches les plus conservatrices de la classe ouvrière. Il n'y a pas si longtemps, on n'opposait la démocratie qu'à la dictature du prolétariat, sa terreur, sa Tchéka et ainsi de suite [21]. Aujourd'hui on l'oppose de plus en plus à pratiquement toutes les formes de la lutte des classes. Lloyd George a suggéré aux mineurs de charbon de prier le parlement de considérer

---

19. Sir Norman Angell était un économiste et journaliste anglais.

20. Élément du règlement imposé par les vainqueurs à Versailles, l'établissement de la Société des nations a été présenté par Washington, Londres et Paris comme un instrument pour la paix dans le monde. Comme sa belle-fille contemporaine, les Nations unies, elle était en fait un instrument auxiliaire utilisé par les puissances impérialistes pour maintenir leur domination mondiale — un « repaire de brigands » comme Lénine l'a surnommée.

21. La Commission extraordinaire de Russie, aussi connue sous son acronyme russe de Tchéka, avait été établie en décembre 1917, peu après le triomphe du gouvernement des travailleurs et des agriculteurs dirigé par les bolcheviks, comme un tribunal révolutionnaire et une force de sécurité ayant pour but de combattre la contre-révolution et le sabotage. Elle était présidée par Felix Dzerjinski.

leurs griefs et a déclaré que leur grève était un geste violent contre la volonté de la nation.

Sous le régime des Hohenzollern, les travailleurs allemands ont trouvé une certaine stabilité et des limites bien définies. Ils savaient en général ce qu'on pouvait faire et ce qui était interdit. Dans la république d'Ebert, un travailleur gréviste risque toujours d'avoir la gorge tranchée sans plus de façon dans la rue ou au poste de police. La « démocratie » ébertienne offre aux travailleurs allemands aussi peu que ne le font des salaires élevés payés dans une monnaie sans aucune valeur.

La tâche des partis communistes consiste à comprendre la situation existante dans son ensemble et à intervenir activement dans la lutte du prolétariat afin de conquérir la majorité de la classe ouvrière sur la base de cette lutte. *Si la situation dans tel ou tel pays devient exacerbée à l'extrême, nous devons poser de but en blanc la question fondamentale et nous joindre à la bataille, peu importe dans quelle condition les événements nous trouvent.*

Mais si la marche des événements procède plus régulièrement et plus doucement, nous devons alors utiliser toutes les possibilités pour *gagner la majorité de la classe ouvrière avant les événements décisifs.*

Nous n'avons pas encore la majorité de la classe ouvrière à travers le monde, mais une plus grande partie du prolétariat est avec nous aujourd'hui qu'il y a un an ou deux. Après avoir effectivement analysé la situation existante, ce qui est une des tâches importantes de notre congrès, après avoir examiné la situation dans chaque pays donné, nous devons nous dire : la lutte sera peut-être longue et nous n'avancerons pas à une allure aussi fiévreuse que nous le voudrions. La lutte sera très dure et exigera de nombreux sacrifices. Nous nous sommes renforcés à travers l'expérience accumulée. Nous saurons comment

Moscou, 1921. Les délégués au troisième congrès de l'Internationale communiste attendent le défilé d'accueil. Organisateur de l'armée rouge (en uniforme), Léon Trotsky est en avant, au centre.

« L'équilibre capitaliste est un phénomène extrêmement complexe, » a expliqué Trotsky dans son rapport au congrès. « Le capitalisme produit cet équilibre, le perturbe, le reconstruit pour le perturber à nouveau, en étendant en même temps les limites de sa domination. Dans le domaine économique, ces bouleversements et rétablissements constants prennent la forme de crises et de booms économiques. Dans les relations entre les classes, la forme de grèves, de lock-out, de lutte révolutionnaire. Dans les relations entre États, c'est la guerre ou, sous une forme plus faible, la guerre des tarifs douaniers, la guerre économique ou le blocus. »

manoeuvrer dans cette lutte. Nous saurons comment dessiner pour notre tactique non seulement une ligne mathématique idéale mais aussi les sinuosités d'une situation fluide dans laquelle la ligne révolutionnaire doit se frayer la voie. Nous saurons comprendre comment manoeuvrer activement dans la décomposition de la classe capitaliste. Nous serons capables de mobiliser les forces des travailleurs pour la révolution sociale.

Je crois que nos succès ainsi que nos échecs ont montré que la différence entre nous et les sociaux-démocrates indépendants n'est pas dans le fait que nous avons dit que nous ferions la révolution pendant l'année 1919 et qu'ils ont continué à dire que la révolution viendrait beaucoup plus tard. Non, ce n'est pas la différence. La différence, c'est que la social-démocratie et les sociaux-démocrates indépendants appuient la bourgeoisie contre la révolution dans toutes les circonstances sans exception. Tandis que nous étions prêts, et le sommes toujours, à profiter de chaque situation, peu importe les changements qu'elle peut subir, pour l'offensive révolutionnaire et la conquête du pouvoir politique. [*Applaudissements longs et enthousiastes*]

D<small>ANS LES LUTTES ÉCONOMIQUES</small> défensives d'aujourd'hui qui se développent à partir de la crise, les communistes doivent faire partie très activement de tous les syndicats, participer à toutes les grèves et manifestations et à toutes sortes de mouvements, en maintenant toujours des liens étroits entre eux dans leur travail et en se plaçant toujours au premier plan comme l'aile la plus résolue et la mieux disciplinée de la classe ouvrière. Selon l'évolution de la crise et les changements dans la situation politique, la lutte économique défensive pourrait s'élargir en englobant des couches de plus en plus nouvelles de la classe ouvrière, de la population et de l'armée des chômeurs. Et quand à une certaine étape elle devient transformée en lutte révolutionnaire offensive, elle pourrait culminer dans une victoire. C'est précisément vers ce but que doivent tendre nos efforts.

Mais qu'arriverait-il si la crise faisait place à une amélioration de la conjoncture économique mondiale ? Et quoi après ? Cela signifierait-il que la lutte révolutionnaire serait mise en veilleuse pour un temps indéfini ?

De l'ensemble de mon rapport, camarades, on peut conclure qu'une nouvelle reprise, qui ne saurait être ni soutenue ni forte, ne pourrait aucunement constituer un frein au développement révolutionnaire. La reprise industrielle des années 1849-1851 n'a porté un coup à la révolution que parce que la révolution de 1848 avait élargi le cadre du développement capitaliste. Quant aux événements de 1914-1921, ils ont eu pour effet non pas d'élargir mais au contraire de contracter à l'extrême le cadre du marché mondial, de sorte que la courbe du développement capitaliste dans son ensemble va virer vers le bas beaucoup plus tôt dans la prochaine période. Dans ces conditions, une prospérité temporaire ne pourra que raffermir la confiance de classe des travailleurs et resserrer leurs rangs non seulement dans les usines, mais aussi dans les luttes. Elle pourra donner une impulsion non seulement à leur contre-offensive économique, mais aussi à leur lutte révolutionnaire pour la conquête du pouvoir.

La situation devient pour nous de plus en plus favorable, mais aussi extrêmement complexe. Nous n'obtiendrons pas la victoire automatiquement. Le sol est miné sous les pieds de notre ennemi, mais l'ennemi demeure fort. Notre ennemi discerne très bien nos points faibles, il sait virer de bord et manoeuvrer, toujours guidé par un froid calcul. Nous, toute l'Internationale communiste, avons beaucoup à apprendre des expériences de nos luttes pendant ces trois dernières années et en particulier de nos erreurs et de nos échecs. La guerre civile exige de manoeuvrer politiquement, tactiquement et stratégiquement. Elle exige de prendre en considération les particularités de chaque situation donnée, les côtés faibles et forts de l'ennemi. Elle exige une combinaison d'enthousiasme et de froid calcul. Elle exige non seulement la capacité de prendre l'offensive, mais aussi d'être prêt à battre en retraite temporairement pour préserver ses forces et pouvoir donner d'autant plus sûrement un coup.

Je le répète : la situation mondiale et les perspectives d'avenir demeurent profondément révolutionnaires. Cela crée les prémisses nécessaires de notre victoire. Mais seules notre tactique habile et notre organisation puissante peuvent donner pleine garantie. Élever l'Internationale communiste à un niveau plus haut, la rendre plus efficace au point de vue tactique, telle est la tâche essentielle du troisième congrès de l'Internationale communiste.

# UN ÉQUILIBRE TRÈS INSTABLE : RAPPORT SUR LA TACTIQUE DU PARTI COMMUNISTE DE RUSSIE

*V. I. Lénine*

*5 juillet 1921*

CAMARADES, IL M'A ÉTÉ IMPOSSIBLE, à proprement parler, de préparer convenablement ce rapport. Je n'ai pu préparer méthodiquement pour vous que la traduction de ma brochure sur l'impôt en nature et les thèses sur la tactique du Parti communiste de Russie [22]. Je me bornerai à y ajouter quelques remarques et éclaircissements.

Pour défendre la tactique de notre parti, il est nécessaire à mon avis de commencer en examinant la *situation internationale*. Nous avons déjà discuté en détail de la situation économique du capitalisme à l'échelle mondiale et le congrès a déjà adopté les résolutions correspondantes à ce sujet [23]. Dans mes thèses, je n'en parle que très briè-

---

22. On trouve la brochure de Lénine « L'impôt en nature (La portée de la nouvelle politique et ses conditions), » écrite en avril 1921, ainsi que ses « Thèses du rapport sur la tactique du Parti communiste de Russie, » préparées en juin 1921 pour le troisième congrès de l'Internationale communiste, dans le volume 32 de ses *Oeuvres complètes*, pp. 349-389 et 483-491 respectivement.

23. Lénine fait ici référence au « Rapport sur la crise économique mondiale et les tâches des communistes » présenté au congrès

vement et exclusivement du point de vue politique. Je n'aborde pas la base économique, mais je pense qu'en discutant la situation internationale de notre république il faut tenir compte du fait que, sur le plan politique, il s'est établi à coup sûr un certain équilibre entre les forces qui s'affrontaient ouvertement, les armes à la main, pour la suprématie de l'une ou l'autre classe dirigeante. C'est un équilibre entre la société bourgeoise — la bourgeoisie internationale dans son ensemble — et la Russie des soviets. Bien entendu, ce n'est un équilibre que dans un sens limité. C'est uniquement à l'égard de cette lutte armée que je dis qu'un certain équilibre s'est établi dans la situation internationale.

IL FAUT, BIEN SÛR, noter qu'il s'agit seulement d'un équilibre relatif, d'un équilibre fort instable. Du matériel hautement inflammable s'est accumulé dans les États capitalistes, de même que dans les pays qui n'étaient considérés jusqu'ici que comme des objets et non comme des sujets de l'histoire, c'est-à-dire les colonies et les semi-colonies. Il est donc fort possible que des insurrections, de grandes batailles, des révolutions éclatent dans ces pays, tôt ou tard et de la manière la plus inattendue. Ces dernières années, nous avons vu la bourgeoisie internationale s'attaquer directement à la première république prolétarienne. Cette lutte a été au centre de la situation politique mondiale et c'est à ce niveau qu'un changement est intervenu. La tentative de la bourgeoisie internationale d'étrangler notre république a échoué et il s'est établi un équilibre, un équilibre qui est bien entendu fort instable.

---

par Léon Trotsky. De larges extraits en sont reproduits ailleurs dans ce livre.

Certes, nous comprenons parfaitement que la bourgeoisie internationale est aujourd'hui beaucoup plus forte que notre république et que seul un concours de circonstances particulières l'empêche de poursuivre la guerre contre nous. Depuis plusieurs semaines maintenant, nous avons pu observer en Extrême-Orient de nouvelles tentatives de relancer l'invasion et il est absolument certain que de telles tentatives vont se poursuivre [24]. Sur ce point, aucun doute ne subsiste dans notre parti. Ce qu'il nous importe de clarifier, c'est qu'il existe un équilibre instable et que nous devons profiter de cette trêve en tenant compte des particularités de la situation et en y adaptant notre tactique, sans oublier un instant que la nécessité d'une lutte armée peut à nouveau se présenter brusquement. Notre tâche consiste toujours à organiser et renforcer l'armée rouge. En ce qui concerne le problème de la nourriture, nous devons aussi continuer à penser avant tout à notre armée rouge. Dans la situation internationale actuelle, où nous devons toujours nous attendre à de nouvelles agressions et à de nouvelles tentatives d'invasion de la bourgeoisie internationale, nous ne pouvons nous engager dans une autre voie. Dans notre politique pratique, cependant, le fait qu'un équilibre relatif s'est instauré dans la situation internationale revêt une certaine importance, mais seulement en ce sens que nous devons reconnaître que même si le mouvement

---

24. En avril 1921, après la victoire de l'armée rouge contre les armées contre-révolutionnaires les plus puissantes et leurs partisans impérialistes, Tokyo a renversé le gouvernement local de la ville de Vladivostok, sur la côte du Pacifique, et menacé de relancer la guerre dans l'Extrême-Orient russe. Face à la faiblesse de ses fantoches locaux et au manque de soutien des gouvernements U.S. et européens, Tokyo a retiré ses forces d'invasion en octobre 1922.

V. I. Lénine présente le rapport sur la tactique du Parti communiste russe au troisième congrès de l'Internationale communiste, le 5 juillet 1921.

« Notre tâche est d'apprendre de l'exemple vivant et pratique de Lénine et Trotsky et de le mettre en application. Ils nous ont montré comment les marxistes abordent le lien étroit qui existe entre les tendances économiques et financières fondamentales du capitalisme international, les mutations qui s'effectuent dans les tendances à long terme de la politique impérialiste et de la lutte de classe mondiale, et les changements qui s'opèrent dans la résistance ouvrière. Notre tâche consiste à agir en conséquence, en réponse aux tendances actuelles. »

révolutionnaire a progressé, le cours de la révolution internationale n'a pas emprunté cette année une voie aussi droite que nous l'escomptions. Quand nous avons entrepris la révolution internationale, nous ne l'avons pas fait parce que nous étions convaincus que nous pourrions prévoir son développement, mais parce qu'un concours de circonstances nous a incités à commencer. Ou bien la révolution internationale nous viendra en aide, pensions-nous, et alors notre victoire sera absolument garantie, ou bien nous réaliserons notre modeste tâche révolutionnaire avec le sentiment que, en cas de défaite, nous aurions tout de même servi la cause de la révolution et que notre expérience profiterait à d'autres révolutions. Nous comprenions bien que sans le soutien de la révolution internationale, la victoire de la révolution prolétarienne était impossible. Avant comme après la révolution, nous nous disions : ou bien la révolution éclatera dans les autres pays, dans les pays capitalistes plus évolués — immédiatement, sinon à brève échéance — ou bien nous devrons périr. Malgré cette conviction, nous avons tout mis en oeuvre pour sauvegarder le système soviétique, coûte que coûte, en toutes circonstances, car nous savions que nous ne travaillions pas seulement pour nous-mêmes, mais aussi pour la révolution internationale. Nous le savions, nous avons exprimé cette conviction maintes fois, avant et immédiatement après la révolution d'octobre, ainsi qu'au moment de signer le traité de paix de Brest-Litovsk [25]. Et c'était, d'une manière générale, une position juste.

---

25. La république des travailleurs et des agriculteurs dirigée par les bolcheviks a signé en mars 1918 le traité de Brest-Litovsk avec le gouvernement de l'Allemagne, mettant ainsi fin à l'état de guerre qui avait existé entre ces deux pays depuis août 1914. Le

En réalité cependant, les événements n'ont pas suivi une voie aussi droite que nous l'escomptions. Dans les autres grands pays capitalistes plus évolués, la révolution n'a pas encore éclaté. Il est vrai qu'elle se développe dans le monde entier, nous le constatons avec satisfaction. Et c'est uniquement pour cette raison que la bourgeoisie internationale, bien que cent fois plus forte que nous au point de vue économique et militaire, est incapable de nous étrangler. [*Applaudissements*]

Au paragraphe 2 des thèses, j'analyse comment une telle situation a pu se créer et quelles conclusions nous devons en tirer [26]. Je voudrais ajouter que la conclusion

---

gouvernement de la Russie soviétique a accepté de faire des concessions territoriales importantes à l'Allemagne impérialiste afin de mettre fin à la guerre et de se concentrer sur l'organisation des travailleurs et des agriculteurs pour leur permettre de réaliser les tâches de défense et de reconstruction du pays et de franchir les premiers pas dans la construction du socialisme.

26. Dans le paragraphe 2 des thèses, Lénine a écrit que l'alignement des forces de classe à l'échelle internationale s'établissait alors ainsi : « N'ayant pas la possibilité de faire la guerre ouvertement à la Russie soviétique, la bourgeoisie internationale se tient dans l'expectative, à l'affût d'un moment favorable où les circonstances lui permettront de relancer la guerre.

« Dans tous les pays capitalistes avancés, le prolétariat a déjà formé son avant-garde, les partis communistes, qui grandissent et font des progrès constants vers la conquête de la majorité du prolétariat dans chaque pays et la destruction de l'influence des vieux bureaucrates syndicaux et des couches supérieures de la classe ouvrière d'Amérique et d'Europe, corrompues par les privilèges impérialistes.

« Dans les pays capitalistes, les démocrates petits-bourgeois [...] constituent à l'heure actuelle le principal soutien du capitalisme, car ils continuent d'influencer la majorité, ou une partie considérable, des travailleurs de l'industrie et du commerce

définitive que j'en tire est la suivante : le développement de la révolution internationale, que nous avons prédit, se poursuit, mais pas de façon aussi rectiligne que nous l'escomptions. Il est évident au premier coup d'oeil qu'après la conclusion de la paix, si imparfaite qu'elle ait été, il est devenu impossible de déclencher la révolution dans les autres pays capitalistes, bien que nous sachions que les symptômes révolutionnaires étaient considérables et nombreux, en fait beaucoup plus considérables et nombreux que nous le pensions alors. Des brochures commencent à paraître qui nous apprennent que ces dernières années et ces derniers mois, ces symptômes révolutionnaires en Europe ont été bien plus sérieux que nous l'avions soupçonné.

Que devons-nous faire à présent dans cette situation ? Nous devons maintenant nous préparer soigneusement pour la révolution et étudier de façon approfondie son développement concret dans les pays capitalistes avancés. Telle est la première leçon que nous devons tirer de la situation internationale. Pour notre république

---

ainsi qu'une majorité des employés de bureau, qui craignent, si la révolution éclate, de perdre leur bien-être petit-bourgeois relatif, fondé sur les privilèges de l'impérialisme. Cependant, la crise économique croissante aggrave partout la situation de grandes sections du peuple. Combiné au fait de plus en plus évident que de nouvelles guerres impérialistes sont inévitables si le capitalisme se maintient, ce facteur rend ce soutien de plus en plus précaire.

« Les masses laborieuses des pays coloniaux et semi-coloniaux, qui forment l'immense majorité de la population du globe, [deviennent] un facteur actif dans la politique mondiale et dans la destruction révolutionnaire de l'impérialisme [...]. »

de Russie, nous devons exploiter cette courte trêve pour adapter notre tactique à cette ligne en zigzag de l'histoire. Au point de vue politique, cet équilibre est très important, car nous voyons avec netteté que dans de nombreux pays d'Europe occidentale, où les larges masses de la classe ouvrière, et très probablement l'énorme majorité de la population, sont organisées, la bourgeoisie s'appuie avant tout sur les organisations ouvrières hostiles affiliées à la Deuxième Internationale et à l'Internationale deux et demie [27]. J'en parle au paragraphe 2 des thèses et je pense qu'ici je dois me borner à deux points seulement, qui ont déjà été clarifiés dans nos débats sur la question de la tactique.

Premier point : conquérir la majorité du prolétariat. Plus le prolétariat est organisé dans un pays capitaliste avancé, plus l'histoire nous demande de faire preuve de minutie dans la préparation de la révolution et de conquérir complètement la majorité de la classe ouvrière. Deuxième point : le principal appui du capitalisme dans les pays capitalistes industriellement développés, c'est

---

27. En août 1914, quand les directions de la majorité des partis nationaux affiliés à la Deuxième Internationale, ou Internationale socialiste, se sont ralliés de manière patriotique à l'effort de guerre de leurs « propres » bourgeoisies au début de la première guerre mondiale, Lénine et le Parti bolchevique de Russie ont rompu avec cette organisation mondiale. Les bolcheviks ont maintenu un cours internationaliste prolétarien qui a mené trois ans plus tard à la conquête du pouvoir par les travailleurs et paysans de Russie et, moins de deux ans après, à la formation de l'Internationale communiste en 1919. En 1921, différents courants centristes ont brièvement quitté la Deuxième Internationale pour former ce qui a été connu comme l'Internationale deux et demie. Mais les collaborateurs de classe à la tête de ces deux organisations ont surmonté leurs différends et se sont réunifiés en 1923.

justement la section de la classe ouvrière organisée dans la Deuxième Internationale et dans l'Internationale deux et demie. Si la bourgeoisie internationale ne pouvait compter sur cette partie de la classe ouvrière, sur ces éléments contre-révolutionnaires au sein de la classe ouvrière, elle serait absolument incapable de se maintenir au pouvoir. [*Applaudissements*]

ICI, JE VOUDRAIS SOULIGNER également l'importance du *mouvement dans les colonies*. Sous ce rapport, nous constatons dans tous les anciens partis, dans tous les partis ouvriers bourgeois et petits-bourgeois de la Deuxième Internationale et de l'Internationale deux et demie, des vestiges des vieilles conceptions sentimentales. Tous prétendent sympathiser profondément avec les peuples opprimés des pays coloniaux et semi-coloniaux. Ils continuent à considérer le mouvement des pays coloniaux comme un mouvement national insignifiant et parfaitement pacifique. Il n'en est rien. Celui-ci a connu de grands changements depuis le début du vingtième siècle : des millions et des centaines de millions de personnes, en fait l'immense majorité de la population du globe, agissent à présent comme des facteurs révolutionnaires actifs et indépendants. Il est bien évident que lors des batailles décisives imminentes de la révolution mondiale, le mouvement de la majorité de la population terrestre, orienté au départ vers la libération nationale, se tournera contre le capitalisme et l'impérialisme, et jouera peut-être un rôle révolutionnaire beaucoup plus important que nous ne le pensons. Il importe de souligner que, pour la première fois dans notre Internationale, nous avons abordé la question de la préparation de cette lutte. Certes, les difficultés sont beaucoup plus nombreuses dans ce vaste domaine que dans tout autre, mais en tout cas, le mouvement progresse. Et en dépit du fait que les masses travailleuses — les paysans des pays coloniaux — sont arriérées pour le moment, elles joueront un rôle révolutionnaire éminent dans les prochaines phases de la révolution mondiale. [*Vives approbations*]

EN CE QUI CONCERNE la situation politique intérieure de notre république, je dois commencer par l'examen détaillé des rapports de classe. Au cours des derniers mois, des changements sont intervenus à ce niveau et nous avons assisté à la formation de nouvelles organisations de la classe exploiteuse dirigées contre nous. Le socialisme vise à supprimer les classes. Aux premiers rangs de la classe exploiteuse, on trouve les grands propriétaires fonciers et les capitalistes industriels. Ici, l'oeuvre de destruction est assez facile et peut être menée à bien en quelques mois, parfois en quelques semaines sinon jours. En Russie, nous avons exproprié nos exploiteurs, les grands propriétaires terriens aussi bien que les capitalistes. Pendant la guerre, ils n'avaient pas d'organisations propres et ils fonctionnaient comme simple appendice des forces armées de la bourgeoisie mondiale. Maintenant que nous avons repoussé l'assaut de la contre-révolution internationale, des organisations de la bourgeoisie russe et de tous les partis contre-révolutionnaires russes se sont formées à l'étranger. On peut évaluer que le nombre des émigrés russes disséminés dans tous les pays étrangers s'élève entre un million et demi et deux millions. Dans presque chacun d'eux, ils publient des quotidiens et tous les partis des propriétaires fonciers et des petits bourgeois, sans excepter les socialistes-révolutionnaires et les mencheviks, ont de multiples liens avec les éléments bourgeois étrangers. Autrement dit, ils reçoivent assez d'argent pour avoir leur propre presse. On observe tous les partis politiques qui existaient autrefois en Russie, sans exception, collaborer entre eux à l'étranger. Et nous voyons comment la presse russe « libre » de l'étranger, des socialistes-révolutionnaires et des mencheviks aux monarchistes les plus réactionnaires, défend les intérêts de la grande propriété foncière.

Ceci facilite dans une certaine mesure notre tâche, puisque nous pouvons plus aisément observer les forces de l'ennemi, son niveau d'organisation et les tendances politiques de son camp. D'autre part, naturellement, ceci entrave notre travail, parce que ces émigrés contre-révolutionnaires russes mettent en oeuvre tous les moyens à leur disposition pour préparer la lutte contre nous. Cette lutte prouve une fois de plus que, dans l'ensemble, l'instinct de classe et la conscience de classe des classes dirigeantes sont encore supérieurs à ceux des classes opprimées, quoique la révolution russe ait fait à cet égard bien plus que toutes les révolutions antérieures. Il n'est pas en Russie un seul village où le peuple, où les opprimés ne se soient pas éveillés. Néanmoins, si nous jugions avec sang-froid le niveau d'organisation et la netteté des conceptions politiques des émigrés contre-révolutionnaires russes, nous constaterions que la conscience de classe de la bourgeoisie est encore supérieure à celle des exploités et des opprimés. Ces gens-là mettent tout en oeuvre et profitent habilement de la moindre occasion pour attaquer, sous une forme ou une autre, la Russie des soviets et la démembrer. Il serait fort instructif de suivre de près méthodiquement — je pense que les camarades étrangers le feront — les principales tendances, les initiatives tactiques les plus importantes, les principaux courants de cette contre-révolution russe. Elle opère surtout à l'étranger et les camarades étrangers n'auront guère de peine à observer de près le mouvement. À certains égards, nous devons apprendre de cet ennemi. Ces émigrés contre-révolutionnaires sont très bien informés, ils sont merveilleusement organisés et ce sont de bons stratèges. Et je pense que la comparaison et l'étude méthodiques de la manière dont ils s'organisent et profitent de telle ou telle occasion peuvent exercer une forte influence sur la classe ouvrière du point de vue de la propagande. Ce n'est pas de la théorie générale, c'est de la politique pratique. Nous pouvons voir ici ce que l'ennemi a appris.

LA BOURGEOISIE RUSSE a essuyé ces dernières années une terrible défaite. Un vieil adage dit qu'une armée battue apprend beaucoup. L'armée réactionnaire battue a beaucoup appris et elle l'a fort bien appris. Elle s'instruit avec la plus grande avidité et a vraiment réalisé d'importants succès. Quand nous avons pris le pouvoir d'un seul élan, la bourgeoisie russe n'était ni organisée ni politiquement développée. Je pense qu'à présent elle a atteint le niveau de développement actuel de l'Europe occidentale moderne. Nous devons en tenir compte et améliorer notre propre organisation et nos propres méthodes. Nous y consacrerons tous nos efforts. Il nous a été relativement facile de venir à bout de ces deux classes exploiteuses et je pense qu'il en sera de même pour les autres révolutions.

Mais à part ces classes exploiteuses, il existe dans presque tous les pays capitalistes, sauf peut-être en Angleterre, une classe de petits producteurs et de petits agriculteurs. La question capitale de la révolution aujourd'hui, c'est de savoir comment lutter contre ces deux dernières classes. Pour nous en délivrer, il faut employer des méthodes différentes de celles de la lutte contre les grands propriétaires fonciers et les capitalistes. Ces deux classes-là, nous pouvions tout simplement les exproprier et les chasser : c'est ce que nous avons fait. Mais nous ne pouvons agir de même avec les dernières classes capitalistes, les petits producteurs et les petits-bourgeois, qui existent dans tous les pays. Dans la plupart des pays capitalistes, elles représentent une très forte minorité, de 30 à 45 pour cent environ de la population. Si l'on y ajoute l'élément petit-bourgeois de la classe ouvrière, nous arriverons à plus de 50 pour cent. On ne peut ni les exproprier ni les chasser ; on doit adopter d'autres méthodes de lutte dans leur cas. Du point de vue international, si l'on considère la révolution mondiale comme un processus unique, le sens de la période qui commence actuellement en Russie, c'est que nous devons au fond résoudre pratiquement le problème des rapports que le prolétariat doit établir avec la dernière classe capitaliste de notre pays.

Tous les marxistes ont en théorie une solution facile et correcte de ce problème. Mais la théorie et la pratique sont deux choses différentes et résoudre ce problème en pratique ne peut en aucune manière se limiter à le résoudre en théorie. Nous savons pertinemment que nous avons commis de graves erreurs. Du point de vue international, le fait que nous tentions maintenant de déterminer l'attitude que le prolétariat au pouvoir doit adopter envers la dernière classe capitaliste, le petit producteur, la petite propriété — la base du capitalisme — marque un progrès immense. Ce problème se pose maintenant à nous de façon pratique. Je pense que nous saurons le résoudre. En tout cas, l'expérience que nous faisons sera utile aux révolutions prolétariennes futures qui sauront mieux se préparer au plan technique pour résoudre ce problème.

J'ai essayé d'analyser dans mes thèses *la question des rapports entre le prolétariat et la paysannerie*. Pour la première fois dans l'histoire, il existe un État qui ne compte que deux classes : le prolétariat et la paysannerie. Cette dernière est l'immense majorité de la population. Elle est naturellement très arriérée. Sous quelle forme pratique se manifeste dans le développement de la révolution les rapports entre le prolétariat, maître du pouvoir politique, et la paysannerie ? La première forme est l'alliance, une alliance étroite. C'est une tâche très difficile, mais en tout cas possible, sur les plans économique et politique.

Comment avons-nous abordé pratiquement ce problème ? Nous avons conclu une alliance avec la paysannerie. Voici comment nous l'entendons : le prolétariat affranchit la paysannerie du joug de l'exploitation, de la domination et de l'influence bourgeoises, l'attire à ses côtés pour triompher ensemble des exploiteurs.

Les mencheviks raisonnent ainsi : la paysannerie forme la majorité, nous sommes de purs démocrates, c'est donc la majorité qui doit décider. Mais comme la paysannerie ne peut être indépendante, ceci ne signifie en réalité rien d'autre que la restauration du capitalisme. Le mot d'ordre est le même : alliance avec les paysans. Quand nous en parlons, nous visons à renforcer et à consolider le prolétariat. Nous avons essayé de réaliser cette alliance entre le prolétariat et la paysannerie, et la première étape a été une alliance militaire. Trois années de guerre civile ont fait naître des difficultés extrêmes, mais la guerre a, en un sens, facilité la tâche. Cela peut paraître étrange, mais c'est la réalité. La guerre n'a pas été un fait nouveau pour les paysans ; ils comprenaient fort bien la guerre contre les exploiteurs, contre les grands propriétaires terriens. La grande majorité des paysans étaient avec nous.

Malgré les distances extrêmement grandes, bien que la majorité de nos paysans ne sachent ni lire ni écrire, ils ont très bien compris notre propagande. C'est la preuve que les larges masses, chez nous aussi bien que dans les pays les plus avancés, apprennent beaucoup mieux par leur expérience pratique que dans les livres. De plus, l'apprentissage des paysans à partir de l'expérience pratique a été facilitée chez nous par le fait que la Russie a une étendue si exceptionnellement immense que ses différentes parties ont pu traverser en même temps des phases d'évolution différentes.

EN SIBÉRIE ET EN UKRAINE, la contre-révolution a pu remporter une victoire provisoire parce que la bourgeoisie avait la paysannerie de son côté, parce que les paysans étaient contre nous. Les paysans disaient souvent : « Nous sommes des bolcheviks, mais pas des communistes. Nous sommes pour les bolcheviks parce qu'ils ont chassé les propriétaires fonciers, mais nous ne sommes pas pour les communistes parce qu'ils s'opposent à l'agriculture individuelle. » Et la contre-révolution a pu vaincre un certain temps en Sibérie et en Ukraine parce que la bourgeoisie l'emportait dans la lutte d'influence parmi la paysannerie.

Mais très peu de temps a suffi pour ouvrir les yeux des paysans. Ils ont vite fait leur expérience pratique et n'ont pas tardé à déclarer : « Oui, les bolcheviks sont assez désagréables ; nous ne les aimons pas, mais ils sont tout de même mieux que les gardes blancs et l'Assemblée constituante. » Pour les communistes conscients, mais aussi pour les paysans, la « Constituante » est un terme synonyme d'abus. L'expérience pratique leur a appris qu'Assemblée constituante et gardes blancs, c'est la même chose ; que la première entraîne inévitablement les seconds [28]. Les mencheviks, eux aussi, font appel à l'alliance militaire avec la paysannerie, sans toutefois comprendre qu'une telle alliance ne peut suffire à elle seule. L'alliance militaire ne peut se maintenir sans l'alliance économique. Car enfin, nous ne vivons pas uniquement d'air pur. Notre alliance avec les paysans n'aurait pu d'aucune manière se maintenir longtemps sans une base économique, fondement de notre victoire dans la guerre contre notre bourgeoisie. Après tout, notre bourgeoisie s'était alliée à l'ensemble de la bourgeoisie internationale.

La base de notre alliance économique avec la paysannerie était évidemment très simple et même rudimentaire. Nous avons remis toute la terre aux paysans et leur avons

---

28. À la suite de la conquête révolutionnaire du pouvoir en octobre 1917 par les conseils de masse — appelés « soviets » en russe — constitués de délégués des travailleurs, des paysans et des soldats, les propriétaires fonciers et les capitalistes de Russie ont d'abord tenté de restaurer leur domination en organisant à la mi-novembre l'élection d'une Assemblée constituante. Lors du renversement du régime tsariste en février de la même année, le gouvernement provisoire représentant les intérêts de ces mêmes classes exploiteuses avait systématiquement repoussé la tenue de ces élections. L'assemblée s'est réunie en janvier et a immédiatement refusé de reconnaître le pouvoir des soviets des travailleurs, paysans et soldats. Elle a aussi rejeté les premières mesures du gouvernement révolutionnaire expropriant les propriétaires fonciers, établissant le contrôle ouvrier dans les usines, nationalisant les banques, décrétant le droit à l'autodétermination des nationalités et nations opprimées, et armant les travailleurs et paysans. La république soviétique a répondu le 19 janvier à ces gestes contre-révolutionnaires par la dissolution de l'Assemblée constituante. Voir le « Projet de décret sur la dissolution de l'Assemblée constituante » dans les *Oeuvres complètes* de Lénine, tome 26, p. 456-458.

donné notre appui contre les grands propriétaires fonciers. En échange, nous devions obtenir des vivres. Cette alliance était quelque chose d'absolument nouveau et ne reposait pas sur les rapports habituels entre producteurs et consommateurs. Nos paysans le comprenaient bien mieux que les héros de la Deuxième Internationale et de l'Internationale deux et demie. Ils se disaient : « Ces bolcheviks sont de durs chefs, mais ils sont tout de même des nôtres. » Quoi qu'il en soit, nous avons ainsi jeté les fondements d'une nouvelle alliance économique. Les paysans livraient leurs produits à l'armée rouge qui les aidait à défendre leurs biens. C'est ce qu'oublient toujours les héros de la Deuxième Internationale qui, tels Otto Bauer, ne comprennent absolument pas la situation présente. Nous reconnaissons que la forme initiale de cette alliance était très primitive et que nous avons commis un grand nombre d'erreurs. Mais nous devions agir le plus vite possible, nous devions organiser à tout prix le ravitaillement de l'armée. Pendant la guerre civile, nous étions coupés de toutes les régions à blé de la Russie. Notre situation était effroyable. Que le peuple russe et la classe ouvrière aient pu supporter tant de souffrances, de privations et de misère, sans avoir rien d'autre que leur ferme volonté de vaincre, semble tenir du miracle ! [*Vive approbation et applaudissements*]

**D**EPUIS LA FIN DE LA GUERRE civile, notre tâche a cependant changé. Si le pays n'avait pas été aussi ravagé après sept années de guerre ininterrompue, peut-être aurait-on pu passer plus aisément à une nouvelle forme d'alliance entre le prolétariat et la paysannerie. Mais à la situation déjà si pénible du pays se sont ajoutées la mauvaise récolte, la pénurie de fourrage, etc. Les privations des paysans sont devenues intenables. Nous devions montrer immédiatement aux larges masses paysannes que nous étions prêts, sans nous écarter un instant de la voie révolutionnaire, à modifier notre politique de sorte que les paysans puissent se dire : « Les bolcheviks veulent à tout prix et immédiatement améliorer notre intolérable situation. »

C'EST AINSI QUE *nous avons modifié notre politique économique* : les réquisitions ont fait place à l'impôt en nature. Cela n'est pas venu du premier coup. Vous pouvez lire dans la presse bolchevique diverses propositions publiées au cours de plusieurs mois, mais on n'a pas trouvé un projet dont le succès eût été vraiment assuré. Mais ceci n'a pas d'importance. Ce qui importe, c'est que nous avons modifié notre politique économique en obéissant exclusivement aux circonstances pratiques et aux impératifs de la situation. La mauvaise récolte, le manque de fourrage, la pénurie de combustible exercent naturellement une influence décisive sur l'économie dans son ensemble, y compris sur l'économie paysanne. Si la paysannerie fait grève, nous n'avons pas de bois. Et sans bois, les usines sont forcées de s'arrêter. La récolte désastreuse et le manque de fourrage ont fait que la crise économique a pris au printemps de 1921 des proportions gigantesques. Tout ceci est la conséquence de trois années de guerre civile. Il fallait prouver à la paysannerie que nous pouvions et voulions modifier rapidement notre politique afin d'améliorer immédiatement son sort désastreux.

Nous avons toujours dit — au deuxième congrès, on l'a dit aussi — que la révolution exige des sacrifices. Certains camarades argumentent ainsi dans leur propagande : nous sommes prêts à faire la révolution, mais il ne faut pas qu'elle soit trop dure. Si je ne m'abuse, cette thèse a été formulée par le camarade Smeral dans son discours au congrès du Parti communiste de Tchécoslovaquie. Je l'ai lu dans le compte rendu du *Vorwärts* de Reichenberg. Il y a là de toute évidence un courant légèrement teinté de gauchisme. Cette source ne peut donc être considérée comme absolument impartiale. En tout cas, je dois dire que si Smeral l'a affirmé, il a eu tort. Quelques orateurs qui ont pris la parole à ce congrès après Smeral ont dit : « Oui, nous suivrons Smeral, parce que cela nous dispensera de la guerre civile. » [*Rires*] Si tout cela est exact, je dois dire qu'une telle propagande n'est ni communiste ni révolutionnaire. Il est naturel que toute révolution entraîne des sacrifices immenses pour la classe qui l'a faite. Ce qui distingue la révolution de la lutte ordinaire, c'est que ceux qui participent au mouvement sont dix fois, cent fois plus nombreux. À cet égard, chaque révolution implique des sacrifices non seulement pour certaines personnes, mais pour toute une classe. La dictature du prolétariat en Russie a imposé à la classe dominante, au prolétariat, des sacrifices, des privations, des misères tels que l'histoire n'en avait jamais connus. Et il est fort probable qu'il en sera exactement de même dans n'importe quel autre pays.

La question se pose : comment allons-nous répartir ces privations ? Nous représentons le pouvoir d'État. Jusqu'à un certain point, nous sommes en mesure de répartir les privations, de les imposer à quelques classes et d'adoucir ainsi, relativement, la situation de certaines couches de la population. De quel principe devons-nous nous inspirer ? Du principe de la justice ou de la majorité ? Non. Nous devons agir dans un sens pratique. Nous devons répartir les charges de manière à sauvegarder le pouvoir du prolétariat. C'est là notre unique principe. Au début de la révolution, la classe ouvrière a été contrainte d'endurer une misère incroyable. Je constate à présent que notre politique de ravitaillement enregistre chaque année de nouveaux succès. Il est certain que d'année en année la situation s'est améliorée dans son ensemble. Mais il n'est pas moins certain qu'en Russie, les paysans ont plus profité de la révolution que la classe ouvrière. Aucun doute ne saurait subsister à ce sujet. Du point de vue théorique, cela montre naturellement que notre révolution a été bourgeoise dans une certaine mesure. Quand Kautsky a utilisé cela comme un argument contre nous, nous avons bien ri. Assurément, sans l'expropriation de la grande propriété foncière, sans l'expulsion des gros propriétaires terriens et sans le partage du sol, la révolution ne peut être que bourgeoise et non socialiste. Mais nous avons été le seul parti qui ait su mener la révolution bourgeoise jusqu'au bout et faciliter la lutte pour la révolution socialiste. Le pouvoir et le système soviétiques sont des institutions de l'État socialiste. Nous les avons déjà établis, mais le problème des rapports économiques entre la paysannerie et le prolétariat n'est pas encore résolu. Il reste encore beaucoup à faire et l'issue de la lutte dépendra de notre aptitude à régler cette question. Ainsi, la répartition des privations est une des tâches pratiques les plus ardues. La situation de la paysannerie s'est en somme améliorée, mais la classe ouvrière a connu de dures épreuves précisément parce qu'elle exerce sa dictature.

J'AI DÉJÀ DIT que le manque de fourrage et la mauvaise récolte ont suscité au printemps 1921 une misère affreuse parmi les paysans, qui constituent la majorité dans notre pays. Sans entretenir de bons rapports avec les masses paysannes, nous ne pouvons subsister. C'est pourquoi notre tâche était de les assister sur-le-champ. La situation de la classe ouvrière est extrêmement difficile. Elle souffre horriblement. Mais ceux qui ont une compréhension politique plus avancée comprennent que nous devons, dans l'intérêt de la dictature de la classe ouvrière, faire un gros effort pour secourir la paysannerie à n'importe quel prix. L'avant-garde de la classe ouvrière l'a compris, mais il existe encore dans cette avant-garde des gens qui ne peuvent le saisir, qui sont trop fatigués pour comprendre. Ils ont considéré cela comme une erreur et se sont mis à parler d'« opportunisme ». « Les bolcheviks, ont-ils dit, aident les paysans. Le paysan qui nous exploite reçoit tout ce qu'il désire, tandis que les travailleurs sont affamés. » Est-ce de l'opportunisme ? Nous aidons les paysans parce que sans alliance avec eux, le pouvoir politique du prolétariat est impossible, son maintien est inconcevable. C'est ce motif pratique qui a été décisif pour nous et non la répartition équitable. Nous aidons les paysans, car c'est absolument nécessaire pour garder le pouvoir politique. Le grand principe de la dictature est de soutenir l'alliance du prolétariat et de la paysannerie, afin que le prolétariat puisse garder son rôle dirigeant et son pouvoir politique.

Le seul moyen que nous ayons trouvé pour ce faire, c'est l'impôt en nature, qui est l'inévitable conséquence de la lutte. Cette année, cet impôt sera mis en vigueur pour la première fois [29]. Cette mesure n'a pas encore été

---

29. Pour nourrir et vêtir les soldats et les travailleurs urbains durant la guerre civile, le gouvernement révolutionnaire avait adopté une politique de réquisitions obligatoires des produits agricoles qui excédaient ce dont avaient besoin les familles paysannes pour leur propre usage. Avec la nouvelle politique économique du gouvernement, les paysans payaient une taxe régulière sous forme de produits agricoles — une taxe en nature plutôt qu'en argent — et pouvaient vendre le reste de leur production sur le marché ou au gouvernement en échange de produits industriels.

mise à l'épreuve. Nous devons passer de l'alliance militaire à une alliance économique qui, théoriquement, ne peut avoir comme seul fondement que l'institution de l'impôt en nature. C'est l'unique possibilité théorique de constituer une base économique vraiment solide à la société socialiste. L'usine socialisée fournit ses produits au paysan qui en échange livre son blé. C'est la seule forme possible d'existence de la société socialiste, la seule forme d'édification socialiste dans un pays où les petits paysans constituent la majorité ou, au moins, une très forte minorité. Les paysans livreront une partie de leur récolte sous forme d'impôt, une autre contre les produits des usines socialistes ou par le biais de l'échange des marchandises.

Nous en venons ici à la question la plus ardue. Il va de soi que l'impôt en nature signifie la liberté de commerce. Après s'être acquitté de l'impôt, le paysan sera maître d'échanger librement ses excédents de blé. Cette liberté d'échange implique la liberté du capitalisme. Nous le disons ouvertement et le soulignons. Nous ne le dissimulons nullement. Les choses iraient mal pour nous si nous nous avisions de le cacher. La liberté de commerce, c'est la liberté du capitalisme, mais c'est aussi une nouvelle forme de capitalisme. Ceci veut dire que, jusqu'à un certain point, nous recréons le capitalisme. Nous le faisons tout à fait ouvertement. C'est du capitalisme d'État. Mais le capitalisme d'État dans une société où le pouvoir appartient au capital et le capitalisme d'État dans l'État prolétarien sont deux notions différentes. Dans un État capitaliste, le capitalisme d'État est reconnu par l'État, qui le contrôle dans l'intérêt de la bourgeoisie et au détriment du prolétariat. Dans l'État prolétarien, la même chose se fait au profit de la classe ouvrière pour lui permettre de résister à la bourgeoisie encore puissante et de lutter contre elle.

Il va sans dire que nous devons accorder des concessions au capital étranger, à la bourgeoisie des autres pays. Sans la moindre dénationalisation, nous louerons mines, forêts et puits de pétrole aux capitalistes étrangers ; recevrons en échange produits industriels, machines, etc. ; et relèverons ainsi notre propre industrie.

Sur la question du capitalisme d'État, nous n'avons évidemment pas tous été d'accord dès le début. Mais nous constatons avec une grande joie qu'à ce sujet notre paysannerie a évolué, qu'elle a parfaitement compris la portée historique de la lutte que nous soutenons à l'heure actuelle. De simples paysans des régions les plus reculées sont venus nous dire : « Comment ! On a chassé nos capitalistes, ceux qui parlent russe, et maintenant des capitalistes étrangers vont venir ! » Est-ce que cela ne montre pas que nos paysans ont progressé ? Inutile d'expliquer au travailleur au fait des questions économiques pourquoi cela est nécessaire. Après sept ans de guerre, nous sommes tellement ruinés qu'il faudra de longues années pour relever notre industrie. Il nous faut payer notre retard, notre faiblesse, l'apprentissage que nous faisons maintenant, que nous sommes obligés de faire. Quiconque veut s'instruire doit payer les frais de scolarité. Nous devons l'expliquer à tout un chacun. Et si nous en apportons la preuve pratique, les grandes masses ouvrières et paysannes seront d'accord avec nous, puisque leur situation va s'améliorer aussitôt et que nous aurons ainsi la possibilité de relever notre industrie.

Qu'est-ce qui nous y oblige ? Nous ne sommes pas seuls sur terre. Nous sommes dans un système d'États capitalistes : d'un côté, il y a les pays coloniaux, mais qui ne peuvent pas encore nous aider ; de l'autre, il y a les pays capitalistes, mais qui sont nos ennemis. Ce qui donne un certain équilibre, très précaire il est vrai. Mais nous devons cependant tenir compte de cet état de choses. Il ne faut pas fermer les yeux sur ce fait si nous voulons exister. Ou bien nous remportons une victoire immédiate contre toute la bourgeoisie, ou bien nous payons un tribut.

LOIN DE LE DISSIMULER, nous reconnaissons ouvertement que les concessions faites dans le système du capitalisme d'État reviennent à payer un tribut au capitalisme. Mais nous gagnons du temps — et gagner du temps, c'est tout gagner, notamment à une époque d'équilibre, quand nos camarades à l'étranger préparent activement leur révolution. Et plus leur préparation sera poussée, plus sûre sera la victoire. D'ici là cependant, nous serons tenus de payer un tribut.

Quelques mots sur notre politique de ravitaillement. Il est certain qu'elle a été primitive et mauvaise. Mais nous pouvons noter aussi quelques succès. À ce propos, je dois souligner une fois de plus que la grande industrie mécanique est la seule base économique possible du socialisme. Quiconque oublie cela n'est pas communiste. Il nous faut analyser cette question de façon concrète. Nous ne pouvons pas poser les problèmes comme le font les théoriciens de l'ancienne école du socialisme. Nous devons les poser pratiquement. Qu'est-ce que la grande industrie moderne ? C'est *l'électrification de toute la Russie.* La Suède, l'Allemagne et l'Amérique en sont près, bien qu'elles soient encore des pays bourgeois. Un camarade de Suède m'a raconté qu'une partie importante de l'industrie y est déjà électrifiée, ainsi que 30 pour cent de l'agriculture. En Allemagne et en Amérique, pays capitalistes encore plus développés, nous constatons le même phénomène à une échelle plus large. La grande industrie mécanique n'est rien d'autre que l'électrification de tout le pays. Nous avons déjà désigné une commission spéciale composée de nos économistes et techniciens les plus qualifiés. Il est vrai qu'ils sont presque tous contre le pouvoir des soviets. Tous ces spécialistes viendront au communisme, mais autrement que nous, qui au cours de 20 années d'activité clandestine avons sans cesse étudié, puis répété inlassablement le b.a.-ba du communisme.

Presque tous les organes du pouvoir soviétique pensaient que nous devions faire appel aux spécialistes. Les ingénieurs viendront à nous quand nous leur aurons prouvé en pratique que cela accroîtra les forces productives du pays. Il ne suffit pas de le leur prouver en théorie. Il le faut aussi en pratique. Nous gagnerons ces gens à nos côtés si nous posons la question autrement et non sur le terrain de la propagande théorique du communisme. Nous affirmons que la grande industrie est l'unique moyen d'arracher la paysannerie à la misère et à la famine. Tout le monde est d'accord. Mais comment faire ? Pour relever l'industrie sur l'ancienne base, il faut trop d'efforts et de temps. Nous devons moderniser l'industrie et pour cela, procéder à l'électrification du pays. Ceci demandera beaucoup moins de temps. Les plans d'électrification sont déjà dressés. Plus de 200 spécialistes, presque tous adversaires du pouvoir soviétique, y ont travaillé avec un vif intérêt même s'ils ne sont pas communistes. Du point de vue de la science technique, ils devaient bien reconnaître que c'est la seule voie juste. Sans doute, il y a loin du plan à sa réalisation. Les spécialistes prudents disent que la première tranche des travaux demandera au moins dix ans. Le professeur Ballod a calculé qu'il faudra trois à quatre années pour électrifier l'Allemagne. Mais pour nous, même dix ans sont trop peu. Je cite dans mes thèses des chiffres pour montrer que nous avons fait bien peu jusqu'à présent dans ce domaine. Ces chiffres sont si modestes qu'on s'aperçoit tout de suite qu'ils ont une valeur de propagande plutôt que scientifique. Mais c'est par la propagande que nous devons commencer. Les paysans russes qui ont fait la guerre mondiale et passé plusieurs années en Allemagne y ont vu comment il faut développer l'agriculture moderne pour vaincre la famine. Nous devons faire un gros effort de propagande dans ce sens. En soi, ces plans n'ont pas jusqu'ici une grande portée pratique, mais leur valeur pour la propagande est considérable.

Les paysans voient qu'il faut créer quelque chose de nouveau. Ils comprennent que ceci ne peut se faire si tous travaillent séparément, mais seulement si l'État travaille comme un tout. Les paysans qui ont été prisonniers de guerre en Allemagne y ont connu la véritable base de la vie culturelle. Douze mille kilowatts, c'est un début très modeste. Il se peut qu'un étranger qui connaît l'électrification américaine, allemande ou suédoise trouve la chose ridicule. Mais rira bien qui rira le dernier. En effet, c'est un début modeste. Mais les paysans commencent à se rendre compte qu'il faut effectuer de nouveaux et immenses travaux et que ceux-ci sont déjà entrepris. Il faudra vaincre des difficultés énormes. Nous essayerons d'entrer en relation avec les pays capitalistes. Il ne faut pas regretter d'avoir à offrir aux capitalistes quelques centaines de millions de kilogrammes de pétrole à condition qu'ils nous aident à électrifier notre pays.

Et maintenant, pour terminer, quelques mots sur la « *démocratie pure.* » Je cite ce que Engels a écrit le 11 décembre 1884 dans une lettre à Bebel :

> Pour ce qui est de la démocratie pure [...] il est entendu qu'elle joue en Allemagne un rôle beaucoup plus subordonné que dans les pays au développement industriel plus ancien. Ce qui ne l'empêchera pas d'acquérir une importance temporaire au moment de la révolution, sous la forme du parti *bourgeois* le plus extrême — ce qui a déjà été observé à Francfort — devenant l'ultime bouée de sauvetage de toute l'économie bourgeoise et même féodale. [...] Ainsi en 1848, de mars à septembre, toute la masse féodale bureaucratique a renforcé les libéraux en vue d'écraser les masses révolutionnaires [...]. Quoiqu'il en soit, au jour de la crise et le lendemain, notre unique adversaire sera *la réaction unie groupée autour de la démocratie pure* et c'est là une circonstance, je crois, qu'il ne faut pas perdre de vue [30].

Nous ne pouvons pas poser les questions comme le font les théoriciens. La réaction tout entière, non seulement bourgeoise mais aussi féodale, se rallie autour de la « démocratie pure. » Les camarades allemands savent mieux que quiconque ce que signifie la « démocratie pure, » puisque Kautsky et d'autres chefs de la Deuxième

---

30. Engels fait référence aux représentants des couches les plus radicales de la bourgeoisie qui étaient membres de l'Assemblée nationale prussienne durant la révolution de 1848-1849 et qui ont servi de front aux classes possédantes de la ville et de la campagne pour repousser les revendications des paysans, des artisans et des petits maîtres, ainsi que celles de la classe ouvrière industrielle naissante. On trouve la lettre d'Engels à Bebel dans Marx and Engels, *Collected Works*, New York, International Publishers, 1995, vol. 47, p. 231-235. Des extraits, dont les passages cités par Lénine, sont traduits en français dans Karl Marx et Friedrich Engels, *Correspondance*, Moscou, éditions du Progrès, 1976, p. 378-380.

Internationale et de l'Internationale deux et demie la défendent contre les méchants bolcheviks. Si l'on juge les socialistes-révolutionnaires et les mencheviks russes à partir de leurs actions et non de leurs paroles, on trouvera qu'il ne sont rien d'autre que les représentants de la « démocratie pure » petite-bourgeoise [31]. Au cours de notre révolution et aussi pendant la dernière crise, aux jours de la mutinerie de Cronstadt, ils ont montré avec une pureté classique ce que signifie la « démocratie pure [32]. » Une grande effervescence régnait parmi les paysans et le mécontentement était aussi répandu parmi les travailleurs. Ils étaient fatigués, exténués. Car enfin, les forces humaines ont des limites. Ils avaient souffert de la faim pendant trois ans, mais cela ne peut durer quatre ou cinq ans. Il

---

31. Formé en 1901-1902, le Parti socialiste-révolutionnaire était un parti basé sur la paysannerie. Il avait le soutien de la majorité des délégués paysans dans les soviets après le renversement du régime tsariste par la révolution russe de février 1917. Il a connu une scission plus tard la même année, quand son aile gauche a soutenu la révolution d'octobre et s'est d'abord jointe aux bolcheviks dans le nouveau gouvernement des travailleurs et des agriculteurs. Comme les mencheviks, l'aile droite des socialistes-révolutionnaires s'est jointe aux capitalistes et aux propriétaires fonciers en prenant les armes contre la république soviétique. En octobre 1918, les socialistes-révolutionnaires de gauche ont à leur tour pris les armes contre le gouvernement, soi-disant pour s'opposer à la signature du traité de Brest-Litovsk par les bolcheviks.

32. En 1921, au moment même où s'achevait la guerre civile, des anarchistes ont organisé une révolte des marins de la base navale de Cronstadt, au nord-ouest de Petrograd, contre le gouvernement soviétique. Ce soulèvement contre-révolutionnaire réprimé par l'armée rouge a été salué par les mencheviks, les propagandistes impérialistes et les porte-parole des capitalistes et propriétaires fonciers russes qui avaient été renversés.

va sans dire que la faim a des répercussions profondes sur l'activité politique. Comment ont agi les socialistes-révolutionnaires et les mencheviks ? Leurs hésitations incessantes n'ont fait que renforcer la bourgeoisie.

L'ORGANISATION DE TOUS les partis russes à l'étranger a montré quelle est la situation aujourd'hui. Les chefs les plus intelligents de la grande bourgeoisie russe se sont dit : « Nous ne pouvons vaincre immédiatement en Russie. Aussi notre mot d'ordre doit-il être : « Les soviets sans les bolcheviks. » Milioukov, le leader des constitutionnels-démocrates, a défendu le pouvoir des soviets contre les socialistes-révolutionnaires [33]. Cela semble bizarre. Mais telle est la dialectique pratique que nous étudions de façon originale au cours de notre révolution, à travers notre lutte pratique et celle de nos adversaires. Les constitutionnels-démocrates défendent les « soviets sans les bolcheviks, » parce qu'ils comprennent fort bien la situation et qu'ils espèrent faire mordre à cet hameçon une partie de la population. Voilà ce que disent les constitutionnels-démocrates intelligents. Certes, les constitutionnels-démocrates ne sont pas tous intelligents, mais certains le sont et ont puisé une certaine expérience dans la révolution française. À présent le mot d'ordre est : lutter contre les bolcheviks à tout prix, coûte que coûte.

---

33. Les constitutionnels-démocrates étaient le principal parti de la bourgeoisie en Russie avant la révolution d'octobre. Ils ont continué par la suite à fonctionner pendant un certain temps en exil comme un centre d'organisation des armées contre-révolutionnaires qui luttaient pour renverser le gouvernement des travailleurs et des paysans. Pavel Milioukov était le dirigeant central de ce parti.

Toute la bourgeoisie aide maintenant les mencheviks et les socialistes-révolutionnaires, qui forment aujourd'hui l'avant-garde de toute la réaction. Ce printemps, nous avons eu l'occasion de connaître les fruits de cette coopération contre-révolutionnaire.

Nous devons donc poursuivre la lutte implacable contre ces éléments. La dictature est un état de guerre intense. Nous nous trouvons précisément dans cet état. Il n'y a pas en ce moment d'invasion armée. Mais nous sommes isolés. D'autre part cependant, nous ne le sommes pas tout à fait, puisque toute la bourgeoisie mondiale est incapable à l'heure actuelle de mener une guerre ouverte contre nous, car l'ensemble de la classe ouvrière, bien que sa majorité ne soit pas encore communiste, a une conscience de classe suffisante pour empêcher une intervention. La bourgeoisie est obligée de tenir compte de cet état d'esprit des masses, même si ces dernières ne se sont pas encore complètement développées au point de se ranger du côté du communisme. Aussi, la bourgeoisie ne peut-elle à présent déclencher l'offensive contre nous, bien que cela n'ait rien d'impossible.

Tant qu'il n'y a pas de résultat général et définitif, cet état de guerre effroyable subsistera. Nous disons : « À la guerre comme à la guerre : nous ne promettons ni liberté ni démocratie. » Nous déclarons ouvertement aux paysans qu'ils doivent choisir : ou bien le pouvoir de la bourgeoisie ou bien le pouvoir des bolcheviks. Dans ce dernier cas, nous ferons toutes les concessions possibles dans la mesure où le maintien du pouvoir le permet et plus tard nous les conduirons au socialisme. Tout le reste n'est que duperie, démagogie pure. Une lutte sans merci doit être engagée contre cette duperie, contre cette démagogie. Notre point de vue est celui-ci : pour l'instant, grandes concessions et prudence extrême, justement parce qu'il existe un certain équilibre, que nous sommes plus faibles que nos adversaires réunis, que notre base économique est trop fragile et que nous avons besoin d'une base économique plus solide.

Voilà, camarades, ce que j'ai voulu vous dire sur notre tactique, sur la tactique du Parti communiste de Russie. [*Applaudissements prolongés*]

# AUSSI DE PATHFINDER

### Rébellion Teamster
FARRELL DOBBS

Les grèves de 1934, qui ont obtenu la reconnaissance du syndicat des camionneurs et des magasiniers à Minneapolis, ont contribué à ouvrir la voie au mouvement ouvrier social qui a construit les syndicats industriels. Le premier de quatre livres d'un dirigeant central de ces batailles. 16 $ US. Aussi en anglais, espagnol, farsi et grec.

### Le FBI en procès
La victoire du Parti socialiste des travailleurs (SWP) dans son procès contre l'espionnage mené par le gouvernement.
MARGARET JAYKO
17 $ US. En anglais.

### Défense du marxisme
Contre l'opposition petite-bourgeoise dans le Parti socialiste des travailleurs
LÉON TROTSKY

Une réponse à ceux qui, dans le mouvement ouvrier révolutionnaire de la fin des années 1930, ont courbé l'échine devant le patriotisme bourgeois lorsque Washington se préparait à entrer dans la deuxième guerre mondiale. Trotsky explique pourquoi seul un parti qui se bat pour recruter des travailleurs dans ses rangs et sa direction peut maintenir un cours communiste. Ce faisant, il prend la défense des fondations matérialistes et dialectiques du marxisme.
17 $ US. En anglais et en espagnol.

# LA QUESTION JUIVE, LA LUTTE CONTRE LE FASCISME ET LA CLASSE OUVRIÈRE

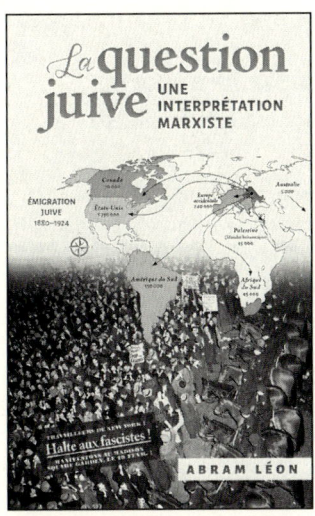

## La question juive
Une interprétation marxiste
ABRAM LÉON

Pourquoi la haine des Juifs montre-t-elle toujours son visage hideux ? Quelles en sont les racines de classe ? Pourquoi n'y a-t-il pas de solution à la question juive sous le capitalisme ? L'auteur, Abram Léon, a été tué dans les chambres à gaz nazies. Nouvelle introduction et 40 pages d'illustrations et de cartes. 17 $ US. Aussi en anglais et en espagnol.

## La lutte contre le fascisme aux États-Unis
Quarante ans de luttes décrites par des participants
JAMES P. CANNON ET D'AUTRES

En 1939, quelque 50 000 personnes à New York ont suivi l'appel du Parti socialiste des travailleurs pour répondre à un rassemblement de 20 000 personnes pronazies. « La question de comment lutter contre le fascisme a trouvé une réponse retentissante dans la magnifique manifestation qui a fait monter le cri : Des gardes de défense ouvrières pour écraser le danger fasciste ! » 5 $ US. En anglais.

## La fondation du Parti socialiste des travailleurs
Procès-verbaux et résolutions, 1938-1939

« L'attaque contre les Juifs est le fer de lance de l'attaque contre la classe ouvrière américaine, » affirme une résolution adoptée par le congrès du SWP de 1938. Le parti a exigé que Washington « ouvre grand les portes des États-Unis aux victimes du régime des pogroms hitlérien ! » 23 $ US. En anglais.

WWW.PATHFINDERPRESS.COM

# L'IMPÉRIALISME, STADE SUPRÊME DU CAPITALISME

### Thomas Sankara parle
La révolution au Burkina Faso, 1983-1987

Le gouvernement que dirigeait Thomas Sankara au Burkina Faso a conduit les paysans, les travailleurs, les femmes et les jeunes à apprendre à lire et écrire, creuser des puits, planter des arbres, bâtir des logements, combattre l'oppression des femmes, réaliser une réforme agraire et se joindre à d'autres pour se libérer du joug impérialiste. 20 $ US. Aussi en anglais.

## L'impérialisme, stade suprême du capitalisme
V. I. LÉNINE

« J'ose espérer », écrit Lénine au milieu de la première guerre mondiale, « que ma brochure aidera à l'intelligence d'un problème économique capital, sans l'étude duquel il est impossible de rien comprendre à ce que sont les guerres d'aujourd'hui et la politique d'aujourd'hui ; je veux parler de la nature économique de l'impérialisme. » 5 $ US. En anglais, espagnol, farsi et grec.

## L'Europe et l'Amérique
Deux discours sur l'impérialisme
LÉON TROTSKY

Dans deux discours faits au milieu des années 20, le dirigeant bolchevique russe Léon Trotsky explique pourquoi l'émergence des États-Unis comme puissance économique et financière dominante est devenue le facteur décisif de la politique mondiale après la première guerre mondiale. Il décrit les conflits croissants entre Washington et ses rivaux européens et dégage les perspectives révolutionnaires pour les travailleurs du monde. 10 $ US. En anglais.

# LIBÉRATION DES FEMMES ET SOCIALISME

## Les femmes à Cuba : La réalisation d'une révolution au sein de la révolution
VILMA ESPÍN, ASELA DE LOS SANTOS, YOLANDA FERRER

La révolution sociale qui a renversé en 1959 la dictature sanglante de Fulgencio Batista a commencé dans les rues de villes comme Santiago de Cuba et dans les zones montagneuses libérées par l'Armée rebelle dans l'est de Cuba. L'intégration sans précédent des femmes dans les rangs et la direction de cette lutte est une mesure de son cours révolutionnaire jusqu'à aujourd'hui. Voici les témoignages de première main de femmes qui ont contribué à sa réalisation. 17 $ US. En anglais, espagnol, farsi et grec.

## L'émancipation des femmes et la lutte de libération de l'Afrique
THOMAS SANKARA

« Il n'y a pas de véritable révolution sociale sans la libération des femmes », explique le dirigeant de la révolution de 1983-1987 au Burkina Faso. 5 $ US. Aussi en anglais, espagnol et farsi.

## Les cosmétiques, la mode et l'exploitation des femmes
JOSEPH HANSEN, EVELYN REED, MARY-ALICE WATERS

Comment le grand patronat soutient le statut de deuxième classe des femmes et l'utilise pour engranger des profits. D'où vient l'oppression des femmes ? Comment l'entrée de millions de femmes dans la vie active a-t-elle renforcé la bataille pour leur émancipation, qui reste à être gagnée ? 12 $ US. En anglais, espagnol, farsi et grec.

WWW.PATHFINDERPRESS.COM

# INDEX

## A

Abbas, Mahmoud, 60
Accélération des cadences, 21, 65, 214, 225
Action affirmative, 43
Afghanistan, 79 ; guerre en, 30-31, 51, 58, 72, 132, 202, 203
Afrique, 114 ; exploitation impérialiste, 100, 124, 137-138, 159-161 ; luttes de libération nationale, 74, 201 ; pétrole, 35 ; présence militaire U.S., 27, 34-35
Agence centrale de renseignement (CIA), 32
Agence internationale de l'énergie atomique (AIÉA), 61-63
Agriculteurs, 49, 161, 221 ; petits, 218, 221, 280-281, 314-315. *Voir aussi* Paysans
Agriculture, 258-259, 280-281
Aide sociale, 69
AIÉA. *Voir* Agence internationale de l'énergie atomique
*Aldabonazo* (Hart), 13
Algérie, 77
Allemagne, 123, 247-248, 255, 298, 326-327, 328-329 ; bases U.S., 33 ; conflits avec Washington, 54-55 ; son économie, 258, 263, 264-265, 268, 270, 278, 279 ; nazie, 9, 187 ; soulèvement de l'après-première guerre mondiale, 8-9, 247-249, 294
Al-Qaeda, 59, 80
Amérique latine, 114 ; armée U.S. en, 27, 34, 35, 72, 132 ; exploitation impérialiste, 124, 138-139, 159-161
Ancienneté, 21
Angell, Norman, 297
Angleterre. *Voir* Royaume-Uni
Arabie saoudite, 59, 79, 131 ; bases U.S., 33-34
Arafat, Yasser, 60
Argentine, 138-139, 154
Armée de libération des Noirs, 80
Armée républicaine irlandaise (IRA), 76
Armée rouge (Russie soviétique), 9, 305
Armée U.S. Bases à l'étranger, 33-35, 57, 131, 132 ; branches, 27, 28, 31-32, 44 ; « combattants de guerre », 31, 32, 45 ; Commandement Nord, 46-47, 122, 133-134, 202, 203-204 ; corps des officiers, 28, 43, 169 ; dépenses, 22, 44, 50, 71-72 ; discipline, 35, 43 ; employés civils, 35, 45 ; forces spéciales d'opérations, 31, 32, 53, 62, 72 ; garde nationale et réserve, 42, 45 ;

339

interventions, 27, 72, 131-132 ; Noirs dans, 43 ; objectifs de la transformation, 25-27, 30, 51, 57 ; préparatifs de guerre, 28, 202-203 ; primes au recrutement, 35-42, 44 ; « rayon d'action global », 33-35 ; services de renseignements, 31, 48-49 ; structure de commandement, 27, 30, 31-32, 132-134 ; systèmes d'armes, 31, 44, 56-57, 130, 202 ; taille, 27, 31, 33 ; utilisation à l'intérieur des frontières U.S., 45-50, 122, 132-133, 202, 203-204. *Voir aussi* Afghanistan ; Irak, guerre contre ; Impérialisme U.S.

Armes nucléaires, 56, 58-59, 61-62, 130 ; campagne dirigée par les USA, 61-63, 130

Ashcroft, John, 187

Asie. Exploitation impérialiste, 124, 137-138, 159-161 ; présence militaire, 27, 34, 58, 72, 130-132

Assemblée constituante (Russie), 317-318

Association des combattants de la révolution cubaine, 12-13

Australie, 52-53

Autriche-Hongrie, 247-248, 267, 283

Avantages sociaux, 71, 226-227

« Axe du mal », 51, 62, 129-130, 202

## B

Banque fédérale de réserve, 73
Basques, 76, 78
Bauer, Otto, 255–256, 319
Baie des Cochons, 128, 176-177
*Behold a Pale Horse* (Cooper), 231
Belgique, 55
Ben Laden, Oussama, 202

Benson, John, 184-185
Bishop, Maurice, 100, 140
Blair, Anthony, 83, 130-131, 202
Bolcheviks, 95, 113-114, 184, 257, 317, 319, 323, 330, 331-333 ; cours révolutionnaire, 7-8, 198-199, 310
Bonapartisme, 197
Bono, 161
Bosnie, 30
Bourse, 72, 144, 152, 165, 167-168, 208-209 ; et classe ouvrière, 218-219
Brésil, 62-63, 138-139, 154
Brest-Litovsk, traité de paix, 307-308
Brigades rouges (Italie), 80
Brundy, Peggy, 181-182
« Bulle » informatique des années 90, 152-153
Bureaucratie syndicale, 227, 249, 252-253, 308 ; adaptation à, 84, 88 ; collaboration de classe, 71, 88, 224, 230, 292-293
Bureau fédéral d'investigation (FBI), 49
Burkina Faso, 77, 100, 140
Burnham, James, 142
Bush, George, 33, 72
Bush, George W., 25, 30, 49, 51, 127, 129-130, 132

## C

Calero, Róger, 102
Cambodge, 187
Canada, 46-47, 52-53, 133
Cannan, Edwin, 265-266
Cannon, James P., 16–17, 142, 172, 189
*Capital, Le* (Marx), 136, 163-164, 166
Capital fictif, 136-137, 153, 166-167, 207-208, 214, 265. *Voir aussi* Spéculation

Capital financier. Et impérialisme, 126-127, 136-137, 138-139, 141-142, 162 ; et capital industriel, 136, 207 ; et crise imminente, 115-118, 143-144, 149-158, 207, 209-210, 216. *Voir aussi* Dette ; Produits dérivés ; Spéculation ; Système bancaire
Capitalisme. Après la première guerre mondiale, 8-9, 253, 263-271, 290, 301 ; contradictions, 118, 136, 141, 143, 200-201, 204, 212, 216, 260-261 ; cycle économique, 115-118, 144, 211-214, 228-230, 260-263, 272-276 ; équilibre, 245, 253-260, 273, 276-277, 278, 282-283, 289, 290-291 ; monopoles, 136, 141, 162, 221-222, 279, 282 ; pas de conspiration, 221-222 ; pas de situation désespérée, 118-119. *Voir aussi* Classe capitaliste ; Courbe du développement capitaliste ; Dépression ; Impérialisme
Capitalisme d'État, 324-326
Capitalisme monopoliste, 136, 141, 163, 221-222, 279, 282
Carreras, Enrique, 179
Castro, Fidel, 156, 193
Charbon, 89-90, 286
Cheney, Richard, 25
Chine, 57, 187, 201, 296 ; conflit de Washington avec, 35, 54, 56 ; position militaire vis-à-vis, 53-54
Chômage, 115, 118, 222, 265, 277, 301 ; et grande dépression, 210, 228
Chomsky, Noam, 142-143
Church, commission du Sénat, 48
CIA. *Voir* Agence centrale de renseignement

Cinq Cubains, 176-177, 230-232
CIO (Congrès des organisations industrielles), 229-230
Classe capitaliste, 219, 253-255, 265-266, 282 ; attaques contre classe ouvrière, 21-23, 25-26, 65, 89, 124, 159-161, 214, 274, 278, 282, 291-292 ; comme classe dirigeante, 221-222 ; concessions aux travailleurs, 290, 296 ; dans le monde semi-colonial, 74-76, 296 ; méthodes pour défendre sa domination, 118-121, 196-198, 231-232 ; son pragmatisme, 120, 143, 166-167 ; russe, 312-314, 318 ; ses valeurs, 156, 188
Classe moyenne, 26, 215, 218-220, 281-282
Classe ouvrière. Attaques capitalistes, 21-23, 25-26, 65, 67-68, 89, 124-125, 159-161, 215, 274, 278, 281, 291-292 ; changements de mer dans la politique de, 11, 22, 23-24, 87-88, 169 ; conscience de classe, 91, 93, 222-223 ; direction, 10, 140, 224, 231-232, 290, 293-294, 300 ; divisions, 70, 178 ; en gagner la majorité, 298, 308, 310, 332 ; et cycle économique, 214-215, 228-230, 274-275, 276, 301 ; et « guerre contre le terrorisme », 49-50, 124-126 ; et idées révolutionnaires, 90-92, 175, 194 ; femmes dans, 99, 293 ; héréditaire, 99, 217 ; internationalisation croissante, 99, 100, 121, 139-140 ; monde semi-colonial, 99, 139-140, 295-296 ; potentiel révolutionnaire, 177-178, 236-237 ; résistance, 23-24, 45, 89-90, 170-171, 192, 274, 278, 292 ; son avant-garde, 4, 22, 23-24, 26, 87, 89-91, 103-104, 170-171, 178, 179, 222-223,

300, 308, 323 ; sur devant de la scène politique, 22, 89
*Classe ouvrière et la transformation de l'éducation, La* (Barnes), 175, 225
Clinton, Hillary, 187
Clinton, William, 69, 130, 149 ; armée U.S., 25, 33, 47, 50, 51, 72, 122, 132-133 ; système antimissile, 56, 130
Cochran, partisans de Bert, 172
Cody, gén. Richard, 26-27, 28
Cointelpro, 48-49
Collectivisme bureaucratique, 142
Colombie, 35, 72, 132
Commandement Nord. *Voir* Armée U.S.
Commerce mondial, 144, 261, 267-268, 291 ; et conflits inter-impérialistes, 137, 143, 159
Conditions de travail, 21-22, 65, 67, 209, 214, 215, 225, 278, 291
Conscription, 41-42
Conseil d'assistance économique mutuelle (Comecon), 50
Co-Op, mineurs, 87, 89-90
Corée, guerre, 27, 123, 127-128
Corée, nord, 201 ; menaces U.S. contre, 51, 62, 130, 202-203
Corée, sud, 62, 138 ; bases U.S., 33, 34
Courbe du développement capitaliste, 162, 260-263, 269-271, 272-273, 301 ; et cycle économique, 211-212, 260-263, 272-273 ; implications pour la lutte de classe, 5-6, 8-10, 115-118, 271, 278-279, 291-292, 295-302 ; segment actuel, 204-207, 211, 213-214
Cours des faillites, 70
CPUSA. *Voir* Parti communiste des USA

Crédit, 143, 151, 163-164, 166-167, 207, 208
Crise des « missiles » cubaine, 128, 193
Cuba, 12-13, 97-98, 128, 138, 201 ; comme « épreuve de vérité », 96 ; et révolution U.S., 177, 179
*Cuba et la révolution américaine à venir* (Barnes), 175, 207, 226

**D**

Danemark, 53
*Défense du marxisme* (Trotsky), 142
Déflation, 115-118, 144, 208, 209-210
Démocrates-constitutionnels (Russie), 331
Démocratie bourgeoise, 297-298, 328-330
Dépressions, économiques, 163, 216, 229-230, 262, 274-275 ; des années 30, 9, 148, 210, 229-230 ; et perspectives révolutionnaires, 9, 269-276 ; phases initiales aujourd'hui, 4, 117-118, 144, 192, 204, 209, 222, 227
*Désordre mondial du capitalisme, Le* (Barnes), 169, 175, 197-198, 207, 226
Dette. Extérieure, 131, 138-139, 154, 287 ; son gonflement, 50, 65-67, 73, 137, 143-144, 149-155, 163-164, 207-208, 210, 214, 216 ; personnelle et hypothécaire, 157-158, 218-220, 222
Deuxième Internationale, 7, 82, 141, 255-256, 257, 310, 311, 319, 329-330. *Voir aussi* Social-démocratie, partis
Devise, 50, 135, 291 ; conflits, 73-74, 143, 159, 209-210 ; dépréciation,

216, 265, 278, 280, 281 ; domination du dollar, 54, 73-74, 201, 215
Dictature du prolétariat, 8, 85, 93, 142, 188, 223-224, 297, 321, 323, 332
« Dividende de paix », 24, 50, 71-72
*Dix-huitième brumaire de Louis Bonaparte, Le* (Marx), 189
Dobbs, Farrell, 90, 198, 228-229
Dollar. *Voir* Devise
Dorticós, Osvaldo, 193
Dzerjinski, Felix, 297

# E

Eberhard, gén. Ralph, 133
Ebert, Friedrich, 247, 249, 298
Éducation marxiste, 94, 135
Égypte, 35, 75, 76
El Baradei, Mohamed, 61
Électrification, 326-328
Ellis, Charles D., 168
Énergie nucléaire, 61-63
Engels, Friedrich, 166, 234, 328-329 ; communisme, 8 ; crises économiques, 6, 164, 271-272
*Episodes of the Cuban Revolutionary War* (Guevara), 13
*Escambray au Congo, De l'* (Dreke), 13
Espagne, 10, 78, 80
Espérance de vie, 68
ETA (Pays basque et liberté), 76
États-Unis, 121, 177-178, 326, 328 ; comme « piège mortel », 124 ; histoire, 8, 47, 196-198, 217-218, 248-249 ; factionnalisme de la politique, 25, 28-30, 169
Euro, 54
*Extraordinary Popular Delusions and the Madness of Crowds* (Mackay), 167

# F

*Faire l'histoire* (Waters, réd.), 179
Fannie Mae (Association fédérale nationale des hypothèques), 158-159
Fascisme, 119, 221, 231 ; comment le capitalisme l'utilise, 119, 197-198, 231-232 ; en Europe, 201, 252. *Voir aussi* Forces de droite
Femmes, 65, 91, 99, 293
Festival mondial de la jeunesse et des étudiants (2005), 96-97
Fétichisme de la marchandise, 166, 188
« Feuilles de nénuphar », 34-35, 57
FLN. *Voir* Front de libération nationale
Forces de droite, 169, 172, 196-198, 221, 231. *Voir aussi* Fascisme
Forum ouvrier du Militant, 94, 185
France, 52 ; conflits avec Washington, 35, 55 ; conflits interimpérialistes de l'après-première guerre mondiale, 258, 284-285 ; son économie, 263, 265, 266, 268-269, 278 ; soulèvements des années 20, 8-9, 248, 249
Freddie Mac (Société fédérale de crédits et d'hypothèques immobiliers), 158
Front de libération nationale (Algérie), 77
Front sandiniste de libération nationale (FSLN), 77
Front unique, 295
FSLN. *Voir* Front sandiniste de libération nationale

# G

Gauche petite-bourgeoise, 80-87, 163, 178-179 ; appui à

impérialisme « bienveillant », 55-56, 86 ; centriste, 81, 84, 85, 140-142, 161-162. *Voir aussi* Parti communiste des U.S.A. ; Social-démocratie, partis
Gauchisme, 80
Géorgie, 57-58
Gestion du capital à long terme (LTCM), 154-155
Ghana, 75
Glass-Steagall, loi, 148-149
Grande dépression. *Voir* Dépressions, des années 30
Greenspan, Alan, 65, 155-156, 164
Grenade, la, 77, 100, 140
Grèves, 24, 87-88, 124-125, 300 ; des années 30, 228-229 ; après la première guerre mondiale, 8, 248-251, 252, 259, 274, 298
Groupe Baader-Meinhof, 80
Guantánamo, base navale, 49
« Guerre contre le terrorisme », 32, 45, 51, 60, 132-133, 201-204 ; classe ouvrière comme cible, 47-50 ; et militarisation du front intérieur, 47, 48-49, 129, 132-133, 202, 203-204
Guerre froide, 24, 44, 52, 57, 126, 134
Guerre du Golfe. *Voir* Irak, guerre de 1990-1991 contre
Guerre hispano-américaine, 138
Guerre mondiale, deuxième, 26-27, 128-129
Guerre mondiale, première, 9, 128, 141, 246, 288 ; causes de, 270, 285, 288

## H

Hamas, 60, 76
Harding, Warren G., 287
Hawkins, Arrin, 102
Healy, Gerry, 187
Hiroshima et Nagasaki, 123

*Histoire du trotskysme américain, L'* (Cannon), 135, 189
Hitler, Adolf, 187
*Homeland*. Département de la sécurité du, 45 ; loi de la sécurité du, 178
Hongrie, 8, 247-248

## I

Immigration et immigrés, 91, 100
Impérialisme. Caractère parasitaire, 135, 136, 137 ; comme cause de la guerre, 136, 143, 283, 286-287, 288 ; conflits interimpérialistes, 4, 35, 54-56, 65, 73-74, 131, 136, 137, 143, 159, 201, 210, 215, 259, 282-89 ; exploitation du tiers monde, 100, 124, 137-139, 159-161 ; pas une politique, 161-162 ; Russie soviétique et, 9, 304-305, 325-326 ; stade du capitalisme, 118, 136, 163 ; système mondial, 137-138, 139, 257-259, 267-268, 277, 284-285. *Voir aussi* Capitalisme ; Impérialisme U.S.
*Impérialisme, stade suprême du capitalisme, L'* (Lénine), 135-138, 139, 140-142, 198-201, 221
Impérialisme U.S. Après la première guerre mondiale, 264-265, 266, 267-268, 269, 270 ; coalitions militaires, 30, 31, 52-53, 55, 130-132 ; comme empire en déclin, 119, 134-135, 235-236 ; conflits interimpérialistes, 35, 54-56, 130, 131, 203, 285-288 ; division mondiale du travail, 258, 276-277 ; frappes « préventives », 122, 127-129 ; pays semi-coloniaux, 123, 124, 159-161 ; perspectives révolutionnaires, 119-121, 236-237 ; prédominance économique,

54, 73, 119-120, 201, 267-268, 270, 276 ; puissance, 119-120, 134, 235-236, 285-288, 295. *Voir aussi* Armée U.S. ; Capitalisme ; Classe capitaliste ; Impérialisme
Impôt en nature (Union soviétique), 320, 324
Inde, 55, 59, 295-296
Indonésie, 55, 75, 80
Inflation, 73-74, 115, 138-139, 157, 163, 214, 222, 278
Ingénierie sociale, 187
Initiative andine, 132
Initiative de sécurité contre la prolifération (ISP), 52-53
Internationale communiste, 7, 102, 200-201, 256, 292, 294, 302, 310-311 ; et monde colonial, 139-140, 310-311
Internationalisme prolétarien, 95, 142
Investissements. Financiers, 146-149, 154-155, 167-168, 207-208 ; industriels, 207, 209, 214, 278. *Voir aussi* Système bancaire
IRA. *Voir* Armée républicaine irlandaise
Irlande, 78
Irak, guerre de 1990-1991 contre, 30, 43, 51-52, 55, 63, 123, 131
Irak, guerre de 2003- contre, 30-31, 42, 43, 51, 53, 58, 62, 72 ; conséquences imprévues, 65 ; élections de 2005, 63, 64-65 ; et rivalités interimpérialistes, 55, 202-203 ; forces baathistes, 60, 63-65 ; préparatifs, 130-132 ; réponse au Moyen-Orient à, 64, 74
Iran. Menaces U.S., 51, 61-62, 72, 130, 131, 202-203 ; révolution de 1979, 78-79, 131 ; sous le shah, 61, 78

« Islamisme », 78-80
ISO. *Voir* Organisation socialiste internationale
ISP. *Voir* Initiative de sécurité contre la prolifération
Israël, 35, 51, 60, 61-62, 78, 123-124
Italie, 8, 9, 53, 281 ; occupations d'usine de 1920, 8, 9, 251-252, 254

**J**

Japon, 123, 213-214, 259, 287, 305 ; classe ouvrière, 8-9, 246-247, 296 ; comme rival de Washington, 56, 128-129, 131 ; et Chine, 53-54 ; et crises économiques, 152, 156, 164, 266, 268
Jeunes, 24, 178, 179, 293-294. *Voir aussi* Jeunes socialistes
Jeunes socialistes, 87, 90, 114, 135, 200 ; recrutement, 95, 98, 178
Jordanie, 131
Juifs, haine des, 123-124, 197, 221, 231

**K**

Kadhafi, Muammar Al-, 59
Kautsky, Karl, 140-142, 161-162, 329-330
Kerry, John, 82, 103
Keynes, John Maynard, 283
Khan, A. K., 58
Kondratiev, Nikolaï, 211-212, 213
Kosova, 30
Kronstadt, rébellion (1921), 330
Ku Klux Klan, 196
Kurdes, 63, 64, 65, 79

**L**

Labañino Salazar, Ramón, 176-177, 231
Lénine, V. I., 6-7, 10-11, 86, 95,

118, 170, 211, 251, 257, 303-333 ; bourgeoisie, 312-314, 325-326, 331-332 ; impérialisme, 135-138, 139-142, 161-162, 163, 198-201, 221, 304-305, 308-309 ; NEP, 320, 323-325 ; parti prolétarien, 93, 113-114, 308 ; paysannerie, 312, 315-320, 322, 324, 327-328, 330, 332 ; révolution coloniale, 139-140, 304, 309, 311-312 ; révolution mondiale, 295, 305-307, 308-309

*Leur Trotsky et le nôtre* (Barnes), 135, 232-233, 235

Liban, 59, 79

Libye, 51, 59

Liebknecht, Karl, 247

Ligue des nations, 297

Lloyd George, David, 297-298

Loterie, 69

Lula da Silva, Luiz Inácio, 62

*Lutte pour un parti prolétarien, La* (Cannon), 142

Luxemburg, Rosa, 247

# M

Malcolm X, 100, 140, 232

*Manifeste du parti communiste, Le* (Marx et Engels), 8, 92, 234

Mao Zedong, 187

Marché du logement, 156-158

Marx, Karl, 136, 163-164, 166, 189, 215-216, 217, 234 ; communisme, 8 ; politique et économie, 6, 271-272

*Medicare* et *Medicaid*, 23, 46, 67, 68

Mencheviks, 257, 312-313, 316, 318, 330-331, 332

Mexique, 207-208, 286 ; et armée U.S., 47, 53, 134

Milioukov, Pavel, 331

*Militant, The*, 122, 173, 236

Militarisme, 288

Mineurs unis d'Amérique (UMWA), 87, 89-90 ; fraction, 171, 173

Monde colonial et semi-colonial. Bourgeoisie dans, 74-76, 296 ; classe ouvrière, 100, 139, 296 ; crise économique, 118, 134, 138-139, 154 ; différenciation de classe, 77 ; direction révolutionnaire, 100-102, 140 ; et division du monde, 138 ; exploitation impérialiste, 124, 137-139, 159-161 ; mouvements de libération nationale, 7, 76-78, 92, 140, 201, 304, 311

« Mondialisation », 86, 142

Mouvement des droits civils, 68

Mouvement du 26 juillet, 77

Mouvement des pays non alignés, 75

Musharraf, Pervez, 58

Mussolini, Benito, 252

# N

Nader, Ralph, 85

Nasser, Gamal Abdel, 75, 76

« Néolibéralisme », 86

NEP. *Voir* Nouvelle politique économique

New Jewel Movement (Grenade), 77

Nicaragua, 77

Nkrumah, Kwame, 75

Noirs. Dans l'armée, 43 ; luttes, 48, 68, 91 ; poids politique et social, 100, 232

Norvège, 252

*Nous sommes les héritiers des révolutions du monde* (Sankara), 12

*Nouvelle Internationale*, 12-17, 95, 175, 207

Nouvelle politique économique (NEP), 320, 323-325

Nouvelle-Zélande, 213

## O

OLP. *Voir* Organisation de libération de la Palestine
O'Neill, Paul, 161
*October 1962: The 'Missile' Crisis as Seen from Cuba* (Diez), 193
ONG. *Voir* Organisations non gouvernementales
ONU. *Voir* Organisation des nations unies
Onze septembre 2001, attaques, 78, 80, 121-127, 194, 201-203, 236
Or, 146-147, 151, 278
Orange, comté, 207-208
Organisation de libération de la Palestine (OLP), 76
Organisation des nations unies (ONU), 30, 52, 75, 297
Organisations non gouvernementales (ONG), 75
Organisation socialiste internationale (ISO), 85
Organisation du traité de l'Atlantique Nord (Otan), 52
Otan. *Voir* Organisation du traité de l'Atlantique Nord

## P

Pacifisme, 297
Pacte de Varsovie, 25, 33, 50
Pakistan, 55, 58
Palestiniens, 51, 60, 76, 77-78, 123, 193
Palmer, rafles, 49, 249
Parti communiste. Comme avant-garde de la classe ouvrière, 300, 308 ; communisme comme un mouvement, 8 ; continuité, 10-11, 92 ; lutte pour le pouvoir, 85, 113-115, 118-120, 179, 195, 222, 233, 253, 300 ; ses cadres, 24, 91-92, 113, 170, 186-192, 232-235 ; stratégie et tactiques, 293, 298-300, 302, 310-311, 332-333 ; tendances économiques/politiques, 4-6, 11-12, 114-118, 195 ; travail préparatoire, 104-105, 113-114, 169, 189, 233-234. *Voir aussi* Parti socialiste des travailleurs (SWP)
Parti communiste de Tchécoslovaquie, 321
Parti communiste des USA (CPUSA), 81-82, 84-85, 97, 103, 230
Parti démocrate, 24, 26, 44, 69, 73, 222 ; gauche petite-bourgeoise et, 82, 83, 230
Parti du monde des travailleurs (WWP), 85, 103
Parti ouvrier, 104, 229
Parti républicain, 69, 73, 86, 102, 222 ; et transformation de l'armée, 24-25, 26, 44
Parti socialiste de la liberté, 85
Parti socialiste des travailleurs (SWP). Activités de propagande, 94-95, 172-174, 192-193, 236 ; branches et fractions, 94, 98, 169-170, 171, 173-174, 185, 235 ; campagne électorale, 102-104 ; centralisation politique, 94, 190, 191-192 ; collaboration internationale, 12, 114, 174 ; direction, 171, 186, 234 ; effort de publication, 174-178, 179-184, 232, 236 ; et avant-garde ouvrière, 6-7, 87 88, 89-92, 170-171, 177-179, 187, 222-223, 233, 236 ; et 11 septembre, 121-127, 236 ; formation auxiliaire des partisans, 176, 181-185 ; normes prolétariennes, 104, 114, 169-170, 188 ; orientation prolétarienne, 11-12, 85, 92, 104-105, 113-114, 184 ; recrutement, 24, 92, 98, 171, 178, 186-187,

232-233 ; rythme hebdomadaire, 94 ; tournant vers syndicats industriels, 93-94, 170, 173, 181, 186, 226, 233. *Voir aussi* Parti communiste
Parti vert, 85
Pathfinder, éditions, 12, 13, 17, 98, 175-180, 232 ; centralité politique, 95, 174-178 ; et avant-garde ouvrière, 180-181, 236
Pathfinder, projet de réimpression, 13, 181-184
Patriotisme, 25, 48, 67, 121, 124-126, 202, 203
Paysans, 280-281, 296, 312, 314-315 ; en Russie soviétique, 315-320, 322-325, 327-328, 330, 332. *Voir aussi* Agriculteurs
Pays-Bas, 53
Pearl Harbor, 128-129
Pensions, 223-224 ; attaques contre celles des travailleurs, 22, 69, 215, 226-227 ; fonds, 144, 149, 151, 167-168, 218. *Voir aussi* Sécurité sociale
*Perspectiva Mundial*, 122, 173, 232, 236
Pétrole, 131, 151, 286
Philippines, 123, 138 ; et armée U.S., 27, 72, 132
*Playa Girón/Baie des Cochons : la première défaite militaire de Washington dans les Amériques* (Castro et Fernández), 13, 176-177
Point Blank Body Armor, 87, 125
Pol Pot, 187
Pologne, 53, 55, 250-251
*Pombo, A Man of Che's "guerilla"* (Villegas), 13
Pornographication. *Voir* États-Unis, factionnalisme de la politique
Porto Rico, 34, 138
Poutine, Vladimir, 57-58

Prix Nobel, 155
Productivité, 159, 285-286 ; efforts des capitalistes pour l'augmenter, 65, 214, 277
Produits dérivés, 137, 146-147, 149, 154-155, 158-159, 163
Profits, taux, 89, 144, 153
Programmes de formation des officiers de réserve (ROTC), 42
Propagande, travail de, 94-95, 172-173, 192-193, 232, 328 ; Marx et Engels, 234
*Protocoles des sages de Sion, Les*, 231

## R

Reagan, Ronald, 56, 130
Récessions, 115-118, 144-145, 211-213
Religion, 65, 78-79, 102
Régimes nationalistes bourgeois, 74-76
République dominicaine, 27
Ressentiment, politique du, 169
Révolution. De 1848, 262, 271-272, 301, 329 ; et économie, 271-276, 300-301 ; perspectives, 246-253, 276, 289-290, 292, 295-296, 302, 308-309 ; prédictions de l'après-première guerre mondiale, 255-256, 309. *Voir aussi* Russie, révolution de 1917
Révolution culturelle (Chine), 187
Roosevelt, Franklin D., 27, 128-129
ROTC. *Voir* Programmes de formation des officiers de réserve
Royaume-Uni, 52, 78, 262, 263, 265, 295 ; compétition avec USA, 35, 56, 285-288 ; et guerre contre Irak, 53, 130-131 ; luttes des travailleurs, 8-9, 246, 251, 252-253, 292

Rubin, Robert, 149
Rumsfeld, Donald, 25, 49, 133
Russie. Avant 1917, 246, 267, 274-275 ; classe ouvrière, 274-275, 319, 321-323 ; et États-Unis, 35, 56-57 ; guerre civile, 9, 316-317, 319-320 ; révolution de 1917, 7, 10, 95, 140, 170, 246, 257, 307, 314, 318, 321-322. *Voir aussi* Union soviétique

## S

Saddam Hussein, 51, 64
Salaires. En déclin, 215, 222 ; efforts des capitalistes pour les réduire, 21, 65, 67, 125, 159, 274, 291 ; luttes, 124-125, 252-253, 274
Salaire social, 23, 26, 67-70, 91, 215, 223-225
Sankara, Thomas, 12, 100, 140, 188
Santé, soins, 71, 223 ; attaques capitalistes, 22, 67-68, 70, 227
Scheer, Charlie, 186, 190-191, 194, 235
Scheer, Helen, 190
Sécurité sociale, 22-23, 67-70, 223, 224, 225
Semaine de travail, 65, 67, 224-225, 278
Shachtman, Max, 142
Singapour, 53
Smeral, Bohumir, 321
Smith, loi, 49
Social-démocratie. Appui au capitalisme, 259-260, 297-298, 300 ; aujourd'hui, 82-83 ; partis, 187, 247, 248, 252, 254-255, 257. *Voir aussi* Deuxième Internationale
Socialistes-révolutionnaires, 312-313, 330, 331
Spéculation, 137-138, 152, 154-155, 216, 263, 264, 278, 279. *Voir aussi* Capital fictif
*Speeches to the Party* (Cannon), 172
Stalinisme, 200 ; comme contrefaçon du marxisme, 10, 81 ; et directions nationalistes bourgeoises, 74-75, 77 ; écroulement des appareils, 50, 80-81, 194, 204
Suède, 187, 326, 328
Sukarno, 75
SWP. *Voir* Parti socialiste des travailleurs
Syndicats, 71, 88, 89, 92 ; affaiblissement, 21-22, 88 ; et avant-garde ouvrière, 4, 23-24, 87-88, 89-90, 222-223 ; étendre leur force, 24, 89, 91, 104 ; femmes dans, 99 ; les renforcer, 84, 91, 104 ; luttes, 11-12, 124-125, 169, 228-230, 248-250, 252 ; travail communiste, 87, 93-94, 105, 171, 173, 300
Syrie, 51, 59-60, 72
Système bancaire. Et capital industriel, 136, 221-222, 279 ; et crise capitaliste, 144-151, 153-155, 158-159, 210 ; dette extérieure, 139, 154 ; fonctionnement, 147-149, 164-165 ; spéculation, 136-138, 145-156, 166-168
Système de missiles antibalistiques, 56-57, 130, 202

## T

Taiwan, 53, 138
Taliban, 51, 58, 79
Tanzanie, 79
Tarifs douaniers, 159-161, 283
Taux d'intérêt, 72, 146-147, 151, 157, 163, 164-165, 207-208, 210, 215
Tchécoslovaquie, 252

Tchéka, 297
Teamster, série (Dobbs), 90-91
Théories de conspiration, 203, 221, 231
Transformation. *Voir* Armée U.S.
Travailleurs-bolcheviks, 6, 174, 236 ; qualités, 120, 170, 191-192
Travailleurs unis de l'alimentation et du commerce (TUAC), 171, 173
Trotsky, Léon, 86, 123-124, 142, 197, 245-302 ; courbe du développement capitaliste, 211-212, 227-228, 260-263, 269-271 ; équilibre capitaliste, 253-260, 263-268, 276-277, 289-291 ; perspectives révolutionnaires, 246-253, 276, 289-290, 295-296, 302 ; relations politico-économiques, 6, 7, 11, 271-279, 291-292, 295-302
TUAC. *Voir* Travailleurs unis de l'alimentation et du commerce
Turquie, 131

## U

UJC. *Voir* Union des jeunes communistes
Ukraine, 55, 57
« Ultra-impérialisme », 136, 140-142
UMWA. *Voir* Mineurs unis d'Amérique
Union européenne, 54
Union des jeunes communistes (UJC), 97
Union soviétique, 307-308, 327-328 ; attaques impérialistes, 9, 128, 304-305, 307-308 ; écroulement de l'appareil stalinien, 50, 57, 74-75, 77, 80-81, 97, 204 ; et équilibre de l'après-première guerre mondiale avec monde capitaliste, 304-307, 310, 326, 332, 333. *Voir aussi* Paysans, Russie soviétique ; Russie
UNITE, 171, 173
Utopisme, 187, 190

## V

Varga, Eugen, 264
Venezuela, 35, 96
Vieques, 34
Viêt-nam, 201
Viêt-nam, guerre, 46, 73, 123, 128 ; et armée U.S., 27, 28, 35, 43
*Visage changeant de la politique aux États-Unis, Le* (Barnes), 94, 135, 170, 175, 204, 226

## W

Waco, massacre, 123
Weather Underground (U.S.), 80
Wilson, Woodrow, 248
*Winning the Loser's Game* (Ellis), 168
WWP. *Voir* Parti du monde des travailleurs

## Y

Yémen, 72, 80
Yougoslavie, 201 ; guerre U.S. contre, 30, 52

## Z

Zarkaoui, Abou Moussab Al-, 64

# LA RÉVOLUTION CUBAINE ET LA POLITIQUE MONDIALE

### Cuba et la révolution américaine à venir
JACK BARNES

Un livre sur les luttes des travailleurs au centre de l'impérialisme, sur les jeunes que ces luttes attirent et sur le peuple cubain, qui a montré que la révolution est non seulement nécessaire, mais qu'elle est possible. Ce livre porte sur la lutte de classe aux États-Unis, où les puissances au pouvoir méprisent les capacités révolutionnaires des travailleurs et des agriculteurs aujourd'hui comme elles ont méprisé celles des travailleurs et paysans cubains. Et tout autant à tort. 10 $ US. Aussi en anglais, espagnol et farsi.

### Octobre 1962
La crise des « missiles » vue de Cuba
TOMÁS DIEZ ACOSTA

En octobre 1962, Washington a amené le monde au bord de la guerre nucléaire. L'histoire complète de ce moment historique est racontée ici du point de vue du peuple cubain, dont la détermination à défendre sa souveraineté et sa révolution socialiste a fait échouer le projet des États-Unis de conduire une attaque militaire dévastatrice. 17 $ US. En anglais.

### Che Guevara et la lutte pour le socialisme aujourd'hui
Cuba fait face à la crise mondiale des années 90
MARY-ALICE WATERS

5 $ US. Aussi en anglais et en espagnol.

## Les Première et Deuxième Déclarations de La Havane

Manifestes de la lutte révolutionnaire dans les Amériques adoptés par le peuple de Cuba

Deux documents adoptés par des assemblées de millions de Cubains en 1960 et 1962. Ces mises en accusation sans compromis du pillage impérialiste et de « l'exploitation de l'homme par l'homme » continuent de servir de manifestes de la lutte révolutionnaire des travailleurs dans le monde entier. 10 $ US. Aussi en anglais, espagnol, farsi, arabe et grec.

## Notre histoire s'écrit toujours

L'histoire de trois généraux cubains d'origine chinoise dans la révolution cubaine

ARMANDO CHOY, GUSTAVO CHUI, MOISÉS SÍO WONG, MARY-ALICE WATERS

« Quelle a été la principale mesure pour combattre la discrimination contre les Chinois et les Noirs à Cuba ? Ça a été la révolution socialiste elle-même. » À travers l'expérience des auteurs, nous voyons comment des millions d'hommes et de femmes ordinaires à Cuba ont changé le cours de l'histoire et se sont transformés en le faisant. 15 $ US. Aussi en anglais, espagnol, farsi, grec et chinois.

## Cuba et Angola : La guerre pour la liberté

HARRY VILLEGAS (« POMBO »)

L'histoire de la contribution exceptionnelle de Cuba à la lutte pour libérer l'Afrique du fléau de l'apartheid. Et comment, en le faisant, la révolution socialiste s'est renforcée à Cuba. 10 $ US. En anglais, espagnol, farsi et grec.

WWW.PATHFINDERPRESS.COM

# The Militant
## Un journal socialiste publié dans les intérêts du peuple travailleur

- Il couvre les luttes ouvrières pour l'emploi, la sécurité au travail et pour syndiquer les non-syndiqués à travers le monde.

- Il publie des reportages sur les luttes contre la brutalité policière et les coups montés, contre les attaques qui visent le droit des femmes de choisir l'avortement, et en appui à l'amnistie pour les travailleurs nés à l'étranger.

- Il explique les racines de la crise mondiale du système capitaliste et des interventions et guerres impérialistes sans fin au Moyen-Orient et ailleurs dans le monde.

- Il défend la révolution socialiste à Cuba et soutient la lutte pour mettre fin à l'embargo économique de Washington contre Cuba et à l'occupation US de Guantánamo. Il défend la lutte contre la domination coloniale de Porto Rico par les États-Unis.

- Il publie chaque semaine des comptes rendus de la campagne menée par les membres du Parti socialiste des travailleurs aux portes des travailleurs pour expliquer comment la classe ouvrière peut arracher le pouvoir politique des mains de la classe dirigeante capitaliste.

**The Militant • 306 West 37e rue, 13e étage • New York, NY 10018**

## Abonnez-vous aujourd'hui !
Nouveaux lecteurs : 5 $ US pour 12 semaines
6 mois : 20 $    1 an 35 $    2 ans 65 $

WWW.THEMILITANT.COM

# LA COURBE DU DÉVELOPPEMENT CAPITALISTE

## Le désordre mondial du capitalisme
La politique ouvrière au millénaire
JACK BARNES

La dévastation sociale, les paniques financières, le durcissement de la politique, la brutalité policière et les agressions impérialistes : tous proviennent non pas d'un dérèglement du capitalisme, mais plutôt de son fonctionnement régulier et normal. Ce qui peut changer l'avenir, c'est la lutte unitaire des travailleurs et des agriculteurs confiants dans leur capacité de mener des batailles révolutionnaires pour le pouvoir d'État et de transformer le monde. 20 $ US. Aussi en anglais et en espagnol.

## La courbe du développement capitaliste
LÉON TROTSKY

Les points tournants qui se produisent dans les tendances à long terme du développement capitaliste, écrit Trotsky dans cet article de 1923, sont le résultat de facteurs étrangers au domaine de l'« économie » comme on la comprend habituellement. Les périodes de progrès, de stagnation et de déclin sont façonnés par des développements majeurs dans la politique et la lutte de classe comme les guerres, les soulèvements et les révolutions. Dans *Nouvelle Internationale* n° 5. 14 $ US. Aussi en anglais, espagnol, farsi et grec.

## Le Capital
KARL MARX

Livre 1, 18 $ US ; livre 2, 18 $ US ; livre 3, 18 $ US. En anglais et en espagnol.

WWW.PATHFINDERPRESS.COM

# ÉLARGISSEZ VOTRE BIBLIOTHÈQUE RÉVOLUTIONNAIRE

### Zone rouge
L'expérience cubaine contre l'Ébola
ENRIQUE UBIETA GÓMEZ

Pour combattre l'Ébola en 2014-2015, Cuba a envoyé plus de 250 travailleurs de la santé, dont des médecins et infirmiers. Tous volontaires, c'étaient des êtres humains comme seule une révolution socialiste peut en produire. 17 $ US. Aussi en anglais et en espagnol.

### L'héritage révolutionnaire de l'Amérique
Études marxistes
GEORGE NOVACK

Une explication matérialiste de la révolution américaine, de la guerre civile et de la reconstruction radicale, du génocide des Autochtones, de la montée de l'impérialisme américain, de la première vague de lutte pour les droits des femmes, etc. 23 $ US. En anglais.

### La révolution socialiste et la lutte de libération des femmes
Résolution du Parti socialiste des travailleurs (SWP)

Ce document explique la place centrale et le poids de la lutte de libération des femmes dans la ligne de marche de la classe ouvrière vers le socialisme. Le produit d'une discussion et d'un débat international, cette résolution incorpore les expériences de lutte de plusieurs pays. 5 $ US

## Che Guevara : l'économie et la politique dans la transition au socialisme
CARLOS TABLADA

Puisant abondamment dans les écrits et les discours de Che Guevara sur la construction du socialisme, ce livre examine les relations entre le marché, la planification économique, les stimulants matériels et le travail volontaire. Il explique pourquoi le profit et les autres catégories capitalistes ne peuvent servir à mesurer les progrès accomplis dans la transition au socialisme. 17 $ US. Aussi en anglais, espagnol et grec.

## La continuité révolutionnaire
La direction marxiste aux États-Unis

*Les premières années, 1848-1917*
*Naissance du mouvement communiste, 1918-1922*

FARRELL DOBBS

« Des générations successives de révolutionnaires prolétariens ont participé aux mouvements de la classe ouvrière et de ses alliés. Les marxistes d'aujourd'hui ne leur doivent pas seulement un hommage pour leurs actes. Nous avons également le devoir d'apprendre ce qu'ils ont fait de mal et de bien afin que leurs erreurs ne se répètent pas. » — *Farrell Dobbs*. Deux tomes en anglais, 17 $ US chaque volume.

## Socialisme utopique et socialisme scientifique
FRIEDRICH ENGELS

« Rendre les hommes maîtres de leur propre forme d'organisation sociale, les rendre libres, telle est la mission du prolétariat moderne, » écrit Engels. Un ouvrage classique expliquant les mécanismes du capitalisme et les luttes de la classe ouvrière. 10 $ US. En anglais et en farsi.

WWW.PATHFINDERPRESS.COM

# Nouvelle Internationale
## UNE REVUE DE POLITIQUE ET DE THÉORIE MARXISTES

### NOUVELLE INTERNATIONALE N° 8
### Notre politique commence avec le monde
JACK BARNES

Les énormes inégalités économiques et culturelles qui existent entre les pays impérialistes et semi-coloniaux et entre les classes de presque tous les pays sont produites, reproduites et accentuées par le fonctionnement du capitalisme. Pour que les travailleurs d'avant-garde puissent construire des partis capables de diriger une lutte révolutionnaire victorieuse dans nos propres pays, dit Jack Barnes, nous devons guider notre activité avec une stratégie visant à combler cet écart. 14 $ US. Aussi en anglais, espagnol, farsi et grec.

### NOUVELLE INTERNATIONALE N° 4
### Les premières salves de la troisième guerre mondiale : la guerre contre l'Irak
JACK BARNES

L'assaut meurtrier de Washington contre l'Irak en 1991 a annoncé des conflits entre les puissances impérialistes, une crise croissante du capitalisme et l'extension de guerres. Les travailleurs et agriculteurs de la région — depuis les Kurdes jusqu'à la Palestine et Israël, à l'Iran, l'Irak et la Syrie — luttent pour obtenir de l'espace pour défendre leurs droits nationaux et leurs intérêts de classe.

Contient aussi : « La troisième poussée militariste de Washington » de Mary-Alice Waters ; « Les leçons de la guerre Iran-Irak » de Samad Sharif et « Cuba dénonce la guerre de Washington à l'ONU. » 14 $ US. Aussi en anglais et en espagnol.

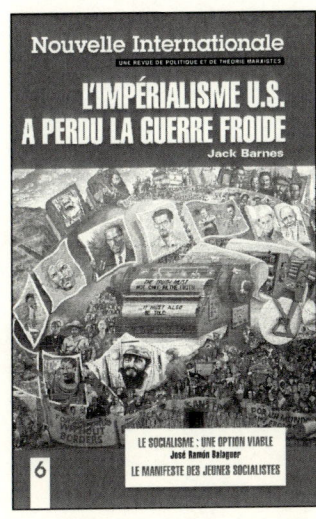

### NOUVELLE INTERNATIONALE N° 6
### L'impérialisme U.S. a perdu la guerre froide
JACK BARNES

L'effondrement, il y a un quart de siècle, des régimes qui prétendaient être communistes en Europe de l'Est et en URSS n'a pas voulu dire que les travailleurs et les agriculteurs de ces pays y avaient été écrasés. Dans les conflits et les guerres intercapitalistes qui s'aiguisent aujourd'hui, ces travailleurs deviennent un obstacle insurmontable au progrès du capitalisme et acquièrent dans la lutte une expérience de direction.

14 $ US. Aussi en anglais, espagnol, farsi et grec.

### NOUVELLE INTERNATIONALE N° 3
### Le deuxième assassinat de Maurice Bishop
STEVE CLARK

Cet article décrit les réalisations de la révolution qui a eu lieu de 1979 à 1983 dans l'île antillaise de la Grenade. Il explique les racines du coup d'État de 1983 qui a conduit à l'assassinat du dirigeant révolutionnaire Maurice Bishop et à la destruction du gouvernement des travailleurs et des agriculteurs par une faction politique stalinienne à l'intérieur du New Jewel Movement, le parti au pouvoir. 14 $ US. Aussi en anglais et en espagnol.

### NOUVELLE INTERNATIONALE N° 9
### Révolution, internationalisme et socialisme : la dernière année de Malcolm X
JACK BARNES

14 $ US. Aussi en anglais et en espagnol.

WWW.PATHFINDERPRESS.COM

# NOUVELLE INTERNATIONALE DANS LE MONDE

*Nouvelle Internationale* est aussi publiée en anglais sous le titre *New International* et en espagnol sous celui de *Nueva Internacional*. Toutes ces revues sont diffusées à travers le monde par les éditions Pathfinder.

### ÉTATS-UNIS
(et Amérique latine, Antilles et Asie de l'Est)

Pathfinder Books, 306 W. 37th St., 13ᵉ étage
New York, NY 10018

### CANADA

Livres Pathfinder, 7107, rue St-Denis, suite 204
Montréal, QC H2S 2S5

### ROYAUME-UNI
(et Europe, Afrique, Moyen-Orient et Asie du Sud)

Pathfinder Books, 5 Norman Rd.
Seven Sisters, Londres N15 4ND

### AUSTRALIE
(et Nouvelle-Zélande, Asie du Sud-Est et Pacifique)

Pathfinder Books, Suite 2, First floor, 275 George St.
Liverpool, Sydney, NSW 2170
Adresse postale : P.O. Box 73, Campsie, NSW 2194

---

**JOIGNEZ-VOUS AU CLUB DES LECTEURS DE PATHFINDER ET ENRICHISSEZ VOTRE BIBLIOTHÈQUE**

## 10 $ PAR ANNÉE
### RÉDUCTION DE 25 % SUR TOUS LES TITRES
### RÉDUCTION DE 30 % SUR LES TITRES DU MOIS

Valide sur pathfinderpress.com et dans les centres de livres Pathfinder locaux

Visitez le www.pathfinderpress.com/
products/pathfinder-readers-club

pathfinderpress.com

# The Militant
## Un journal socialiste publié dans les intérêts du peuple travailleur

- Il couvre les luttes ouvrières pour l'emploi, la sécurité au travail et pour syndiquer les non-syndiqués à travers le monde.

- Il publie des reportages sur les luttes contre la brutalité policière et les coups montés, contre les attaques qui visent le droit des femmes de choisir l'avortement, et en appui à l'amnistie pour les travailleurs nés à l'étranger.

- Il explique les racines de la crise mondiale du système capitaliste et des interventions et guerres impérialistes sans fin au Moyen-Orient et ailleurs dans le monde.

- Il défend la révolution socialiste à Cuba et soutient la lutte pour mettre fin à l'embargo économique de Washington contre Cuba et à l'occupation US de Guantánamo. Il défend la lutte contre la domination coloniale de Porto Rico par les États-Unis.

- Il publie chaque semaine des comptes rendus de la campagne menée par les membres du Parti socialiste des travailleurs aux portes des travailleurs pour expliquer comment la classe ouvrière peut arracher le pouvoir politique des mains de la classe dirigeante capitaliste.

The Militant • 306 West 37e rue, 13e étage • New York, NY 10018

## Abonnez-vous aujourd'hui !

Nouveaux lecteurs : 5 $ US pour 12 semaines
6 mois : 20 $     1 an 35 $     2 ans 65 $

WWW.THEMILITANT.COM

## Les Première et Deuxième Déclarations de La Havane
**Manifestes de la lutte révolutionnaire dans les Amériques adoptés par le peuple de Cuba**

Deux documents adoptés par des assemblées de millions de Cubains en 1960 et 1962. Ces mises en accusation sans compromis du pillage impérialiste et de « l'exploitation de l'homme par l'homme » continuent de servir de manifestes de la lutte révolutionnaire des travailleurs dans le monde entier. 10 $ US. Aussi en anglais, espagnol, farsi, arabe et grec.

## Notre histoire s'écrit toujours
**L'histoire de trois généraux cubains d'origine chinoise dans la révolution cubaine**

ARMANDO CHOY, GUSTAVO CHUI, MOISÉS SÍO WONG, MARY-ALICE WATERS

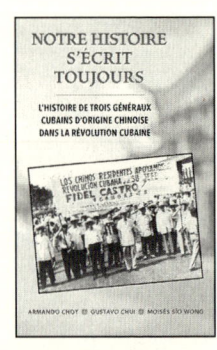

« Quelle a été la principale mesure pour combattre la discrimination contre les Chinois et les Noirs à Cuba ? Ça a été la révolution socialiste elle-même. » À travers l'expérience des auteurs, nous voyons comment des millions d'hommes et de femmes ordinaires à Cuba ont changé le cours de l'histoire et se sont transformés en le faisant. 15 $ US. Aussi en anglais, espagnol, farsi, grec et chinois.

## Cuba et Angola : La guerre pour la liberté
HARRY VILLEGAS (« POMBO »)

L'histoire de la contribution exceptionnelle de Cuba à la lutte pour libérer l'Afrique du fléau de l'apartheid. Et comment, en le faisant, la révolution socialiste s'est renforcée à Cuba. 10 $ US. En anglais, espagnol, farsi et grec.

WWW.PATHFINDERPRESS.COM